Nous les Allemands

Nous les Allemands

Matthias Matussek

Traduit de l'allemand par
Olivier Mannoni

Saint-Simon

Titre original : *Wir Deutschen.*
Warum uns die anderen gern haben können

33, rue Vivienne, 75002 Paris
www.edsaintsimon.com

Pour Ulrike et Markus,
les plus beaux cadeaux de l'unité allemande.

1.

Nous les Allemands

Considérations liminaires sur les raisons pour lesquelles nous, les Allemands, sommes des gens remarquables et pour lesquelles les Britanniques en particulier devraient nous laisser tranquilles.

Au fond, cela fait quinze ans que j'écris ce livre. Depuis que les deux Allemagne sont tombées dans les bras l'une de l'autre et se sont prises à la gorge.

Il commence là où s'arrête mon dernier *opus* en date, « Palast-hotel – comment l'unité s'est abattue sur les Allemands », un livre jailli comme un éclair du cyclone provoqué par le changement de régime. Le présent ouvrage est assurément plus serein, et il a de bonnes raisons de l'être. On y décrit pourtant aussi le tourbillon des sentiments allemands. Il parle de nous et de la fierté nationale. Drôle d'idée pour un homme qui a passé à l'étranger le plus clair de ces quinze dernières années ? Pas forcément. Ce que Heine disait de l'amour de la patrie me paraît lumineux : c'est quand le poète s'est retrouvé loin de chez lui, à Paris, que la flamme de cet amour-là s'est ranimée en lui.

Rien ne stimule autant l'amour de son pays que la nécessité de le défendre en permanence contre les clichés et les tentatives de le rabaisser. Rien ne pouvait donc être plus excitant, pour le patriote assez peu fiable que j'étais, que de passer un certain temps en Angleterre.

Ces *hooligans* des milieux défavorisés que la presse populaire britannique mobilise de si bon cœur ne sont pas les seuls, loin de là, à s'en prendre aux Allemands. Deux semaines à peine s'étaient écoulées depuis mon arrivée sur l'île lorsque je me retrouvai dans l'assemblée très sélect d'un *dinner*, à côté d'Antonia Byatt, romancière ayant récemment reçu ses titres de noblesse. On servait de l'agneau sous des portraits de princes du XVIIIe siècle, j'avais la tête au divertissement et à la légèreté, et je levai mon verre en l'honneur de la dame, sans me laisser rebuter par son air fermé et grincheux.

Et voilà qu'elle me demanda, de but en blanc, ce que je pensais de la Constitution européenne.

Je faillis avaler de travers.

Je ne connaissais pas une personne qui ait lu de bout en bout le pavé de mille pages concoctées par Giscard – ça n'était de toute façon pas mon cas. J'improvisai donc une vague réponse : c'était sans doute une bonne chose que la communauté des États européens s'accorde sur quelques principes fondamentaux – enfin, le genre de phrases que l'on prononce lorsqu'on veut s'en sortir par un coup de bluff.

Et elle, qu'en pensait-elle ? lui demandai-je à mon tour.

Mon intention était surtout de lui faire passer la patate chaude. Elle non plus n'avait pas l'air d'avoir travaillé la question.

Sa main chargée de bagues, étonnamment pesante, resta un certain temps en suspension au-dessus de son assiette. Mais la dame finit par répondre : « Vous savez, nous autres, Britanniques, nous n'avons pas besoin de constitution – nous sommes la plus ancienne démocratie de la planète. »

Et elle ajouta : « Pour de jeunes nations comme la vôtre, les Allemands, les constitutions peuvent cependant être très utiles. »

On aurait peine à mettre suffisamment de nasillement et de morgue pour restituer le ton sur lequel elle prononça cette phrase. Le fond était clair : Vous êtes des barbares, vous venez à peine de poser vos massues, vous n'avez pas de culture, il vous faut vous serrer la vis.

Soit dit en passant, le dîner était donné en l'honneur d'une fondation culturelle allemande qui avait attribué l'année précédente à Lady Byatt un prix grassement doté. Elle en était l'invitée d'honneur.

Je m'entendis lui répondre : « Très chère Madame, notre pays a accordé le droit de vote aux femmes bien plus tôt que chez vous, ce que je peux d'ailleurs comprendre lorsque je vous regarde. » J'avalai une gorgée d'eau. « Et pour ce qui est des constitutions : quelques règles ne feraient vraiment pas de mal à votre petite île, avec ses hôpitaux crasseux et ses trains qui déraillent. »

Bien entendu, je ne dis rien de tout cela.

Ces mots-là ne me vinrent que bien plus tard.

Sur le moment, j'en restai sans voix.

Cette dame avait-elle raison ? Venions-nous vraiment de sortir de notre forêt de chênes ?

J'allai chercher et rassemblai dans mon esprit tout ce qui, dans ma hâte, me venait à propos des grands Allemands. Nous, les héritiers des romains ! Arminius, Charlemagne, saint Boniface ! Barberousse, Gutenberg, Beethoven, Heine, Bonhoeffer, Lubitsch, Beckenbauer, Claudia Schiffer ou, dans la même catégorie, Heidi Klum, dont nous reparlerons plus loin.

À vrai dire, je dus admettre que pour certains des candidats, je n'étais pas très sûr de moi. Mais c'était la bonne direction. Mon énumération ne commençait pas en 1945, date du grand aveu de culpabilité, alors que tout commence par le grand aveu lorsqu'il est question de l'histoire allemande.

Non, moi, je jetai dans le débat l'histoire antique, le Moyen Âge, les Temps Modernes, comme il se doit. Bien sûr, les Anglais ou les Français avaient été bien plus tôt que nous en mesure de constituer un État-nation. Leur situation était plus favorable. Ils n'avaient aucun mérite. Nous, en revanche, qui occupons une position aussi centrale que précaire, le monde entier nous tiraillait et essayait de nous bloquer. Et comme si cela ne suffisait pas, nous sommes désormais obligés de faire attention au pape.

La culture allemande existait bien avant qu'une nation allemande ne voie le jour. C'était un rêve. Elle avait été extorquée à l'histoire mondiale. Personnellement, cette version me semble de loin la plus romantique et la plus intéressante. Nous donnerons dans ce livre un petit cours d'histoire, il sera stimulant et haut en couleur.

Abordons à présent le fameux aveu. Il ne fait aucun doute que les douze années noires du national-socialisme barrent l'histoire allemande à la manière d'un verrou. Ces dernières décennies, on est rarement allé étudier ce qui s'était passé avant cette date. Reste à savoir si nous avons vraiment la volonté de remonter plus loin dans le temps.

Les gens semblent pourtant s'intéresser à ce passé lointain. L'hebdomadaire *Der Spiegel* fait d'excellents tirages lorsqu'il consacre sa couverture à l'histoire. Le magazine *Stern* a publié une longue série sur l'histoire antique et les Germains. Et voilà que même le quotidien grand public *Bild* publie des *quiz* sur l'histoire nationale !

Jusqu'ici, ces douze années tragiques au cours desquelles une fraction des Allemands, prise de folie collective, a préparé et exécuté le meurtre d'une autre fraction des Allemands, ces douze années, donc, ont dominé le travail des historiens. Ce qui précédait cette césure relevait de la préhistoire et n'existait que dans la mesure où il présentait un quelconque rapport avec la catastrophe : l'esprit prussien, l'échec de la Révolution de 1848, le wilhelmisme, tout cela n'était que préparatifs aux douze années de ténèbres.

Nous, les Allemands, il semblait que l'Histoire en personne nous avait prédestinés à commettre un génocide. Personne n'osait même envisager que Hitler eût été une erreur de la nature, une sorte de *freak* des Allemands, et que notre pays aurait tout aussi bien pu connaître une autre variante, moins délirante et plus froide, de la vague d'autocraties et de dictatures qui s'était abattue sur le monde à cette époque. Une classe intellectuelle et politique exerçait une surveillance rigoureuse sur tous les accommodements de ce type et punissait sans pitié le moindre écart dans ce domaine. Le président du Parlement allemand, Philipp Jenninger, en fit les frais et dut démissionner après avoir tenu des propos ambigus[1]. La maxime de

1. En 1988, à l'occasion de la commémoration de la « Nuit de Cristal ». Le discours de Jenninger contenait des citations qui furent prises, à tort, pour des propos antisémites. [N.D.T.]

Joschka Fischer faisait foi : Auschwitz était la « première pierre de l'Allemagne ».

En tout cas ce n'est pas la mienne. Il me semble que la première pierre de l'Allemagne a été posée à une date bien antérieure. Je doute aussi que ce soit la pierre fondatrice de Mihu, la cinquième épouse de Joschka. J'ose même douter que ce soit vraiment la pierre sur laquelle s'appuie Fischer lorsque le micro est coupé.

La remarque que me fit Antonia Byatt, lors de ce *dinner*, à propos de la brièveté de l'histoire allemande, entretenait avec tout cela une relation confuse. Elle faisait allusion à la fois à la Grande Faute et à la grande absence d'histoire dont souffrent les Allemands. Depuis qu'Helmut Plessner a inventé le terme de « nation retardée » à propos de l'Allemagne, on est tenu de considérer le malheur qu'a été le fascisme comme une conséquence directe de l'échec que fut la constitution de la nation allemande. Pour être encore plus bref : quand on n'a pas de profondeur historique, comme vous, les Allemands, dit implicitement dame Byatt, on est fait pour se castagner.

J'avais de la peine pour mon frère, à l'époque ambassadeur d'Allemagne à Londres. Il venait nous voir chaque dimanche matin au petit-déjeuner, et avait assez souvent entendu des stupidités du même ordre. Des journalistes comme Jasper Gerard, du *Sunday Times*, ne cessaient de le lui répéter : « *No, we won't stop mentioning the war, Mr. Ambassador* » (Non, nous n'arrêterons jamais d'évoquer la guerre, Monsieur l'Ambassadeur).

On entendait cela partout en Grande-Bretagne. À ce dîner de gala, par ailleurs somptueux et servi en l'honneur d'hôtes comme Antonia Byatt, celle-ci expliqua les choses clairement : nous autres, sur notre île, nous avons une vieille, une très vieille histoire, qui nous préserve de toute chute dans la barbarie. Alors que vous, les Allemands, vous avez besoin de lois fortes pour filer doux.

Mon expérience personnelle en Grande-Bretagne ne me laisse pas penser que ce pays ait sur le nôtre une avance considérable en termes de civilisation, et si cette avance existe, elle ne se manifeste pas, en tout cas, dans une vie quotidienne où les bagarres d'ivrognes rivalisent avec les scandales sexuels où sont impliqués des hommes politiques et des femmes de footballeurs, ou bien avec la violence des ghettos. Quant à l'histoire britannique, depuis l'élimination des Indiens jusqu'aux camps de concentration au Kenya, en passant par la traite des esclaves et le massacre des Boers, elle baigne dans le sang des innocents.

Ce qui distinguait Mrs. Byatt, ce soir-là, de la plupart des auteurs que je connais, c'est le fait qu'elle parlait de ce dont elle était fière, et non de ce dont elle avait honte. Elle était fière de son pays et de son histoire, c'était une fierté profonde et qui semblait impliquer la dévalorisation d'une autre nation.

Mais assez parlé de l'arrogance britannique : parlons donc de l'Allemagne. Je crois qu'une certaine fierté nationale est un sentiment sain. C'est de cela que traite ce livre. Ce sentiment-là ne doit pas obligatoirement, comme chez Mme Byatt, prendre une forme offensante. Mais sans fierté, aucune nation n'est en mesure de maîtriser son propre avenir.

Dans son livre *Gibt es überhaupt eine deutsche Geschichte*? (L'histoire allemande existe-t-elle[2] ?), l'historien Hagen Schulze cite cette fameuse parole d'Ernest Renan, selon laquelle une nation vit de l'idée d'« avoir fait de grandes choses ensemble, [et de] vouloir en faire encore[3] ».

Je suppose que par « grandes choses », Ernest Renan n'entend pas « de grands crimes », mais des actes dont on peut être fier. Une nation doit pouvoir assumer son histoire avec une certaine fierté si elle veut forger son avenir. Or je crois qu'il existe une bonne quantité de grandes choses dans l'histoire allemande.

Ces convictions, je ne les ai acquises que peu à peu. Si je suis devenu Allemand, c'est au fil d'un long processus lié, bien entendu, à ce que j'ai vécu à l'étranger. Dans mon enfance, dans ma jeunesse, l'histoire allemande ne m'intéressait absolument

2. Hagen Schulze, *Gibt es überhaupt eine deutsche Geschichte?*, éditions Reclam, 1998. [N.D.T.]

3. Ernest Renan, *Qu'est-ce qu'une nation?*, 1882, chapitre III : « Avoir fait de grandes choses ensemble, vouloir en faire encore, voilà les conditions essentielles pour être un peuple. » [N.D.T.]

pas, et je ne connaissais personne qui y consacrât son attention. Allemand, ça n'était pas *cool*. Ce qui était *cool*, c'étaient les Stones ou les hippies de San Francisco. Nous étions des internationalistes et des communistes, nous écoutions Bob Dylan et nous lisions la bible de Mao.

Ce n'était même pas un acte de refoulement. L'Allemagne, par exemple, ne nous faisait pas souffrir à cause de la Shoah. L'Allemagne, nous la trouvions ennuyeuse, point à la ligne.

Ma germanité, je l'ai éprouvée pour la première fois et à l'improviste dans les montagnes de Santa Cruz, en Californie, où un tremblement de terre avait aplati les maisons et éventré les rues ; un groupe de gentils Américains s'était alors rassemblé dans une maison de prière bouddhiste, autour du gourou Baba Harridas.

Il y avait parmi eux un certain Bob qui, du temps où il était soldat, avait été stationné en Allemagne après la guerre. Bob souriait de toutes ses dents. Ses yeux brillaient. « *You must be very happy to be German these days* » (Vous devez être très heureux d'être Allemand, ces jours-ci), me dit-il en me broyant la main.

Un instant plus tôt, il se trouvait devant le téléviseur. À l'autre bout du monde, le Mur était tombé. À l'autre bout du monde, un tremblement de terre politique avait liquidé le communisme et mélangé sans prévenir les deux petites Allemagne. Pour Bob, il allait de soi que nous allions à présent tomber dans les bras l'un de l'autre en poussant des cris de joie et arroser la renaissance de notre nation.

Ce qui n'était absolument pas dans mes intentions. Quelles images bizarres ! Sous la porte de Brandebourg, de vieux et gros hommes en manteaux sombres chantaient d'une voix fausse notre hymne national. N'était-ce pas tabou ?

La scène avait effectivement quelque chose d'incompréhensible. Les gens qui se trouvaient là, dont Willy Brandt, ancien résistant et ancien chancelier au-dessus de tout soupçon, chantaient en dépit de leur propre méfiance et de celle du reste du monde. Ne l'oublions pas : à cette époque, Maggi Thatcher, toute excitée, oubliait toute retenue et lançait des mises en garde contre l'avènement imminent d'un IVe Reich. Mitterrand levait un visage alourdi par les rides de l'histoire et se laissait convaincre d'oublier et de monnayer contre la promesse de l'euro les réticences que lui inspirait la réunification allemande.

En ce temps-là, l'image d'une Allemagne unifiée et prise d'exaltation nationale donnait le tournis à tout le monde. Ou du moins, tout le monde faisait comme si.

On ne tarda pas à sonner la fin de l'alerte. Il est vrai que des émeutes xénophobes eurent lieu au cours des premiers mois qui suivirent l'unité. À l'Est, elles frappèrent des Vietnamiens et des Mozambicains ; à l'Ouest, on s'attaqua à des foyers de demandeurs d'asile. Mais cela n'avait rien à voir avec les bruissements nationalistes – c'étaient les autodafés ordinaires, ceux qu'on a connus dans toute l'Europe, au cours desquels des perdants s'en prenaient à d'autres perdants.

Cela n'empêcha pas l'éditorialiste du *New York Times*, Abe Rosenthal, de demander qu'on place de nouveau l'Allemagne sous surveillance internationale. En laissant se commettre ces exactions, estimait-il, le pays avait prouvé qu'il n'était pas une démocratie consolidée.

Tous les autres ne tardèrent cependant pas à constater que non seulement il n'y avait pas de vertige nationaliste, mais que l'émotion, d'une manière générale, était très limitée : les Allemands avaient totalement oublié ce qu'est le nationalisme. On n'avait pas même fini de chanter la dernière strophe de l'hymne national que déjà, les deux moitiés du pays se crêpaient le chignon. Il était avant tout question de voitures, de chaînes hi-fi et de jeans à bon marché.

Notre jeune génération n'avait pas appris à être fière de l'Allemagne. Lorsque nous pensions à elle, c'était à de sombres cours d'histoire, à des slogans comme celui du « peuple sans espace », à cette folie collective, meurtrière et ordonnée, qui s'était emparée d'elle, aux dévastations et aux sanctions littéralement bibliques qui s'en étaient suivies.

Pour ce qui concernait la question nationale, nous étions des analphabètes. Nous étions des génies de l'économie, des géants de l'assistance, des génies de l'exportation; mais nous n'avions plus de racines dans l'histoire, nous étions bizarrement incolores et insipides.

Nous vivions dans un assez vaste territoire du centre de l'Europe, une terre dont le visage culturel avait été en bonne partie effacé par les bombes. Aucun élément profond n'était en mesure de nous attacher les uns aux autres: nous n'étions plus qu'un espace sans peuple.

Et pourtant, cette unité nous offrait une telle opportunité de lancer un dialogue collectif national! La réunification allemande avait été précédée d'une véritable révolution allemande. Une révolution réussie. Comme nous nous étions dépêchés de nous l'arracher mutuellement des mains, cette grande occasion d'être fiers!

Avec l'unité allemande, l'Allemagne avait enfin trouvé ses propres frontières. L'Allemagne, c'était l'Allemagne, sans épithètes provisoires ni guillemets. Il n'y avait plus rien dont on puisse rêver, et rien à quoi l'on n'ait pas radicalement renoncé depuis longtemps.

À la fameuse question posée par le poète Ernst Moritz Arndt, « Qu'est-ce que la patrie allemande? », on avait apporté le 9 novembre une réponse gratifiante: l'histoire *allemande*, elle aussi, était désormais arrivée à son terme.

Mais après un bref intermède patriotique, nous avons glissé à notre tour, nous, les Allemands, dans le vague, dans l'européen, dans l'inoffensif. La chute du Mur était manifestement arrivée trop tard dans l'histoire pour nourrir le sentiment patriotique. À l'instant où nous pouvions enfin nous considérer comme une nation et plonger dans le sol des racines communes, l'État nation, au moins chez nous, était déjà considéré comme un modèle suranné.

L'Allemagne n'était plus dorénavant qu'un palier intermédiaire sur une trajectoire menant à une identité transnationale, européenne. Pendant une longue période, nous ne fûmes donc plus rien: nous n'étions plus Allemands, et nous n'étions pas encore cosmopolites. Nous, les Allemands, nous avons manifestement une faiblesse pour les racines aériennes, mieux: nous avons un bon entraînement d'avance sur les autres dans l'art de les faire pousser.

Nous avons sacrifié avec enthousiasme le deutsche mark sur l'autel de l'unification allemande ; nous avons ouvert avec enthousiasme nos frontières vers l'Est ; et nous nous sommes placés avec enthousiasme à la tête de la cohorte : nous tenions désormais le rôle d'Européens modèles.

Mais les autres ne suivent pas. Les autres sont assez fiers d'être Français, ou Hollandais, ou Suédois, ils prennent le temps de se demander si cette Europe-là est dans l'intérêt de leur propre nation ; lorsque tel n'est pas le cas, ils déposent dans l'urne un gros bulletin de vote marqué « Non ».

Quant à nous, nous comprenons peu à peu que notre enthousiasme pour l'Europe n'était qu'une nouvelle manière de fuir l'Allemagne. Le temps est venu de faire une pause, de regarder ce qui constitue notre nation et de quoi nous pouvons être fiers.

Lorsque nous sommes allés nous installer à New York, mon épouse et moi, au début des années 1990, nous quittions un pays raviné, déchiré, où l'exaltation le disputait à la froideur, un pays en désagrégation sur un continent qui paraissait mystérieusement absorber et niveler toutes les différences, toutes les failles entre les classes et les ethnies.

Ce lien avait pour nom patriotisme, et même s'il s'agissait d'un mensonge, c'était un mensonge nécessaire, capable d'enflammer et d'émouvoir. Je ne peux oublier cette parade de juillet, jour de l'Indépendance, à laquelle nous assistâmes dans le bourg de Guernesey, dans le Wyoming. Nous avions fait le trajet à cheval, sur la piste de l'Oregon, celle qu'on avait jadis empruntée pour coloniser l'Ouest et qui fêtait cette année-là son jubilé.

On célèbre toutes sortes de jubilés aux États-Unis. On y tient des discours enflammés. Au moment où, chez nous, le gouvernement Schröder envisageait déjà de supprimer la fête nationale, celle des États-Unis restait la plus importante du calendrier.

À Guernesey, le défilé du jubilé partait des rails de chemin de fer. À l'avant du cortège, vêtue d'une robe en strass, Mrs. Wyoming chevauchait un cheval noir somptueusement harnaché. Elle avait remporté son titre dans la catégorie des plus de quarante ans, et cela remontait déjà à un certain temps.

Le maire et le shérif avançaient en agitant les mains devant un char de boy-scouts qui jetaient des bonbons, déguisés en colons. Ils étaient suivis par une roulotte pleine de femmes en tenue de pionniers qui cousaient et raccommodaient sous le slogan : « Vos besoins sont nos loisirs. »

Sur un autre char, à quatre pattes, des enfants maquillés comme des Indiens sur le sentier de la guerre, puis d'autres coiffés de sombreros, les rejetons des employés de ranchs mexicains. L'ambulance fit tourner trois fois son gyrophare et les pompiers donnèrent de la corne. La benne à ordures clôturait la parade.

C'était l'émouvante autocélébration d'une petite ville, mais aussi le bal masqué des mythes américains. La reine de beauté et le pionnier, le shérif, l'Indien et l'immigrant, un petit carnaval d'images pacifiques et idylliques. Quant au camion poubelle qui tenait ce jour-là le rôle de voiture-balai, il constituait une chute certes involontaire, mais d'autant plus admirable.

Et nous ?

Nous, nous continuons à nous exercer. Nous le faisons à travers des campagnes publicitaires, en proclamant par exemple *L'Allemagne, c'est toi*[4]. Ça n'est pas encore tout à fait vrai, mais nous nous exerçons.

Et tous les gâte-sauce qui, il y a cinq ans, auraient encore appelé à former des chaînes lumineuses si l'on avait prononcé le mot « Allemagne » sans faire aussitôt référence à la Grande Faute, jouent eux aussi le jeu, ayant compris que le pays leur filerait tôt ou tard entre les pattes s'ils ne le soutenaient pas en affirmant leur culture.

Au Brésil, où nous avons vécu pendant quatre ans, nous n'avons pas seulement appris que l'on peut danser la fierté

4. Lancée par vingt-cinq grandes entreprises allemandes, cette campagne d'affichage et de films publicitaires mettait en scène les Allemands dans leurs différentes responsabilités professionnelles et humaines. Elle a été diffusée de septembre 2005 à janvier 2006. [n.d.t.]

nationale dans la rue au rythme de la samba, comme un poème de plumes et de paillettes, mais aussi combien on nous envie, nous, les Allemands, d'avoir des trains à l'heure, un système judiciaire qui fonctionne et des rues où l'on se fait rarement abattre d'un coup de pistolet.

Mais ce qui fait surtout envie, c'est la culture allemande. Par exemple Alexander von Humboldt, ce chercheur qui explora la forêt vierge de l'Amazone en déployant le courage allemand, la minutie allemande et la philanthropie allemande. Il fut le contemporain de Napoléon, mais en Amérique Latine son aura était plus lumineuse que celle de l'empereur. Ce conquérant-là était armé d'un tambour de botaniste et d'un filet à papillons.

Quand on parle de l'Allemagne, il faut donc parler d'Allemands comme Humboldt.

Au bout du compte, ce livre est une déclaration d'amour aux Allemands, un vade-mecum qui permettra à nos amis étrangers de les comprendre lorsqu'ils affluent dans notre pays, l'espace d'une coupe du monde de football, pour voir leurs équipes l'emporter sur la nôtre.

Ce livre sera traduit en cent langues et sera placé dans l'armoire à paquetage de chaque joueur étranger – c'est du moins ce que m'a promis mon éditeur. Je ne le connais pas encore très bien, mais il a un ravissant bébé aux yeux bleus. Pourquoi me méfierais-je d'un homme pareil ?

Deux mots encore : on a le droit de bien aimer les Allemands tant qu'on ne nous prend pas le titre de champion du monde qui nous revient, ne serait-ce que pour des motifs liés à la tradition. Je veux dire : au cours de jeux libres et loyaux.

L'idée de ce livre m'est venue voici quelques années, lorsque mon fils, qui en avait cinq à l'époque, sortant d'un vol transatlantique, s'agenouilla sur le tarmac de Francfort et s'exclama dans une pose théâtrale : « Enfin, la patrie ! » La patrie, de toute évidence, c'est là où l'on aime arriver.

Si ce livre remplit à peu près son office, il aura au bout du compte fourni quantité de bonnes raisons de nous sentir mieux dans notre peau. De nous aimer, nous, les Allemands. Et il aura fourni aux autres quelques motifs de nous laisser tranquilles.

Car cela aussi, hélas, est typiquement allemand : ce sempiternel regard anxieux dans le miroir pour vérifier si notre cravate est bien droite et si nous allons nous en sortir « à l'extérieur ».

Revenons à Dame Antonia Byatt : ce livre grouille de joyeuses invectives contre les Anglais. Cela ne surprendra personne, car les sondages montrent que dans la compétition internationale, les Anglais sont de loin le peuple le plus antipathique de cette planète ? Je peux garantir la véracité de ces sondages, car je les ai effectués moi-même.

Pour le reste, haut les cœurs ! Et n'oubliez pas : il ne mord pas, il veut juste jouer.

Au travail !

2.

Hymne national, émotion svp !

Du come-back de la nation au temps de l'internationalisme.

Être Allemand, ça me va bien.

Italien, bien sûr, ça n'aurait pas été mal non plus. Ou bien Français. Mais Allemand, c'est la classe.

C'est la seule nationalité que j'aie reçue au berceau. Tel n'est pas le cas de mon fils. Lui est né aux États-Unis, c'est donc un Américain. Et il est Allemand parce qu'il est mon fils. Un jour ou l'autre, si je ne m'abuse, il devra choisir entre les deux nationalités.

Pour le moment, il veut devenir gangsta-rapper, avec deux tonnes de ferraille hip-hop sur la poitrine, et dans cette branche, bien entendu, les États-Unis offrent de meilleures possibilités de formation (Bronx, South-Center L. A., Detroit 8-Mile, etc.). Mais nous sommes très satisfaits de son collège, ici, à Hambourg, et avant qu'il ne trouve sa voie dans le trafic de drogue, il lui faudra encore pratiquer le violon pendant quelques années, suivre son cursus d'enfant de chœur et apprendre tout ce qu'il doit savoir sur Heinrich Heine, Charlemagne et Hitler.

À l'étranger, où nous avons vécu assez longtemps, mon fils a du reste toujours été mortellement fier d'être Allemand. Pour lui, c'était quelque chose. Personne ne sait précisément ce que ce mot, « Allemand », veut dire de nos jours, mais nous allons essayer de clarifier ce point-là.

Le nationalisme est une histoire de fous. On le rencontre tout autour de la planète, plus que jamais, alors qu'il est devenu totalement anachronique. C'est l'un des courants souterrains les plus singuliers de la globalisation. Plus le monde est international, plus le sentiment est national. C'est comme sur le site Web de *Google Earth*: on a toute la planète à sa disposition, mais on commence par essayer de localiser son propre pays. On nous offre tous les continents et nous regardons notre rue.

Jamais encore autant de gens n'ont voyagé chaque jour dans des pays lointains; mais cela fait longtemps qu'on n'a plus parlé autant de patrie, d'enracinement et de déracinement. Le nationalisme n'est plus une injure, un mot proscrit remontant à l'ère des casques à pointe et des canonnières: il exprime l'intérêt qu'un pays conscient de son identité historique et culturelle doit nécessairement se porter à soi-même. Le nationalisme, c'est le besoin de se démarquer à l'ère de l'internationalisme total. C'est une nécessité, ne serait-ce que du point de vue économique. Tous ceux qui se trouvent en concurrence dans la compétition mondiale lancent aujourd'hui sans la moindre gêne des appels à l'ambition et à la fierté nationales, en Angleterre comme en Chine, en Inde ou en Allemagne.

Pour les Anglais, la « nation » est quelque chose de tellement naturel que l'*Encyclopædia Britannica* ne consacre pas une seule ligne à ce mot. « Il n'a pas à être expliqué », estime l'historien Hagen Schulze. Et aux Allemands, alors ? Hum... Divers sondages réalisés dans le passé montrent que nous n'avons pas un haut degré de patriotisme. Selon une enquête réalisée par l'institut Infratest, 80 % des Américains sont « très fiers » d'être des Américains. Chez les Britanniques, ce chiffre atteint les 51 % bien pesés; chez les Français, il s'élève tout de même encore à 35 %.

Chez nous, la valeur reste constante à un petit niveau de 25 %, et ce depuis 1986. Dans la hiérarchie des « attitudes » que l'on juge importantes, c'est « l'honnêteté » qui l'emporte avec 73 %. La « conscience nationale » tient la lanterne rouge avec 26 %. Et c'est très bien comme ça, a coutume de dire l'intelligentsia progressiste. On a pris l'habitude de célébrer notre rejet nonchalant des identités culturelles comme un succès de l'éducation démocratique. La vérité, c'est qu'au cours des soixante dernières années, les Allemands n'ont pas voulu trop avoir affaire à l'Allemagne. L'Allemagne est le pays qui compte la plus grande densité d'agences de voyage de toute la planète. Peut-on concevoir plus grande ouverture au monde ?

L'air préféré des Allemands est une chanson célébrant l'entente entre les peuples, la ballade pour briquets et chute du Mur composée par les Scorpions, *Wind of Change*. Elle arrive devant l'*Ode à la Joie* (troisième place), une œuvre qui célèbre tout autant le lien entre les peuples et la chanson *Un peu de paix* (septième place). Et l'hymne national, avec sa devise, « Unité, droit et liberté » ? Il occupe un piteux vingt et unième rang.

Il est certain que pendant un certain temps, l'Europe a offert aux Allemands qui se sentaient mal dans leur peau une sorte de fade identité de remplacement ; mais depuis que même les Français et les Néerlandais ont rejeté le cauchemar bureaucratique de Bruxelles et préfèrent être des Français et des Néerlandais, nous commençons nous aussi à nous demander comment on fait pour se sentir bien dans sa propre identité nationale.

Il est temps ; car face à l'assaut djihadiste des conceptions et des valeurs islamiques, cette déclaration de guerre lancée à la civilisation occidentale et à ses sociétés permissives, il ne serait pas mauvais de savoir au juste ce que l'on incarne. Qu'est-ce que l'on a envie de défendre ? Le droit à se faire refaire les dents à bon marché ? Ou quelque chose de plus profond ?

La névrose nationale qui nous affligeait jusque-là semble en tout cas se dissiper peu à peu. Notamment parce qu'on a compris qu'elle nous gênait dans la compétition et qu'elle pouvait être économiquement nocive. Chaque nouveau président de l'Allemagne fédérale le proclame : nous avons besoin de l'énergie nationale !

Les médias et les agences de publicité du pays ont fini par tomber d'accord sur un slogan : « L'Allemagne, c'est toi. » Il se distingue du slogan scandé il y a dix-sept ans à la chute du Mur, « Nous sommes l'Allemagne », par le fait qu'on ne l'associe pas automatiquement aux permanentes et aux jeans *stone washed*. Il utilise l'identité culturelle du pays comme un

« carburant pour machines à *ego* », comme l'a très justement formulé Mathias Greffrath.

C'est un carburant tout de même. Et il semble bien fonctionner. L'Allemagne inspire un plaisir tout neuf et naïf. Mais l'invocation de tout ce qui peut être national ne rencontre guère d'écho, comme si elle tombait dans un vide absolu. Les gens semblent aujourd'hui avoir perdu tout ce à quoi ils devraient s'accrocher pour résister à la Mcdonaldisation de leur vie quotidienne : identité, histoire, usages, tradition, religion, famille, valeurs.

Ce qu'on devine au moins, provisoirement, c'est un désir de se distinguer dans un monde où tout est nivelé. L'an passé, au bureau londonien de l'hebdomadaire *Der Spiegel*, je discutais avec Simon Anholt. Anholt est le fondateur et le patron de l'institut Global Market Insite, et l'inventeur du Anholt Nations Brand Index, qui mesure l'attractivité des nations pour les investisseurs et les touristes. Comme l'indique une de ses brochures, l'institut d'Anholt peut, moyennant la somme ridicule de 997 livres, « calculer la valeur d'une nation ». Anholt recommande la Lettonie. Et il a écrit le livre *Brand America* (Amérique, marque déposée).

Nous étions assis dans le jardin de notre bureau à Richmond, au bord de la Tamise. Quelques rues plus loin se trouvait l'église où Tony Blair avait jadis joué de la musique avec ses Ugly Rumors. Tony Blair, le politicien pop. Jadis, c'est Simon Anholt et son équipe qui avaient conçu pour Tony Blair la stratégie de la « *cool Britania* ». Aujourd'hui, chacun s'en amuse, et à juste titre, me disait Anholt. Les hommes de Blair, ajouta-t-il, s'étaient emparés de leurs diagnostics et en avaient fait un tissu de platitudes.

Mais l'impulsion proprement dite, la volonté de réveiller sa propre nation était selon lui tout à fait raisonnable. Nous étions au cœur d'une compétition. Et de ce point de vue, les nations se comportent comme des marques déposées. Certaines séduisent plus que d'autres. « Nous ne voulons pas seulement savoir qui nous sommes, mais aussi qui sont les autres. La nation n'est-elle pas devenue obsolète sur le marché global ?

— Absolument pas, m'a répondu Anholt. Quand je vais acheter un lecteur de DVD dans une boutique, je vérifie qu'il a été fabriqué au Japon. Si je veux une voiture ou un réfrigérateur, je choisirai un modèle allemand, et si c'est un costume, je prendrai un italien. » Comme n'importe quelle marque, les nations peuvent aussi gagner en prestige ou nuire à leur propre notoriété. Les États-Unis, par exemple, sont selon lui actuellement en train de ruiner leur image de marque.

Dans le dernier index en date publié par Anholt, l'Allemagne occupait la quatrième place pour ce qui concernait le niveau de sympathie, *ex aequo* avec les États-Unis, mais tout de même avant le Japon, la Chine et l'Inde. La France n'était pas dans le peloton des dix premiers, ce qui était sans doute prévisible sur une liste établie par des Britanniques.

« Et la Grande-Bretagne ? — À la deuxième place. — Et pourquoi n'arrivons-nous qu'à la quatrième ? Nous avons Bach, nous avons Beethoven, protestai-je. — Qui écoute Beethoven de nos jours ? », répondit Anholt en fouillant dans une montagne de papiers, comme pour trouver le tableau qui en aurait apporté la preuve.

Je sus à cet instant qu'Anholt n'était pas sérieux et qu'au bout du compte, il n'était qu'un Britannique. Ce n'était vraisemblablement même pas sa faute. Je suppose qu'il était déjà Britannique au moment où il a vu le jour. Et j'ai compris tout aussi clairement que nous devions absolument et à tout prix gagner la coupe du monde de football, pour nous, pour Bach, pour Beethoven, et contre la Grande-Bretagne.

La plus parfaite harmonie régnait au moins sur un point : dans la mesure où les frontières disparaissent, nous cherchons des moyens de nous démarquer des autres.

Les Danois ont récemment publié une liste officielle de leurs canons culturels. On y trouve Andersen, et Kierkegaard, et une bonne partie de ce que nous propose n'importe quel guide de voyage. Si le Danemark l'a fait, ce n'est pas seulement parce que les tests de géographie effectués dans les collèges américains montrent qu'on continue, là-bas, à prendre ce pays pour la capitale de la Suède, non, c'est aussi à usage interne. Quand tout est nivelé sur le marché global, on tient à vérifier sa propre singularité.

Bien entendu, cela ne concorde guère avec le folklore de gauche. Le cinéaste Lars von Trier n'a pas tardé à protester publiquement contre ce canon en découpant les filets blancs du drapeau danois, pour ne laisser que le rouge de l'Internationale socialiste. Mais celle-ci, chacun le sait, a sa propre histoire, et je dirais, à vue de nez, qu'elle est plus sanglante que l'histoire danoise.

Au cours des semaines suivantes, lors du scandale provoqué par les caricatures de Mahomet, le drapeau danois a d'ailleurs été déchiré et piétiné dans tout le monde islamique ; on en brûlait tous les soirs, et il aura fallu cet épisode pour qu'une opinion publique mondiale médusée découvre combien de drapeaux danois il existait dans ce bas monde. Il devait y en avoir des entrepôts entiers ! Qu'est-il arrivé aux Danois ? Existait-il des sociétés secrètes danoises qui, fortes de leur canon culturel, s'apprêtaient à prendre le pouvoir ? Peut-on s'étonner que le méchant du dernier James Bond en date soit un Danois ?

Mais les Danois ne sont pas les seuls à présenter leur canon culturel comme une sorte de sortie défensive destinée à échapper à un encerclement désespéré. Le débat sur le canon culturel se déroule partout depuis quelques années déjà, et pas seulement au Danemark. Ces discussions portent au fond sur la manière dont une culture peut se démarquer des autres. Aux États-Unis, où le critique d'art Robert Hughes définit ce qui vaut quelque chose et ce qui ne vaut rien ; en France où, voici des décennies déjà, le ministre de la Culture, Jack Lang, a obligé les stations de radio à diffuser de la chanson française plutôt que du hip-hop américain ; et en Allemagne, bien entendu, où le grand manitou de la critique, Marcel Reich-Ranicki, garde les valeurs éternelles de la littérature et de la poésie allemandes. Chez nous aussi, on organise de plus en plus souvent des congrès et des séminaires consacrés au « patrimoine » ; et le monde universitaire a désormais tendance à oublier ses inhibitions lorsqu'il est question d'héritage culturel allemand.

Cette ardeur à établir des inventaires culturels est particulièrement frappante dans le contexte de la situation démographique catastrophique que connaissent la plupart des sociétés occidentales. Tout se passe comme si nous étions en train de dresser le bilan quelques instants avant la fermeture des portes : qu'est-ce qu'il y avait là-dedans ? Mais aussi : cela a-t-il valu la peine ?

On peut aujourd'hui calculer la date à laquelle le dernier des Allemands éteindra la lumière. Mais il ne s'agit pas seulement de lui. Les taux de natalité baissent dans le monde entier, même au Brésil, ce qui tient certes à la grève internationale de la procréation et de l'accouchement à laquelle se livrent des égoïstes obsédés par la réussite de leur vie personnelle et qui se contentent de contempler leurs succédanés de famille dans les *soap operas* télévisés, mais aussi à une baisse mondiale de la fécondité. La nature en a fini avec nous.

Ce n'est vraisemblablement pas une très bonne idée d'attaquer un livre sur les Allemands en commençant par leur extinction. Plus d'un lecteur germanique se posera la question : si les choses sont si graves que cela, pourquoi dois-je passer le peu de temps qu'il me reste en tant qu'espèce vivante à lire des pages consacrées à ma propre disparition plutôt que d'aller, par exemple, jouer au tennis ?

Eh bien dans ce cas, bon tennis !

Mais, nous, les survivants, nous voulons tout de même demander s'il n'existe pas encore des chances de sauver l'espèce et la nation, et si l'une, par hasard, ne dépendrait pas un peu de l'autre.

Dans son nouveau livre provocateur, intitulé *Minimum*, le journaliste Frank Schirrmacher explique que dans les situations d'urgence, ce sont les individus isolés (les joueurs de tennis !) qui sont condamnés à la disparition, tandis que les familles soudées ont d'autant plus de chances de survivre qu'elles ont un grand nombre de membres.

Je répète : Bon tennis !

Ah non, tiens, ils sont déjà partis…

Reprenons : la nation ne peut-elle pas elle aussi former une sorte de famille qui se serrerait les coudes pendant les périodes difficiles ? Une famille composée des races et des religions les plus diverses, mais une famille dotée d'un objectif commun, une société de consensus dotée d'une mission toute nouvelle, une mission de combat : permettre à la nation, c'est-à-dire à nous tous, de surmonter la crise et donc d'être sauvée ?

Dans ses *talk-shows,* la nation est d'ores et déjà semblable à une famille qui, assise à la table de la cuisine, palabre sur la manière dont on doit dépenser l'argent et sur les postes où elle doit faire des économies.

Le plus souvent, il est question d'argent. C'est même toujours de cela qu'il s'agit.

On a presque eu l'impression, au cours des dernières années, que nous n'avions plus de mots pour parler d'autre chose. Comme si tout notre bonheur et notre identité entière étaient définis par la seule puissance économique du pays.

Les choses ont fort heureusement changé. On se demande de nouveau aujourd'hui ce qui nous rattache les uns aux autres, à part le budget de l'État. Et c'est à la provocation islamique que nous le devons. Les motifs du retour au national sont donc très divers. Ils sont réactionnaires, progressistes, triviaux ou subversifs. Mais ils agissent.

« Qui sommes-nous ? », demande l'essayiste américain Samuel P. Huntington dans son dernier livre. Sa réponse : nous sommes des Anglo-protestants qui ont peur de perdre leur pays et leur canon de valeurs sous l'influence des immigrés. Cela lui a bien entendu valu une volée de bois vert de la part du public libéral. On lui a rappelé généreusement que les pères de la Constitution américaine étaient déjà ivres des idées de la Révolution française et que ce sont les vagues d'immigration successives qui ont fait l'Amérique. Huntington n'a pourtant fait que désigner un problème qu'avait déjà décrit, quinze ans avant lui, Arthur Meier Schlesinger, l'intellectuel libéral de la côte Ouest, rédacteur des discours de John F. Kennedy, dans son livre *La Désunion de l'Amérique*[5].

5. *La Désunion de l'Amérique, réflexions sur une société multiculturelle*, traduit de l'américain par Françoise Burgess, Paris, Liana Levi, 1993. [N.D.T.]

Je me rappelle encore le vif débat culturel qui a à l'époque opposé les critiques du *New York Times* et de la *New Republic*. Car l'auteur n'était pas le seul à observer avec inquiétude le déclin de l'Amérique dans différentes enclaves, celle des Mexicains en Californie, celle des Cubains en Floride, où même la deuxième ou troisième génération ne parle pas l'anglais. De telles enclaves sont-elles intégrables dans la famille nationale ? Sont-elles intégrables à quoi que ce soit ? Ou bien sont-elles condamnées à demeurer des sociétés parallèles, passives dans le meilleur des cas, susceptibles d'être portées à l'incandescence par les fondamentalismes dans les scénarios les plus actuels ? Quelles forces assurent encore la cohésion des nations ? Quelles loyautés peuvent-elles encore produire ?

C'est en Grande-Bretagne que l'on peut observer le plus distinctement ce défi parfois schizophrénique. Le capital financier britannique opère avec une extrême efficacité, dans le monde entier, sans s'arrêter à aucune frontière, et il est le profiteur absolu de la globalisation. Il détruit des emplois et il en crée. Pendant ce temps-là, les *kids* britanniques, fils d'immigrés, vêtus de tee-shirts à cinquante cents et animés par un enthousiasme tout frais pour le Coran, envisagent de se faire exploser avec le métro de Londres pour en finir avec ce système et, comme l'a décrit Hans Magnus Enzensberger dans son essai, cherchent à sublimer leur statut de perdants[6].

Les éditorialistes du pays n'ont pas tardé à réclamer des restrictions de l'immigration, et une controverse virulente s'est enflammée autour des définitions des mots « anglais » ou « britannique ». Jamais ces débats n'ont été aussi intenses qu'à l'époque où j'étais correspondant en Grande-Bretagne.

Le ministre de l'Intérieur, David Blunkett, qui se préoccupait avant tout des rixes entre jeunes Britanniques imbibés d'alcool et des batailles rangées entre bandes ethniques hostiles dans les banlieues, en appelait aux vertus britanniques. Quant au chancelier de l'Échiquier, Gordon Brown, il soulignait : « Nous ne

6. Hans Magnus Enzensberger, *Le Perdant radical : essai sur les hommes de la terreur*, traduit de l'allemand par Daniel Mirsky, Paris, Gallimard, 2006. [N.D.T.]

pourrons survivre dans un monde globalisé que si nous sommes certains de notre identité britannique. »

L'après-midi britannique la plus triomphale et la plus impuissante à la fois que j'aie vécue de toute ma période de correspondant à Londres fut celle du 21 juillet 2005, que je passai sur la pelouse du palais de Buckingham, entre des hommes en *cutaway* et des femmes abritées sous de grands chapeaux.

La *Queen*, Elizabeth II, sourire aux lèvres, se consacrait, lors de sa *garden-party* traditionnelle, à sa famille du Commonwealth. Elle passait en revue les haies d'invités, les lords et le peuple ordinaire, les saris indiens, les soutanes anglicanes et les burnous africains, le tout dans un murmure courtois.

Murmure qui fut soudain déchiré par un enfer de sirènes de police, de klaxons et de battements de pales d'hélicoptères, de l'autre côté du mur du jardin.

C'était le jeudi où survint le deuxième attentat terroriste. Londres était en état de choc. Aucun d'entre nous ne savait précisément s'il y avait eu de nouveaux morts. La traque était lancée. Mais ici, sur le gazon, des centaines de personnes attendaient devant le barnum royal l'instant où elles pourraient aller voir la reine boire son thé.

C'était bien sûr une scène profondément ironique.

La belle entente de la famille multiethnique des Britanniques ne pouvait pas faire oublier que c'étaient ses propres enfants qui s'étaient voués à un culte meurtrier. Deux des terroristes avaient discuté de leur mission suicide dans un studio de musculation à Notting Hill.

Et les vertus que l'on étalait sur la pelouse de la *Queen* ? Le stoïcisme, la culture, l'humour ? Bien entendu, elles aussi avaient souvent été mises en échec dans le monde situé au-delà des haies royales, mais pas plus qu'ailleurs.

Elles n'ont pas seulement jeté l'éponge face aux bombes, mais aussi face à *Big Brother*, au porno, aux drogues, au *binge drinking* et au *happy slapping*. Sur l'île, ces formes de déclin et d'errances sociales ont peut-être pris des formes plus extrêmes que partout ailleurs ; mais elles existent tout autant en France et en Allemagne.

Les sociétés s'atomisent dans le monde globalisé. Les attentats de Madrid, New York et Londres nous le montrent : elles nous explosent littéralement à la figure, et elles sont animées par des cultes meurtriers et hostiles à l'Occident. Dans ce sens aussi, notre ancrage dans une trame de valeurs culturelles internes joue un rôle important – et il le sera de plus en plus, car nous devons savoir ce que nous voulons défendre.

Au cours de ces journées de malheur en Grande-Bretagne, on dénombra, en réaction à la terreur, tous les bienfaits dont les Britanniques avaient gratifié le monde ; et tous participèrent à ce décompte, depuis l'*Independent* de gauche jusqu'au *Spectator* de droite, en passant par le *Times* au centre : le parlementarisme, Shakespeare, le football. Pourquoi nous haïssent-ils ?

La question était mal exprimée. Il aurait fallu la formuler ainsi : pourquoi ne pose-t-on pas encore beaucoup plus de bombes, pourquoi ne le fait-on pas partout, dans les grandes villes occidentales, où la désagrégation des liens familiaux, culturels et nationaux a déjà beaucoup progressé ? N'importe quel sociopathe peut aujourd'hui se bricoler une bombe, et les motifs de se suicider ne manquent pas.

Cela ne plaide en aucun cas contre les vertus britanniques, qui ne sont d'ailleurs pas seulement britanniques : l'ardeur au travail, le stoïcisme, le patriotisme, l'esprit de sacrifice. Nous sortons tous d'une longue phase de refoulement au cours de laquelle nous avons pensé que la consommation globalisée était le palier le plus élevé et le plus naturel de l'humanité. Nous avions certes remarqué depuis longtemps, du coin de l'œil, certains rigorismes déplaisants. Mais nous ne les avions pas pris au sérieux.

C'était une phase de luxe.

C'était un temps de faiblesse, comme l'écrivit Botho Strauss dans un essai qui a beaucoup fait parler de lui[7].

Ce qui nous caractérise vraiment, la tradition, les convictions religieuses fondamentales, le sentiment d'appartenir à une com-

7. Botho Strauss, « Le chant tragique monte », in *Soulèvement contre le monde secondaire : un manifeste*, traduit de l'allemand par Henri-Alexis Baatsch, L'Arche, 1996. [N.D.T.]

munauté nationale : tout cela nous était caché, surtout à nous, les Allemands. Nous étions prudents, comme le défunt président allemand Johannes Rau qui se sentit obligé, en 2001, de chipoter un peu : « Dans ma réflexion, le concept de fierté n'apparaît pas en rapport avec ma patrie ni avec ma propre nation. » Pareille phrase serait inconcevable dans la bouche d'un président britannique ou américain.

Mais puisqu'on avait coutume de dire, chez nous et avec Brecht, « le ventre est encore fécond d'où la Bête est sortie », on a enlevé toutes les entrailles, y compris les rituels de rattachement et les cérémoniels extérieurs avec lesquels les Américains présentent leur nation comme de fières citadelles ayant repoussé bien des assauts.

Notre malheur actuel tient précisément au fait qu'au cours des dernières décennies, les Allemands ne se sont permis d'autre patriotisme que celui qui s'attachait à leur Constitution. En se réclamant de valeurs comme l'égalité devant la loi, la liberté religieuse, le parlementarisme, les élections libres, ce pêle-mêle certes important, mais insipide et qui vaut tout autant pour n'importe quelle autre nation de progrès sur cette planète.

Voilà comment on en arrive à faire passer des tests d'intégration au cours desquels les Turcs doivent garantir qu'ils ne frappent pas leur femme et qu'ils n'ont rien contre les homos. C'est une bonne chose. On devrait s'en soucier en permanence, y compris auprès de nos compatriotes non Turcs, je veux dire : des Allemands.

L'identité « allemande » que recherchent, au cours de ces procédures, de jeunes fonctionnaires allemands désemparés est une construction politiquement correcte, totalement purifiée de toute identification culturelle, un système imaginé ces dernières années par des commissions constituées de jeunes sociaux-démocrates et de verts.

« Pourquoi attend-on de nous que nous nous identifiions à l'Allemagne alors que les Allemands eux-mêmes ne le font pas ? », demande l'écrivaine turque Mely Kiyak dans l'hebdomadaire *Die Zeit*. Elle a raison. C'est un vieux principe thérapeutique : pour être aimé des autres, il faut s'aimer soi-même. Il faut commencer par apprendre à estimer ce qui *nous* relie.

La langue, par exemple. Pendant que nous nous gobergeons avec des abstractions et des proclamations sur les droits de l'homme, le mouvement inverse gagne du terrain depuis longtemps. Le « kanak », cet amusant pendant turc au *slang* noir du ghetto, a depuis longtemps conquis les cours d'école et les discothèques. Il est devenu très peu *cool* de parler vraiment l'allemand. Mieux, paradoxalement, nous perdons l'habitude de le parler au moment où notre langue, depuis l'extension de l'Union européenne à l'Est, est officiellement devenue la deuxième langue de travail au sein de l'Union, où elle a remplacé le français.

Mais il y a plus que le langage. Parallèlement à toutes les dignes invitations à respecter les homosexuels, ne serait-il pas aussi important, pour ceux qui désirent immigrer, de savoir que l'*Hymne à la joie* de Beethoven est une œuvre qui nous tient à cœur, que nous admirons les mains jointes de Dürer et la cathédrale de Cologne, tout particulièrement lorsqu'elle est entourée par des centaines de milliers de jeunes étrangers qui célèbrent un pape allemand ?

Ici, le Coran et l'Oumma ne jouent aucun rôle.

« Personne n'a demandé aux Turcs de se soucier de la culture allemande », estimait récemment Necla Kelek, une collègue de Mely Kiyak [elle aussi germano-turque et très impliquée dans le débat politique et social en Allemagne]. « La gauche n'a pas encore commencé à soulever la chape de protection. » Chez nous, c'est ainsi l'intelligentsia turque qui se dresse à présent contre l'attitude compréhensive de la gauche. Or celle-ci n'en a pas encore fini, loin s'en faut, avec son programme fondé sur le « Plus jamais l'Allemagne ». Dans un article enflammé, un rédacteur de la *Frankfurter Allgemeine Sonntagszeitung* réclamait récemment que l'État allemand construise des « écoles islamiques et des mosquées ».

On continue à s'en étonner : la gauche, qui défend avec une telle agressivité la séparation de l'Église et de l'État, a les genoux qui flanchent lorsqu'il s'agit de l'islam. Considérer l'Église catholique comme un pilier de la réaction est aujourd'hui devenu un lieu commun; mais dès qu'il s'agit d'une école islamique, les adeptes compréhensifs du multiculturel n'y voient plus clair.

Jusqu'où irons-nous dans le ridicule ?

Nous avons visiblement beaucoup de choses à reconstruire.

Nous pouvons peut-être commencer par reconnaître que notre histoire remonte au-delà des soixante-cinq dernières années et ne se laisse pas restreindre à douze sombres années de faute, comme ne cesse de le faire la gauche. « Les sentiments nationaux », m'a dit le vieil historien juif Fritz Stern lors d'un entretien qu'il m'a accordé à New York, « s'expriment dans le fait d'accorder notre reconnaissance et notre respect à ce qui a été créé bien avant nous ».

Nous sommes à la fois capables de composer des symphonies et de sombrer dans la folie meurtrière. Tacite nous a décrits comme un peuple de rudes gaillards droits et fidèles, et Mme de Staël comme un peuple de charmants mélancoliques. Le temps est peut-être venu de nous décrire nous-mêmes.

Une journée suffit pour comprendre les Britanniques, une heure pour les Américains. Nous, les Allemands, nous sommes d'autant plus mystérieux pour nous-mêmes et pour les autres que le sentiment allemand a existé bien avant la nation du même nom.

Bien plus que d'autres pays, nous nous invoquons nous-mêmes. Et cette force d'invocation ne sert pas seulement à organiser rationnellement une entreprise. La rénovation de la Frauenkirche, détruite pendant le bombardement massif de Dresde, a montré à quel point nous sommes aussi capables d'invoquer un autre esprit allemand.

Cette autre Allemagne-là est idéaliste, pleine d'esprit, ambitieuse, bienveillante, ouverte au monde, romantique. Elle est un bagage léger, bien adapté à un monde globalisé où les frontières ont disparu. Elle est aérienne. Elle vit dans les cœurs.

Cette Allemagne est celle d'Heinrich Heine, qui écrivait dans ses *Contes d'hiver*:

« Aux Français et aux Russes appartient la terre
Aux Britanniques revient la mer
Mais c'est dans le royaume aérien du rêve
Que nous dominons sans rivaux. »

Peut-on aimer un pays ? Heine l'a fait, même s'il a préféré l'exil parisien aux crânes de bois de la censure prussienne. Si nous parlons de l'Allemagne, il nous faut parler de Heine.

3.

Le pistolet et la harpe

Ce que nous avons appris de Heinrich Heine, le plus allemand des Allemands et le plus cosmopolite des citoyens du monde.

C'était autrefois un produit de contrebande; aujourd'hui il est mûr pour les galas télévisés. Heinrich Heine a tellement progressé qu'on ne le remarque plus, même là où il est problématique, c'est-à-dire intéressant, spirituel, blasphémateur, sentimental ou bas. Un slogan publicitaire sur deux s'inspire de ses tours de passe-passe.

« L'Allemagne, c'est toi ? » S'il y a quelqu'un dont on puisse dire cela aujourd'hui, c'est Heine. Et c'est une bonne nouvelle.

Sans lui, les Allemands parleraient, soupireraient, riraient autrement. Lui, à l'inverse, se réjouirait de voir ce pays pacifique et décontracté au cœur de l'Europe, ce pays où tout le monde peut dire ce qu'il veut – et même l'imprimer ! Il s'amuserait de voir les journaux et les idées coexister pacifiquement.

Mais il ne tarderait pas à froncer les sourcils. Son humeur s'assombrirait à vue d'œil. Il se plongerait dans les journaux allemands et finirait par se demander comment gagner sa vie, dans ce tourbillon journalistique, dans cette tempête des opinions, parmi tous ces éditorialistes, rédacteurs et reporters plein d'entrain.

En un mot: parmi tous ceux qui l'imitent.

On pourrait le tranquilliser: personne ne lui arrive encore à la cheville. Harry Heine a été le premier d'entre nous, c'est lui qui a, le premier, foulé notre pavé. Son prénom était bel et bien Harry. Et il a immédiatement été au top. Ou bien, au plus tard, le jour où, craignant qu'elles ne soient empoisonnées, il a jeté au feu une boîte de friandises qu'il venait de recevoir.

Ce jour-là, Harry Heine était au sommet de la vague de l'émotion publique. Il avait alors exactement la température de chauffe qui distingue un grand journaliste, ce mélange d'arrogance et de paranoïa, de goût de la destruction et de nervosité.

Que dis-je, un grand journaliste ? Le plus grand !

Heine a inventé le feuilleton moderne. Il a tout mélangé, l'essai historique, le papier de dilettante pour journal à grand tirage, l'appel aux consciences, la critique littéraire, et n'a pas dédaigné les coups au-dessous de la ceinture. Il divertissait. C'est lui qui réclamait les tarifs les plus élevés pour ses piges. Il les obtenait et les dépensait en champagne, en amis, en femmes.

Il avait les yeux froids et bleu vert, une tignasse blonde, une jolie pâleur. Il portait des gilets multicolores, des foulards moelleux autour du cou. Il vivait en permanence des amours malheureuses, et lorsque tel n'était pas le cas, il tentait d'y revenir pour en tirer des mots, des vers et de l'argent.

De temps en temps, notre corporation désabusée devrait s'incliner devant lui. Nous devrions pour un instant oublier le clavier de notre ordinateur, attraper ses œuvres complètes dans la bibliothèque, juste pour y lire une fois de plus une belle phrase, une jolie provocation. Celle-ci, par exemple : « La démocratie entraîne la fin de la littérature : la liberté et l'égalité du style. »

Nous pourrions tous, une fois de plus, aller lire dans l'original la manière dont on devrait travailler. L'éditorialiste y apprendrait à associer analyses politiques et portraits psychologiques. Le reporter, à mener l'enquête. Le critique, à écrire sur la musique sans avoir la moindre idée de ce dont il est question. Le penseur, à fouler aux pieds ses concurrents et leurs arguments. Le chroniqueur *people*, à propager les rumeurs et à décrire la garde-robe des dames.

Mais on y verrait aussi et surtout comment la langue allemande, celle du quotidien, peut chanter lorsque celui qui s'en sert a l'oreille absolue. Heinrich Heine est le plus populaire des poètes allemands, celui qui a connu le plus de succès dans le monde. On connaît environ dix mille œuvres musicales inspirées de poèmes de Heine, dont celles de Brahms et Schumann, Mendelssohn et Meyerbeer, Liszt et Wagner. Même les nazis, dans leurs manuels de chansons, n'ont pas voulu renoncer à la *Loreley*, bien qu'elle ait été rédigée par le juif Heine. Tout juste avaient-ils supprimé sa signature au profit de la mention « Poète anonyme ».

Harry Heine était aussi persuadé de son importance pour le monde que Goethe l'était de la sienne. Tous les grands hommes sont comme ça. Dans son autobiographie *Poésie et vérité*, Goethe a inventé pour le jour de sa naissance une constellation astrologique très impressionnante, qui n'avait qu'un seul défaut : elle n'a jamais existé.

Dans ses *Tableaux de voyage*, Heine n'a pas hésité, pour sa part, à déplacer sa date de naissance au début 1800, ce qui lui permit de prétendre avoir été « l'un des premiers hommes de ce siècle » à entrer en scène. En réalité, le bon Dieu lui avait, à lui aussi, gâché son effet en l'expédiant trois ans plus tôt, le 13 décembre 1797, dans cette vallée de larmes.

Dans la petite ville résidentielle qu'est Düsseldorf, les Heine sont la branche appauvrie d'une grande famille. Le père, Samson, peau rose et boucles blondes, aime les chevaux, le théâtre et les comédiennes, il les aime même un peu trop. Il met à genoux sa manufacture de tissu, qui fonctionnait pourtant bien. La cohésion de la famille est assurée par Betty, une femme sévère, cet « irrésistible balai-brosse », qui se montre plus pragmatique et tente de chasser de la tête de son fils les poux de la poésie.

Elle l'imagine avocat, ou banquier, ou quelque chose du même ordre. Harry se réfugie dans le grenier où sont entassés les vieilleries colorées de ses ancêtres, les globes, les cornues et les anciens manuels sur l'Orient. Alexander von Humboldt vient de rentrer de ses périples mouvementés dans l'Amazone. Installé dans son Arche de Noé du savoir, Harry Heine s'enivre quant à lui d'aventures imaginaires.

Que peut-on faire d'autre à Düsseldorf, ce trou peuplé de seize mille âmes bigotes ? À l'école, lorsqu'il parle de son grand-père juif orthodoxe à la longue barbe, les enfants crient « Mort aux *youpins* ! », et c'est Harry qui reçoit les coups du professeur. L'air du temps...

Mais voilà qu'à Düsseldorf aussi s'ouvrent les portes de l'histoire mondiale : les troupes de Napoléon défilent dans la ville, le conquérant de l'humanité en personne y entre à cheval, celui-là même qui, en France, a accordé la quasi-égalité des droits aux juifs, et qui apporte cette égalité dans la cité allemande.

Harry l'admirera toute sa vie.

Un an après la défaite de Napoléon à Waterloo, Harry doit lui aussi capituler – pour sa part, c'est devant les exigences de la vie pratique et les préoccupations prosaïques. Il fait un stage chez un marchand d'épices francfortois et chez un banquier. Les deux expériences sont un échec, mais il voit ce qui se passe dans un véritable ghetto, étroit et oppressant – car c'est là qu'il habite à cette époque.

À Hambourg, au contraire, tout est vaste et brillant. C'est là que vit son oncle Salomon, ce banquier tellement riche que son entourage ne lui fait même plus sentir qu'il est juif. La moitié de la ville lui appartient. La richesse, Harry le comprendra vite, est la meilleure des protections.

La fille de l'oncle s'appelle Amalie. Harry aime le brio de l'oncle, et voue à Amalie, qui n'est pourtant pas spécialement jolie, un amour tempétueux. Ce fol amour lui brise le cœur, lui qu'il n'est pas question de prendre pour gendre. Il n'emploiera sans doute aucun mot plus souvent et plus couramment que le mot « amour », ce qui ne doit pas faire peser de doute sur la profondeur de ses blessures. Il connaît lui aussi le grand amour romantique de jeunesse. Pour lui, c'est la splendide fille rouquine du bourreau, une nymphe à la peau diaphane, qui connaissait « beaucoup de vieilles chansons traditionnelles ».

Bourreau, nymphe, chants populaires : voici l'agrégat, l'humus fait de biographie et d'inclinations. On ne devient pas banquier avec de pareils antécédents, on ne devient d'ailleurs rien du tout, si ce n'est écrivain.

Oh, ce n'est pas qu'il ne fasse pas d'autres tentatives de carrière bourgeoise. Il fréquente les universités de Bonn et de

Göttingen, c'est son oncle qui paie. Ce sera désormais la distribution des rôles, et elle ne changera pas : Harry est le génie, l'oncle hambourgeois est la tirelire. Harry l'insulte, l'oncle se venge en rédigeant des lettres à l'orthographe abominable : « S'il *aurait* appris quelque chose, écrira-t-il plus tard avec dédain, il *n'aura* pas à écrire des livres. »

Dans son milieu d'étudiant, Harry Heine est pris dans le milieu nationaliste, ce qui clôt la liste des thèmes de sa vie. « À vingt ans, écrit le journaliste Fritz J. Raddatz, Heine est un homme accompli. » Le nouveau siècle est marqué par le combat des idées et des idéologies. D'un côté comme de l'autre, les intellectuels s'arment de manifestes et de pistolets. Avec « l'amour », « l'Allemagne » sera désormais le deuxième mot le plus fréquent dans le vocabulaire de Heine.

Lorsqu'il prend le pistolet, c'est toutefois dans le seul but de se battre en duel pour sauver quelque chose d'aussi bête et romantique que son honneur. À Göttingen, il fuit l'université après une provocation en duel. Plus tard, alors qu'il est à Paris, un échange de coups de feu en bonne et due forme aura lieu avec un certain Salomon Strauss. Heine est égratigné par une balle, l'autre s'en sort indemne.

Oui, Heine est capable de jouer le tout pour le tout. Mais il tire tellement mal. Son arme véritable, c'est le mot. Et lorsqu'il s'en sert, il ne laisse aucune chance. Prenez August Wilhelm von Schlegel, superstar de l'école romantique et traducteur de Shakespeare : alors qu'il commence par le vénérer, il doit au bout du compte « le liquider d'un trait de plume » parce qu'il lui fait de l'ombre. C'est cela, Heine, et tous les journalistes désormais lui ressembleront : à la fois sensibles et sanguinaires.

À Göttingen, il rencontre l'antisémitisme. Adhérent d'une association d'étudiants, on le chasse officiellement pour « impudicité », officieusement parce qu'il est juif. Le monde entier, à cette époque, n'est certes qu'un concentré d'antisémitisme ; mais les Allemands font écumer Heine, comme le reste. Tout ce qui s'apparente à l'Allemagne est désormais pour lui un « vomitif ». Il veut rompre avec son ami d'enfance, Christian Sethe : « Parce que tu es aussi un Allemand », lui écrit-il. Il est même « écœuré » par ses propres poèmes, « puisqu'ils sont rédigés en langue allemande ».

Ils le sont effectivement. Mais il continuera bien entendu toute sa vie à écrire dans cette langue les plus poignants des poèmes sur la nostalgie et le mal du pays, des poèmes que leurs lignes de fracture rendent passionnants.

Depuis Berlin, où il est enthousiasmé par le dieu des philosophes, Georg Friedrich Hegel, qui confirme à la fois les options de la gauche et celles de la droite, Heine envoie ses premières chroniques au *Rheinisch-Wesfälischer Anzeiger*. Et quelles chroniques ! Il parvient à franchir la censure de ses insolences, à les « introduire en contrebande dans le port de l'opinion publique ». Devenu une jeune star controversée, on lui ouvre bientôt la porte du salon de Rahel Varnhagen.

À cette époque, ce sont les poètes allemands qui font la presse. Avant Heine, il y a eu Matthias Claudius et Heinrich von Kleist, mais personne n'a jamais tenté de copier la componction chrétienne de l'un ou le cynisme brutal de l'autre. Heine, lui, a été imité. Le *sound* Heine, on l'entend encore aujourd'hui. Il s'adresse à un public de masse, urbain, de plus en plus stimulé, qui apprécie le divertissement trépidant et piquant, et se débrouille mieux avec des fragments qu'avec un système cohérent. « L'association des idées », telle est la joyeuse devise de Heine.

Il n'arrive cependant pas à vivre de sa plume, et comme les subsides que lui accorde son oncle sont suspendus à la pesante obligation d'aller jusqu'au bout de ses études de droit, il s'exécute. Il fait même plus que cela. Peu avant son doctorat, il se convertit à la foi protestante. Harry devient Heinrich, le juif devient un chrétien. De la religion proprement dite, il se moque pas mal à cette époque ; il lui faudra attendre la fin de sa vie pour établir un lien avec son Dieu personnel. Mais à ce moment-là, il parlera en termes poignant de « son Dieu » et de la vie après la mort.

La conversion, en revanche, est une décision purement liée à sa carrière – car pour les juifs, il est plus difficile d'exercer. Beaucoup d'entre eux accomplissent la même démarche. Sur les trois cent mille juifs, qui représentent environ un pour cent de la population, un dixième à peine grandit dans un cadre bourgeois – les autres sont relégués aux marges de la société.

La conversion ne sert pas à grand-chose : malgré tous ses efforts, il ne deviendra pas professeur. Un an plus tard, il écrit à son ami Moder : « Je suis à présent haï chez le chrétien comme chez le juif. Je regrette beaucoup de m'être fait baptiser. »

Comme le métier d'écrivain est l'une des rares professions à ne pas être barrée aux juifs, et comme dans le même temps des percées technologiques comme l'invention de la stéréotypie et l'introduction de la presse rapide permettent la production en masse de livres et de revues, Heine a en fait choisi le moment idéal pour rater son entrée dans la carrière bourgeoise.

Les librairies et les maisons d'édition poussent comme des petits pains, on améliore les voies de communication, les bouquinistes à domicile et les abonnements apportent de nouveaux clients, on crée des clubs de lecture et des bibliothèques, et surtout l'on conquiert la clientèle qui constitue le plus grand potentiel : les femmes. C'est à cette époque qu'est né le marché qui nous nourrit tous aujourd'hui. Heine sert la poésie, il sert la politique. Et, à sa manière, il se bat contre les censeurs. Dans ses récits de voyage, il fait paraître une page entièrement caviardée, mis à part les mots « censeurs » et « imbéciles ».

C'est le combat, côté jour. Mais il y a le côté nuit. Heine cherche l'esprit allemand dans le puits du passé comme beaucoup le font à l'époque : il se transporte au Moyen Âge, auprès des chevaliers et des châtelaines, il lit des contes et des légendes.

Puis il part en voyage. Heinrich Heine parcourt l'Allemagne à l'orée du tourisme moderne, il voit la mer du Nord, il arpente le massif du Harz et écrit sur ces montagnes un reportage admirable qui ouvre sa ronde des *Tableaux de voyage* et fonde sa renommée de prosateur.

Il fait ce que le *new journalism* et la littérature pop ont redécouvert depuis : il se met lui-même en scène. Il rencontre des compagnons de route, il médite sur la politique et l'histoire, mélange anecdotes, faits et rêveries. Il prend congé de la société pour mieux la prendre dans sa ligne de mire, et c'est ainsi qu'il remporte le plus grand succès.

Le voyage de Heine dans le Harz commence par une satire de la vie universitaire de Göttingen, ses mandarins et ses étudiants nationalistes obtus. Il s'en éloigne par Clausthal et Goslar. Il tombe amoureux de la charmante Ilse. Il rencontre les mythes, les légendes et les coquettes allemands. À la fin de sa pérégrination, Heine rend visite au grand conseiller diplomatique de Weimar, Johann Wolfgang Goethe : la rencontre au sommet ! Trois ans plus tôt, déjà, écrit-il sur le billet qu'il lui fait parvenir, il lui a envoyé quelques « essais lyriques ». (Et le grand homme n'a qu'à compléter lui-même : il n'a même pas eu la grandeur de l'en remercier !)

Goethe le reçoit. Et Heine, qui s'est imaginé mille fois cette scène et l'a souhaitée tout aussi souvent, gâche leur entrevue par excès d'esprit. Le grand poète de l'Olympe lui demande à quoi il travaille. « À un *Faust* », répond Heine comme par réflexe. Goethe hoche froidement la tête. Lui-même est en train de se battre avec la seconde partie de son *Faust*, un labeur exténuant. Il n'aime pas les traits d'esprit. L'audience est terminée. Goethe note dans son Journal : « Heine, de Göttingen. »

Goethe, se rappelle Heine plus tard, est jaune et édenté. Seul son œil est clair. Le jeune provocateur, furieux et contrit, résiste pourtant à la tentation de donner ensuite au grand homme le coup de pied de l'âne : il sait qu'il n'est pas pour rien en haut de son piédestal.

Il le qualifie de grand « génie du refus du temps ». Mais les temps nouveaux exigent qu'on s'engage. On n'est jamais tout à fait sûr que c'est bien lui qui s'empare de l'idée intéressante ou l'idée qui s'empare de lui, comme il l'affirme lui-même. Il a un sens réel des effets, et tout chroniqueur nourrit, sur un marché où l'on ne se bat pas, des faiblesses naturelles pour ce genre de positions qui rejettent les grandes dichotomies. Il ne fait aucun doute qu'il aurait pris sa part dans la controverse autour des caricatures de Mahomet, fin 2006, mais qui peut dire quel camp il aurait choisi ? Il estimerait peut-être même que chez nous, ce ne sont pas les censeurs qui menacent la liberté d'opinion, mais la liberté elle-même et ses sempiternelles vulgarisations qui avilissent tout, y compris le droit d'exprimer librement ses opinions.

À côté du Heine grognard de la plume, on en trouve un autre, le poète impartial. Une bonne année après le *Voyage dans le Harz* paraît le *Livre des chants*. Heine n'y développe pas d'arguments, il y glisse herbes magiques et murmures amoureux, rires, frivolités, et le plus allemand de tous les sentiments : la mélancolie.

Ce livre-là a été tiré depuis à plusieurs millions d'exemplaires, il a été traduit dans d'innombrables langues. Il est aussi représentatif de l'Allemagne que *Faust*, la *Neuvième symphonie* de Beethoven et la nouvelle Audi. Si l'Allemagne est un label, le *Livre des chants* est une de ses marques, et non des moindres.

Mais du vivant de Heine, Campe, son éditeur, en écoule en tout et pour tout trois mille exemplaires, et maudit le ciel de ne vendre que des éditions bon marché à des étudiants. Heine comprend que pratiqué avec maestria, le journalisme permet de mieux gagner sa vie. Il écrit alors, depuis Munich, pour les *Allgemeine Politische Annalen* de Cotta. « Je mène un train de grand seigneur et les cinq personnes et demie qui savent lire ici me montrent elles aussi qu'elles me tiennent en haute estime. » Pour le reste : « Côté femmes, relations merveilleuses. »

Il se transforme en génie du recyclage. Il commence souvent par publier dans les revues de Cotta, et reprend ensuite ses articles dans des textes qui paraissent chez Campe.

Heine, ce cosmopolite qui s'adresse si souvent et avec tant de noblesse à l'humanité tout entière, prend le plus grand plaisir à lancer des attaques nationalistes en dessous de la ceinture. Il qualifie les Anglais de « peuple le plus répugnant de la terre ». Seuls les Américains les surpassent : « L'utilité dans ce monde est leur véritable religion, et l'argent est leur Dieu, leur Dieu unique et tout puissant. » Des mots qu'on pourrait croire écrits au début du XIXe siècle.

Comme les censeurs, en Allemagne, lui posent trop de problèmes, il part pour Paris en 1831. Il espère revenir bientôt. Il restera toute sa vie en France.

Un an après la révolution de 1830, Paris est la capitale du XIXe siècle, le foyer stimulant et brillant de l'humanité, la cible d'un vaste mouvement de migration politique: Karl Marx franchit lui aussi la frontière, et avec lui toute la jeune intelligentsia radicale allemande.

Heine est le plus brillant d'entre eux. Il a bientôt accès aux salons les plus importants, il est en relation avec les Rothschild, la fameuse famille de banquiers, avec les ministres Guizot et Perier, avec Balzac, Dumas, Chopin et Liszt.

Heine est surchargé: il écrit désormais pour des journaux allemands et français. Au public germanique, il fournit critiques d'expositions et analyses politiques. Aux lecteurs parisiens, il décrit « l'école romantique » et raconte « l'histoire de la philosophie allemande ».

Paris est une ville de presse. En 1830, la ville compte soixante mille abonnés aux quotidiens; quinze ans plus tard, ils sont déjà deux cent mille. Au milieu des années 1840, ce sont vingt-six journaux qui paraissent dans la mégalopole. Les Français aiment l'éditorialiste et le poète Heine, et cet amour ne s'est pas démenti depuis. Il a réussi sa percée. Il peut bientôt demander un franc la ligne. Après un festin avec des amis au restaurant *Le Rocher de Cancelet*, il annonce: « Nous venons de déguster cinquante lignes. »

Heine se met en immersion. Il se promène dans les ruelles et les passages, saisit des regards comme des éclairs, des séductions, des sourires, il se laisse porter dans la foule anonyme comme Baudelaire qui, quelque dix ans plus tard, changera les « passants » dans le poème clef des Temps Modernes.

Lorsque Grillparzer lui rend visite, il est au lit avec deux grisettes. Mais Heinrich Heine, le grand poète, se laisse ensuite enivrer les sens par une jeune marchande de souliers sans instruction, Crescentia Eugénie Mirat, qu'il baptise Mathilde parce que son nom « lui gratte le cou ». Dans son *Atta Troll*, il la fixe pour l'éternité, la muse, la gaspilleuse, l'insouciante qu'il épouse en 1841:

« Juliette dans son sein
N'a pas d'âme, elle est Française
Et vit pour l'extérieur; mais ce qu'elle y montre
Est ravissant et enchanteur. »

Heine écrit sur tout et toujours avec brio. Son idée de la « chronique élargie » ? Une vieille histoire. Même l'adversaire du poète, Heinrich Laube, y discerne justement l'essence du journalisme moderne: « La science et l'art ont quitté leurs réduits et sont venus sur le marché. »

Un débat culturel ? Dès sa naissance, ce n'est souvent pas beaucoup plus qu'une bagarre de bistrot. Dès son avènement, la chronique de haut niveau s'offre toutes les bassesses, et la calomnie sexuelle est l'un des instruments de prédilection de Heine.

Pendant l'écriture de ses reportages en Italie, par exemple, il s'interrompt volontiers pour asséner une volée de mots dans une arrière-cour. Il laisse « Les bains de Lucques » pour affronter un adversaire entre deux tas d'ordures: le comte August von Platen-Hallermünde, qui l'avait attaqué en termes antisémites. Heine répond coup pour coup. Platen est un homosexuel notoire, et en l'occurrence, il n'en tire guère de profit. Heine persifle sur son « chaleureux ami », sur sa « prévenance envers les plus jeunes », sur ses « doux enfants », etc.

Heine espère bien entendu une transformation, une révolution dans son pays, l'Allemagne, où l'air lui semble vicié. Ce bouleversement lui semble même inévitable. Il n'y voit cependant pas seulement une affaire morale, mais aussi une représentation sous les feux de la rampe. Et il est insurpassable lorsqu'il s'agit de décrire la tension, comme dans ses *Tisserands silésiens* de 1844:

« Dans leurs yeux sombres, pas de larmes.
Assis à leur métier, ils serrent les dents:
Allemagne, nous tissons ton linceul,
Nous y tissons la triple malédiction...
Nous tissons, nous tissons ! »

De tels vers ont longtemps valu à Heine une réputation de gauchiste. Tous s'y sont frottés : communistes désœuvrés, férus de Brecht et cabarets ont travaillé ses textes « salés » et admiré cet homme « qui n'avait pas sa langue dans sa poche ». Autrefois, le chanteur Wolf Biermann, lorsque l'Allemagne de l'Est l'avait chassé à l'Ouest, était avec Heine contre le capitalisme. Aujourd'hui, toujours avec Heine, il liquide le communisme et tous les autres *-ismes* qui s'opposent à la civilisation. Heine laisse faire.

Mais le vrai Heine, celui qui est vraiment passionnant aujourd'hui, c'est celui qui aime son pays par-delà la frontière. C'est le Heine des *Pensées nocturnes*, celui du *Conte d'hiver*. Il a autant la nostalgie des chênes allemands que celle de sa mère. Il a en outre certaines affaires à régler avec Campe. Il finit donc par se mettre en route, à l'automne 1843, franchit la frontière et rentre en Allemagne. C'est une véritable équipée : craignant, non sans raison, d'être arrêté, il ne peut séjourner longtemps nulle part. Il revoit ainsi Aix-la-Chapelle, et Cologne, et Hambourg, et toutes ces bourgades idylliques dans lesquelles le « brio et le faste » des villes n'avaient pas encore fait leur entrée, et il exprime l'amour et la colère que lui inspire cette situation dans son *Conte d'hiver*, un récit de voyage en vers.

En rêve, il transpose le mauvais temps présent dans un passé héroïque et joue ironiquement avec les deux, il parle avec le père Rhin, avec Barberousse et Arminius, il prend encore du plaisir dans la plus malveillante des moqueries. Aucun homme méprisant sa patrie n'écrit des vers comme ceux-ci :

« C'était par un triste novembre
Dont les journées s'assombrissaient
Aux arbres le vent arrachait le feuillage
Moi j'avançais vers l'Allemagne

Lorsque je fus à la frontière
Mon cœur se mit à battre fort
Dans ma poitrine, et je crois même
Que les larmes me vinrent aux yeux

Quand j'entendis la langue allemande
Un étrange sentiment me vint
Comme si tout d'un coup mon cœur
Était pris d'un doux saignement

Une petite harpiste chantait
Son sentiment était si vrai,
Sa voix si fausse, mais je fus
Tellement ému par son jeu. »

C'est sa dernière grande œuvre. Elle est aussitôt interdite en Prusse. Son oncle Salomon meurt peu de temps après, et Heine doit se battre pour garder sa pension. Puis lui-même tombe gravement malade.

Il décrit son malaise dans une scène dramatique : alors qu'il se trouve au Louvre, il tombe aux pieds de la Vénus de Milo ; au même instant, de l'autre côté du Rhin, des révolutionnaires allemands tombent sur des barricades. C'est l'année 1848, et c'est du Heine tout pur : l'histoire du monde le télescope et la Vénus, l'incarnation de la joie des sens, dirige sur lui, d'en haut, son regard froid et de marbre.

Un mal mystérieux, que l'on attribue à la syphilis contractée jadis auprès d'une prostituée de l'île d'Helgoland, le prive peu à peu de sa mobilité et le relègue dans sa « fosse à matelas » où il dépérit pendant ses huit dernières années. De l'opium versé directement sur une blessure au cou maintenue ouverte est censé apaiser les douleurs les plus vives.

C'est pourtant auprès de Heine, le martyr du bonheur, que les jeunes viennent en pèlerinage, c'est à lui qu'ils demandent audience – et de fait, peu avant sa mort, il publie aussi son *Docteur Faust*. Chez lui, c'est un « poème dansé », un jeu de passe-passe érotique. Puis un dernier amour et de derniers vers appelant le bonheur, qu'il rédige sous le nom de « Lazare ». « Sois consolé, cher lecteur, il y a une vie après la mort. » C'est lui, en vérité, qu'il console. Le 17 février 1856, un dimanche matin, à cinq heures, le poète meurt.

La postérité ? Pour Nietzsche, Heinrich Heine était une figure du millénaire. Pour les nazis, c'était un Juif dont il fallait brûler les livres – et cela décrit très précisément le gouffre qui sépare Nietzsche des nazis.

Pour les concierges ouest-allemands, Heine fut jusque dans les années soixante-dix un chahuteur de gauche. Chez nous, dans la petite Allemagne rassasiée d'avant la chute du Mur, on le traitait négligemment. En 1979 encore, à la Bibliothèque régionale de Düsseldorf, on a démoli sans scrupule une salle d'étude contenant du mobilier de Heine.

Heine était trop journalistique, c'est ce qu'ont toujours écrit de bon cœur d'autres journalistes qui se sentaient appelés à de plus hautes missions. Karl Kraus, le policier du langage viennois, a condamné Heine parce qu'il avait « desserré le corset de la langue allemande » et ainsi dévoyé les mœurs. Theodor Adorno a accordé un pardon tout aussi dévastateur aux poèmes de circonstance de Heine. Hélas, par la suite, ce n'est pas l'esprit de Heine, mais le maniérisme dialectique d'Adorno qui s'est transmis et a corrompu le style de toute une génération de chroniqueurs.

Mais pour nous, aujourd'hui, le temps est venu de nous incliner avec reconnaissance.

Nous le voyons poser les pages culturelles du *Zeit* sans les avoir lues, nous le voyons compter, sourire aux serveurs et se mettre en marche, dans l'heure bleue du conte d'hiver allemand, et nous le voyons un peu plus tard descendre d'un pas tranquille la Kastanienallee, sur le Prenzlauer Berg de Berlin.

Il passe devant une boutique vivement éclairée qui dispose d'un comptoir de vente donnant directement sur la rue, comme les stations service vers minuit ou les pharmaciens lorsqu'ils sont de garde. Une magnifique jeune fille rousse se tient dans cette boutique éclairée par des batteries de néons criards. Ce sont des étagères en métal où se trouvent des paquets qui ressemblent à de la farine est-allemande, de magnifiques classeurs *Leitz* et des mules de bain en nid-d'abeilles.

La jeune fille garantit qu'on peut vraiment acheter tout cela. Malheureusement, ajoute-t-elle, la boutique marche très mal. Et puis elle n'a pas étudié la gestion, mais les beaux-arts.

Bien entendu, Heine comprend aussitôt que la jeune fille pâle est une princesse de l'ancien temps qui attend, dans ce jardin mystérieux, l'instant où on la libérera. Elle a des yeux bleus et amicaux ; Heine veut aussitôt l'épouser. Il se rappelle alors qu'il est déjà marié à Mathilde et achète un classeur *Leitz* avec un anneau de plastique rouge dans le dos.

Il sourit, tout heureux, à la jeune fille, car il comprend à cet instant que non seulement ses Allemands le comprennent, mais, plus important encore, qu'ils rêvent de lui.

4.

L'ange doré

Une excursion dans l'âme allemande
qui s'achève nécessairement dans le White Trash, à Berlin.

La page d'accueil du *White Trash* montre des ruines berlinoises à l'Heure Zéro, immédiatement après la fin de la Seconde Guerre mondiale. Devant, un panneau: « Vous quittez le secteur américain. » Le *White Trash* se trouve dans la Schönhauser Allee. Le chemin qui mène au *White Trash* est long, d'où que l'on vienne, mais c'est du quartier chic du Grunewald qu'il est sans doute le plus éloigné.

On peut certes ignorer que Berlin est la plus passionnante de toutes les villes du monde si l'on habite justement à Grunewald, le Neuilly berlinois, comme le fait Roger Boyes. Mais le correspondant du *Times* de Londres doit-il forcément loger là ? Et puis est il vraiment indispensable d'éreinter la capitale allemande à chaque occasion ?

Oui, c'est indispensable. Les correspondants de la presse britannique en Allemagne ne s'engagent pourtant pas auprès du MI 5 à écrire tout ce qu'ils écrivent sur le « Reich » dans l'état d'ébriété le plus profond possible. « La guerre est encore loin d'être finie », lit-on sur le papier que m'a fait passer un collègue britannique qui s'était fait muter à Rio parce qu'il ne supportait plus la pression qu'il subissait chez lui. Lui aussi buvait. « L'agence m'a bousillé », ânonnait-il dans ce bistrot près de la Copacabana la dernière fois que je l'ai vu.

Boyes, donc. Ça n'est d'ailleurs pas son patronyme officiel, mais c'est la règle pour ce genre de missions.

Récemment, « Boyes » a repris son clavier d'ordinateur pour dénoncer une fois de plus l'Allemagne, ce paradis des faux chômeurs qui ne savent plus fabriquer des voitures et ne pensent qu'à leurs vacances. Pour caractériser la ville et ses habitants, il utilise vingt et une fois le mot « décadent ». S'y ajoutent quelques « pervers », « obscène » et « sadomasochiste ».

Peut-être, une fois de plus, a-t-il pris ses désirs pour des réalités. Quand on connaît le goût des Anglais pour les perversions et le *kinky sex* de toute nature – l'animateur de la *BBC* Jeremy Paxman lui a dédié un chapitre spécial et affectueux dans son livre *The English*[8] –, on peut même voir dans l'article de Boyes une sorte de compliment codé. Chacun voit ce qu'il veut voir et Boyes décrit Berlin et son maire homosexuel comme un enfer décadent peuplé de caves sado maso à l'instar du *Kit-Kat-Club*, regorgeant de réminiscences de l'univers de *Cabaret*, avec son ambiance de fin du monde au début des années trente.

C'est bien entendu absurde. Berlin n'est qu'une pauvre ville. Elle a trop de cabots. Elle est laide. Elle a cinq cent mille bénéficiaires de l'aide sociale et ses clubs sont remplis. Et c'est la métropole la plus relax à l'ouest de Moscou et à l'est de Lisbonne. Qui peut bien réfléchir au drame de l'histoire dans le triomphalisme stupide de Londres ou dans la fanfaronnade encore plus imbécile de New York ?

À Berlin, en revanche, on ne fait que ça. C'est effectivement un Berlin de cabaret, que les artistes peuvent s'offrir parce qu'il est bon marché. Danseurs, peintres, auteurs, éditeurs, comédiens : quand on s'ennuie dans un New York fade et hors de prix, quand on ne peut plus supporter les rixes dans les pubs londoniens, on va s'installer à Berlin, qui « n'a jamais été une ville », comme le remarquait déjà Heine il y a cent cinquante ans, mais « un lieu où se rencontrent des gens intéressants ».

8. Jeremy Paxman, *The English*, traduction française de Bernard Cohen, *Les Anglais. Portrait d'un peuple*, éditions Saint-Simon, Paris, 2003.

Mon ami Lottmann, écrivain, a appelé. « Va donc au *White Trash.* » Quand on a quelque chose à dire, c'est là qu'on va se montrer. « Si tu cherches la nouvelle Allemagne, c'est là que tu la trouveras. » Lottmann, plus il vous soutient, plus il a l'air ironique. Pour n'importe quelle personne ayant des idées bien arrêtées, l'assistance de Lottmann est une cure salutaire. On se met à réfléchir, à douter, à se regarder dans le miroir, à vérifier la raie de ses cheveux et à dire : « Vraiment ? » ou bien « Attends voir... ».

Dès le début, Lottmann avait accueilli mon projet de livre avec enthousiasme. « Le nouveau nationalisme, disait-il, c'est *le* sujet du moment. » Il trouvait que j'avais parfaitement raison. Il existait bel et bien un nouveau nationalisme, un bon nationalisme, décontracté, de ceux qu'on ne dénonce pas.

Mais je soupçonnais ce ravissement soudain de reposer sur des motifs totalement erronés. Tout ce qui me posait des problèmes, lui le considérait comme les points forts de l'Allemagne. L'Allemagne, disait-il avec enthousiaste, était en avance sur le reste du monde parce qu'elle était totalement anti-traditionnaliste. « Nous ne sommes qu'une toile pleine de trous dans laquelle l'esprit libéral a pu s'infiltrer. » Cela se voyait, disait-il, dans tous les domaines : « Nous sommes tous gentils, nous sommes tous des couilles molles, anti-autoritaires jusqu'à l'os, aimés par tout le monde, mères célibataires et nouveaux pères de familles recomposées, tous conscients de leurs responsabilités. » Assis devant moi au 103, dans la Kastanienallee, devant un café crème, Lottmann rayonnait.

« L'Allemagne a la plus grande densité de psys au monde. La majorité des bourgeois responsables se rend régulièrement chez ces gens-là pour qu'ils fassent le ménage dans leur tête. Et puis il y a l'État providence ! N'importe quel salarié qui dételle commence par toucher mille cinq cents euros par mois pour se refaire une vie de travailleur indépendant. Ce qu'ils font massivement, bien entendu ! »

Voilà ce que Lottmann a à me dire. Enfin non, il n'a pas tout à fait terminé : « Même dans le domaine érotique et conjugal, l'Allemagne a pris une galaxie d'avance sur l'Irlande, la France ou la Bavière. Cette absence de liens, cette incapacité à s'attacher dont on n'arrête pas de se plaindre, est en réalité une manière de se restructurer pour affronter le monde moderne. On néglige peut-être les relations à deux, mais c'est pour créer une multitude de nouveaux liens, différents, modernes, multilatéraux, qui apportent plus à l'économie et à l'esprit. N'importe quel jeune homme, à Berlin, peut vous parler de ces nouveaux liens multiples qu'il a établis avec son meilleur ami, son ex, son amante italienne, sa mère folle, la famille de son père divorcé, ses amis "métrosexuels" du Brat Pack, la copine juvénile avec laquelle il partage ses confidences, son enseignante en manque de satisfactions sexuelles, etc., liens qu'il a établis, dénoués, développés, et qu'il trouve passionnants. Comparé au couple isolé qui regarde passer le temps en silence à Bordeaux et qui prévoit de fonder une famille, plus tard, sans doute, c'est le rythme de l'avenir. »

Comme je l'ai dit, c'est Lottmann, et il n'y a pas moyen de faire du sérieux avec lui. C'est un enthousiaste. Le nationaliste allemand du nouveau type. Je ne connais personne d'autre capable de se plonger dans de tels états d'exaltation. Et même si c'est pour des motifs douteux, la capacité à s'enthousiasmer est de toute façon un bon début pour un livre consacré à l'Allemagne.

Partons donc pour Berlin, le Berlin de Lottmann, là où le sentiment de l'Allemagne prend les formes les plus dramatiques, au cœur du cubisme allemand, là où l'on voit tout en même temps : victoires, défaites, reconstructions, démolitions, nouveaux quartiers, rien que des commencements.

Une bonne chose qu'il y ait des chauffeurs de taxi pour mettre un peu d'ordre dans ce chaos. Nous descendons l'allée du 17 juin, en direction de la colonne de la Victoire, et l'homme à la casquette de cuir est en verve.

« Maintenant, il vole pour de bon, l'ange. »

L'ange d'or sur la colonne de la Victoire, dans l'axe de la porte de Brandebourg. C'est celui autour duquel Wenders décrivait d'impressionnants cercles en gris et noir avec sa caméra, dans le plus culte des films cultes allemands, *Les Ailes du désir,* où les morts discutent avec les vivants et récitent des poèmes de Rilke. Autrefois, l'ange n'était qu'à soixante et un mètres de hauteur, à sa place devant le Reichstag. Ce sont les nazis qui l'ont déplacé ici, sur l'étoile, ils ont intégré un quatrième tambour à la colonne, surélevant ainsi l'ange de huit mètres.

« Ça fait quand même un autre effet ! »

Maintenant, effectivement !

Tout autour du socle court un bas-relief en bronze qui présente les héros des Allemands, depuis les débuts germaniques jusqu'à l'exploit de l'empereur Guillaume face à la France. Sur ordre des Alliés, après la guerre, on avait détaché ces plaques de la colonne. Dans les années quatre-vingt, on a autorisé leur réinstallation, sans doute parce qu'on pouvait garantir avec une certaine crédibilité que l'Allemagne n'enverrait plus jamais d'œuvres d'art exécrables au reste du monde.

La colonne avait été inaugurée en 1873, pour le troisième anniversaire de la bataille de Sedan. Elle devait rappeler les campagnes victorieuses menées contre les Danois (1864), les Autrichiens (1866) et les Français (1870-1871). Des douilles d'obus dorés sont encastrées dans les rainures de la colonne. Si les canons tiraient à présent, me dis-je, il pleuvrait des plumes d'or.

Tant de victoires. Avec chacune d'entre elles, les Anglais et les Français tapisseraient cinq villes. Les Berlinois ne se sont offert qu'une colonne, une seule. Mais quelle colonne ! Lord Nelson, sur le Trafalgar Square ? Le temps qu'il faut pour appuyer sur le bouton de l'appareil photo suffit à raconter son histoire. Pour la colonne de la Victoire, à Berlin, en revanche, il faut des heures.

L'ange d'or, affirme le chauffeur de taxi, a été fondu avec le métal des canons prussiens qui avaient assuré la victoire sur Napoléon à la bataille des Nations, près de Leipzig. Personne ne sait si c'est vrai. L'ange regarde vers l'Est. Il se prénomme Victoire. Il pourrait aussi s'appeler Germania. Ou alors Petra. Ça m'est bien égal.

Je n'ai rien contre Napoléon, me dit le chauffeur de taxi en jetant un coup d'œil dans le rétroviseur. « C'était un grand homme. » Et, après un temps de réflexion: « Même s'il était petit. »

L'empereur Guillaume, les nazis, Napoléon, les guerres de Libération… et nous ne sommes même pas arrivés à la porte de Brandebourg! Là nous attendent les souvenirs des couloirs de la mort et de la chute du Mur, du bunker des nazis et de la villa de Göring. C'est là que se trouve le champ de stèles du mémorial de la Shoah. Puis les façades classiques. Puis de nouveau l'architecture du socialisme réel. Tout cela commenté dans le dialecte berlinois d'un de ces chauffeurs de taxi auxquels l'allemand persiste à attribuer le titre de cocher de fiacre.

J'ai un sacré programme devant moi.

Je dois rencontrer Ariadne von Schirach et parler avec elle de l'Allemagne. Puis rendre visite aux peintres Dennis Rudolph et Arnim Böhm dans leurs ateliers pour évoquer avec eux cet art allemand contemporain dont les galeries new-yorkaises ne peuvent plus se passer. Puis retour à l'ouest, pour participer à un dîner que le directeur du Festival donne en l'honneur d'Orhan Pamuk[9], cet auteur turc qui s'est attiré la haine des fondamentalistes musulmans avec son livre *Neige*.

Ce sont des jours dramatiques pour les intellectuels: le monde s'enflamme à propos de quelques caricaturistes danois qui se sont moqués de Mahomet. La situation est aussi brûlante qu'après la chute du Mur, il y a quinze ans, lorsque l'histoire mondiale ne savait pas vraiment quelle direction prendre, lorsque des hommes et des femmes comme Claus Peymann, Hans-Jürgen Syberberg, Heiner Müller ou Susan Sontag durent lui indiquer le chemin. À l'époque, l'histoire était aveuglée par l'euphorie. Aujourd'hui c'est le désespoir qui lui bouche la vue.

Mais je dois auparavant rencontrer cette jeunesse d'Allemagne dont la disparition statistique est déjà programmée. C'est Lottmann qui m'a organisé cette rencontre tardive, et c'est lui qui a tiré Ariadne de son chapeau, à mon intention.

Ariadne von Schirach est une sirène blonde et intelligente à l'incroyable vitalité. Elle avait écrit pour le *Spiegel* un texte

9. Écrivain turc né en 1952, prix Nobel de littérature en 2006. [N.D.T.]

magnifique sur la sexualité du quotidien et la mode. À peine l'article était-il paru que les maisons d'édition étaient pendues à son téléphone. Je la rencontre dans le café « Vieille Europe », dans l'Auguststrasse. Dans la vitrine, on a accroché un pastel qui montre une cuisinière en tablier sur un chemin de campagne. À l'arrière-plan, des peupliers de la Marche. « Cuisine d'allemande », lit-on sur l'écriteau. Ce panneau-là, avec sa grosse faute, pourrait être suspendu dans une boucherie de l'Utah, chez des immigrés de la troisième génération n'ayant plus que de vagues souvenirs de la grammaire, mais une immense fierté née de cette extravagante appartenance nationale. Une Audi argentée se reflète dans la vitre; derrière, un dogue dépose sa crotte dans la neige.

À l'intérieur, Ariadne est installée à une table de la galerie. On a peint de petits moineaux sur les murs. Et des singes. Et un enfant mort dans une flaque de sang. Et un viol. En dessous, quelques étudiants parlent anglais avec l'accent américain. Quelques autres discutent de quelque chose qui ressemble à un scénario. C'est à l'un d'eux qu'appartient le dogue gigantesque, on vient de le laisser entrer et il évolue à présent dans la salle en reniflant tout, le museau à hauteur des tables. Il y a de l'expresso, de la nourriture italienne et, effectivement, du rôti de porc allemand avec des *knödel*, ces grosses boulettes de pommes de terre et de mie de pain.

« Ici, ça n'a rien à voir avec Mitte », dit Ariadne avec une sorte de fierté locale. Berlin Mitte est un quartier pour les touristes. Pas celui-ci. C'est là qu'Ariadne passe le plus clair de ses journées, à écrire. « J'aime le caractère subtilement impitoyable de ce lieu, dit Ariadne avec son style inimitable. C'est le seul où l'on puisse discuter franchement de l'Allemagne. »

Elle a passé son enfance à Munich. Elle y a entamé ses études de philosophie et a entre-temps appris l'espagnol en Espagne et l'italien en Italie.

« La nationalité, c'est comme l'air », dit-elle. On le respire sans y penser. On n'en prend conscience qu'une fois à l'étranger. « Sur ce plan-là, l'expérience de Heine est toujours valable. »

Lui qui, nous l'avons vu, a commencé à aimer sa patrie en franchissant la frontière française.

Ariadne a de longues tresses et porte du rouge à lèvres; malgré sa casquette de base-ball, avec ses joues rafraîchies par l'air hivernal et ses yeux bleus et clairs, elle ressemble à l'une de ces filles que l'on voyait sur les affiches des Jeunesses hitlériennes. Cela tient peut-être à son nom: elle est la petite-fille de Baldur von Schirach, qui exerça les fonctions de Führer de la Jeunesse du Reich.

Elle aime ce lieu et ses peintures, ses petites énigmes. En se rendant aux toilettes, on lit sur un petit bandeau peint sur le mur blanc: « Ce qui me mène ici, ce qui m'y retient, ce qui m'en chasse. » C'est cela, l'Allemagne.

L'Allemagne, dit Ariadne, est le pays le plus doux, le plus tolérant, le plus pacifique de cette terre. Elle ne connaît pas de néonazis. Tous ses amis sont cosmopolites et de gauche, dit-elle. Pour elle, les néo-nazis sont une chimère. Même notre presse militante n'est pas aussi hystérique qu'en Angleterre, en France ou ailleurs.

« Nous avons eu cette rupture historique, cette rupture de civilisation, dit-elle, raison pour laquelle nous sommes particulièrement attentifs à la tolérance dans ce pays. » En Espagne, elle a vu des nationalistes beaucoup plus furibonds et des manifestations de xénophobie bien plus virulentes. Elle le dit avec une grande fierté.

Elle se sent Allemande lorsqu'elle trouve des mots qui n'existent pas dans d'autres langues. *Sehnsucht*, par exemple, qui signifie à la fois le désir et la nostalgie. Ou bien *Heimat*, la patrie, mais aussi le terroir. Ou bien le plus beau de tous, *Habseligkeiten*, les affaires que l'on possède. Elle le prononce lentement, pour elle-même, avant d'en réciter d'autres: *Geborgenheit*, la sécurité d'un havre douillet, *lieben*, aimer, ou *Augenblick*, l'instant, ces mots qu'en 2004, un jury a élu les plus beaux de la langue allemande.

L'allemand a de nombreux mots orientés vers les hautes sphères sans être pour autant théologiques. Des mots qui s'élancent vers l'altitude. « Pour dire les choses simplement: la transcendance dans l'immanence. » L'allemand est la seule langue où une phrase comme celle-là paraît toute simple et compréhensible.

Un petit glaive germanique est suspendu à son oreille droite. Il brille sous les tresses lorsqu'elle les écarte, ce qu'elle fait souvent. À son oreille gauche, un cimeterre. Elle bondit d'une idée à l'autre, elle parle comme un torrent, en syllabes et en tourbillons rieurs, et parfois elle semble s'agacer de ne pas pouvoir s'exprimer plus vite, lorsque le flot de comparaisons, de liaisons transversales et de références à ses lectures devient trop abondant.

Elle écrit un livre sur le désir. Elle compte pour cela se rendre à Tokyo, elle veut y voir ces poupées féminines grandeur nature, si authentiques et si coûteuses que les hommes les louent pour passer quelques heures avec elles dans les motels.

« Nous sommes à deux doigts de franchir le seuil qui nous mènera au statut d'androïdes », s'exclame-t-elle, toute ravie par cette idée. Le dogue lève les yeux. L'espace d'un instant, l'Allemagne n'a plus eu aucune importance.

Où en étions-nous ? Ah oui : un paysage typiquement allemand ? Pour elle, c'est la Bavière. Les montagnes, les fleuves, les lacs. Et la saucisse. « Nous avons beaucoup fait dans ce domaine, celui de la production de saucisse et de fromage. » La nourriture allemande, c'est important. Presque autant que le théâtre allemand.

Ariadne et moi, nous tombons vite d'accord sur un point : nulle part au monde on ne trouve quelque chose d'analogue au théâtre de mise en scène allemand. Elle le trouve bon, je le trouve mauvais. Je me suis trop habitué au théâtre qu'on donne dans le Westend, à Londres, à la Royal Shakespeare Company ou au National Theatre, où l'on comprend chaque pièce et où l'on sait toujours de quoi il est question. Mais parfois, je partage l'opinion d'Ariadne sur ce point, le théâtre allemand est le plus passionnant du monde, une forme d'art tout à fait particulière, dotée de son propre langage formel, comme le No japonais et ses rites mystérieux.

C'est à Londres que j'avais retrouvé le plus passionnant des théâtres allemands, lors d'une tournée de la compagnie Pina

Bausch et de son spectacle *Nelken* (Œillets), qui datait de 1981 et avait vu passer depuis plusieurs générations de danseurs. Moi, j'avais pris vingt-cinq ans. Le spectacle, non. Des danseurs, des fleurs, des chiens de berger sur la scène. L'Allemagne, un royaume onirique crépusculaire, un champ d'œillets plein de surprises et de pesanteurs, plein de chants et d'aveux à voix basse. L'Allemagne de Heine, romantique jusqu'au vertige, parcourue d'éclairs sarcastiques.

Nelken a littéralement cloué le public du Saddler's Wells sur son siège. Le théâtre anglais est incapable de faire ce genre de choses. Pina Bausch est adulée par le milieu des artistes londoniens. C'est certainement l'une des raisons pour lesquelles les Anglais devraient nous laisser tranquilles.

Ariadne parle en secouant la tête, mais avec amour, de son père qui se trouve justement en ville. Tout à l'heure, elle ira au musée d'histoire naturelle avec lui, et plus tard encore elle retournera au théâtre. Son père vient d'écrire un livre, un livre difficile. Il s'appelle *Der Schatten meines Vaters* (L'ombre de mon père). Et me voici tout d'un coup face à trois générations de Schirach.

Baldur von Schirach, le grand-père d'Ariadne, a passé trente années à la prison de Spandau. « Il fait partie de la génération des pères qui se sont tus, dit Ariadne. Ceux-là n'ont pas raconté ce qu'ils avaient fait. »

Ensuite est venue la génération des pères sans émotion, qui n'ont fait que transmettre ce trou et ce silence. Son père, Richard.

« Et toi ? — Nous sommes la génération des égarés, dit joyeusement Ariadne. Et ceux qui nous suivent, ce sont les gamins du compte d'épargne logement, les *nerds* d'Internet. »

La porte s'ouvre d'un seul coup et nous voyons entrer l'écrivain Moritz von Uslar. Comme Lottmann, Uslar travaille depuis peu au *Spiegel*. Cela semble devenir une mode chez les écrivains. Uslar porte dans ses bras Karl, son fils de deux ans. Karl a dans les mains un grand objet en plastique bleu, il ressemble à de gigantesques pinces chirurgicales pourvues d'hémisphères à chaque extrémité.

« C'est une presse à boules de neige, dit Uslar d'un air agacé. C'est ça, Berlin. Pas moyen de trouver un marchand de saucisses digne de ce nom, mais il y a des presses à boules de neige. »

« Autrefois, dit Ariadne, il y avait un marchand de saucisses dans la Schönhauser Strasse, au coin de la Torstrasse. Mais je l'ai boycotté. Il a fait faillite peu après. »

Uslar vient d'écrire un roman qui raconte l'histoire d'un homme mis à la porte par sa compagne. Il décide de devenir adulte, quoi qu'il arrive, bien que ce soit très dur quand on s'est autant amusé dans les années quatre-vingt.

Qu'est-ce que c'est, l'Allemagne, Uslar ?

« C'est le pays où les boules de neige bien formées sont plus importantes que la saucisse. »

Ariadne doit retourner auprès de son père, Uslar doit aller mouler des boules de neige sur le terrain de jeu, et moi je dois aller découvrir la jeune peinture allemande. Dennis Rudolph, Schönhauser Allee, dans la partie supérieure, arrière-cour, bâtiment de biais. Toute la question est de savoir ce que l'art a le droit de faire. Lottmann m'a dit à l'oreille : avec celui-là, il va te falloir des nerfs solides.

Tout le monde conteste, et c'est particulièrement vrai en Allemagne, qu'il existe encore quelque chose qui ressemble à des spécificités nationales ; mais dans le même temps, la peinture allemande domine le marché de l'art. Richter et Polke figurent aux toutes premières places, et il y a des listes d'attente pour les œuvres de Rauch et celles des Leipzigois, encore plus jeunes. Un peu trop de hasards pour que les identités nationales aient vraiment cessé d'exister.

Un Richter, ou même un Rauch coûtent aujourd'hui des sommes à six chiffres. À la dernière *art-basel* à Miami, les directeurs de galerie allemande avaient déjà tout vendu avant le début de la foire.

Qu'est-ce qui leur plaît autant ?

« En cinq ans, m'a dit Lottmann, Dennis Rudolph va accaparer tout le marché. »

Dennis Rudolph porte une veste de cuir noir, une moustache et une coiffure à la Jeunesse hitlérienne, légèrement effrangée. À la porte de son logement-atelier, sur le bois strié de cicatrices, on a tagué le fameux autoportrait aux boucles de Dürer. Au-dessus du cadre de la porte, on a écrit à l'encre noire : « L'infamie de la liberté. » Un classeur dont la tranche est ornée d'un portrait de Hitler, un autre d'une madone médiévale. En un mot : Dennis Rudolph est à mi-chemin entre le fasciste et le baron tzigane.

Bien entendu, la première impulsion est d'attraper le gamin par l'oreille et de lui dire : Allez, petit, sois raisonnable, tu en es sûrement capable.

La deuxième impulsion est de regarder par la fenêtre en s'attendant à y voir débarquer une équipe de la télévision entourant un reporter courageux et grisonnant qui, vêtu d'une veste de cuir, prendra la porte d'assaut pour présenter aux téléspectateurs « l'esprit du mal allemand », tandis qu'en bas, le ministre de l'Intérieur se calera devant les projecteurs pour promettre « des mesures ».

La troisième impulsion est celle qui finit par l'emporter : la curiosité.

« Nous vivons une époque de déchéance, dit Rudolph. Toutes les frontières ont été abattues, la culture américaine du divertissement domine tout. »

Pas là-dedans, en tout cas. Les eaux-fortes accrochées aux murs rappellent les sombres lieux de culte germaniques, la pompe des défilés fascistes, les feux de la Saint-Jean, les champs de blé en flammes. Il y a des faces de monstres en l'air, des sphinx sur les colonnes. Tout cela ressemble fort à un mauvais trip au LSD.

Et ici, bien sûr, il y a encore des frontières. On a manifestement une envie frénétique de les faire tomber, et le marché international en est tout fébrile. Rudolph sait que lorsqu'il travaille, des centaines de collectionneurs regardent par-dessus son épaule, depuis Amsterdam jusqu'à Tokyo, trépidant dans l'attente d'une nouvelle vague de *german art*.

Son père, dit Dennis avec un sourire navré, est un soixante-huitard libéral. « Il fait ce qu'il peut pour me faire sortir tout ça de la tête. Mais à quoi bon ? Je suis forcé de descendre dans la crevasse. » Et il fait bien noir, tout en bas.

Dennis a vingt-six ans. Quand il en avait dix-neuf, il est parti pour la Chine, y a frayé avec les punks de Shanghai et a appris le chinois. Ensuite, il a filé à Saint-Pétersbourg, où il a fait des études dans une académie. « Aux Beaux-Arts, chez nous, tu n'apprends rien, dit-il. Là, il suffit que tu aies une idée, une seule suffit. » Pour le dessin, pour l'artisanat, il n'y a que la Russie. Mais il le sait bien : « L'avenir de l'art ne se trouve pas là-bas. » C'est la raison pour laquelle il est revenu aux Beaux-Arts à Berlin, d'où il s'est piteusement évadé au bout de quatre ans, sans avoir obtenu son diplôme, parce qu'il avait dessiné pour une exposition des visages de soldats de la Seconde Guerre mondiale qu'il avait découverts dans l'album photo de sa grand-mère.

Un dessin est accroché au-dessus de sa table. On lit en dessous : « La sainte dernière guerre. » Sainte ? Il est devenu dingue ? Il a mal digéré les tirades de Göring sur les Germains ?

« La guerre a été menée au nom d'une idée irrationnelle. Toutes ces victimes. Pour quelque chose de complètement irrationnel. »

Ce en quoi il a de nouveau raison. Ça n'a rien de saint ni de sacré, mais il est certain que cette folie a valu bien des sacrifices humains.

Les tableaux de Dennis Rudolph témoignent d'une grande maîtrise artisanale. Tout prend des proportions gigantesques. Les plaques de cuivre de ses eaux-fortes mesurent des mètres de hauteur, à la manière des maîtres anciens. Gigantesques, les peintures à l'huile qui montrent des soleils couchants, des chevaux qui agonisent, des sillons dans les champs, des ambiances de fin du monde : c'est un gigantesque arsenal romantique que l'on cite ici, avec de nombreuses réminiscences de Caspar David Friedrich et du romantisme des conscrits.

Une lithographie est intitulée : « Au Dieu inconnu. » Rudolph considère *Ainsi parlait Zarathoustra* comme le plus grand livre qu'on ait jamais écrit en langue allemande.

On pourrait accrocher quelques-uns de ses tableaux dans son séjour s'il ne traînait pas toujours quelques casques d'acier au coin des toiles, sur une tombe de soldat quelconque. Quand on est Allemand, ce genre de visions incite toujours à détourner le regard. Il faut être étranger pour garder les yeux fixés, sans la moindre gêne, sur ces détails. Rudolph a aussi un directeur de galerie qui s'occupe de ses œuvres à Amsterdam.

Mais pourquoi ce garçon fait-il tout cela ? Pourquoi tout ce sombre bric-à-brac de citations de Nietzsche, de mépris de la démocratie et de guerre mondiale ? Il ouvre un catalogue de Caspar David Friedrich. Il montre le tableau intitulé *Zwei Männer in Betrachtung des Mondes* (Deux hommes contemplant la lune). Il dit à voix basse : « Voilà le grand art, c'est dans cette direction que je veux aller. »

Et puis on regarde de nouveau sa toile gigantesque à la lune levante ensanglantée, avec le château fort tout neuf construit derrière les champs rouges ; alors les casques d'acier et les tombes de soldats cessent de heurter. On le comprend : le chemin qui le sépare encore du plus grand de tous les romantiques allemands, Caspar David Friedrich, l'oblige à franchir cet écueil-là.

« Ou bien on saute entièrement dans le gouffre, ou bien on reste en pays plat, explique-t-il. Moi, j'ai sauté. Et en dessous, on trouve une incroyable quantité de crânes et de ruines, d'ossements, d'obscurités, de tunnels. » Et le voilà, lui, qui se met à parler avec admiration de Walter Benjamin, cet intellectuel juif, le voilà qui parle de l'ange de l'Histoire, ce personnage imaginé par le philosophe et qui, le dos au paradis, ne voit dans le progrès qu'une montagne de ruines, une montagne qui ne cesse de grandir…

« Benjamin était juif et s'est suicidé pour échapper aux nazis. »

« Moi non plus, je n'aurais pas supporté ça, à l'époque », dit Rudolph, sans hésiter.

Dehors, dans la cour, il fait désormais sombre et froid. Rudolph veut me montrer les tableaux d'un ami. Arnim Böhm habite quelques rues plus loin, et l'on voit tout de suite que celui qui vit ici est déjà arrivé : une maison donnant sur la rue, avec ascenseur. L'atelier est vaste et clair.

Böhm offre du thé. Il est courtois. « Quand on n'a pas peur, dit-il, l'Allemagne est le meilleur endroit pour faire de l'art. »

Nous nous postons devant le très grand format auquel il travaille : une île sombre avec château d'eau et baraques, Alcatraz, la prison légendaire dans la baie de San Francisco. Pour Böhm, c'est une méditation sur *L'Île des morts* de Böcklin, ce fameux chef-d'œuvre du romantisme noir de la fin de siècle, avec sa passion pour l'au-delà.

Böhm, un élève-maître d'Immendorff, s'est fait connaître avec ses tableaux de paysages fictifs, des toiles embrumées où l'on devine, diaphanes, les énigmes romantiques, des souches d'arbres, des architectures, des cerfs, des cabanes, mais aussi des carcasses de voitures. « Dennis y va un peu fort », dit Böhm. Lui-même trouve qu'il travaille plus dans la subtilité et la subversion. « Mais sur le principe, vous avez face à vous deux contre-révolutionnaires. »

Quand il ramène en arrière sa longue chevelure noire, on voit que son oreille droite est déchiquetée. Ses lunettes de corne noire à gros bords ornent un visage criblé de cicatrices. Jeune anarchiste, Böhm était décidé à utiliser une bombe pour faire sauter le système. Elle a explosé avant l'heure, alors qu'il était en train de la bricoler. Aujourd'hui, il manie ses explosifs avec plus de précautions. Cela fait bien trois mois qu'il travaille à sa toile sur Alcatraz. Les cellules du couloir de la mort, à la manière des maîtres anciens. Il va appliquer entre vingt et trente couches de peinture. Il prépare une exposition à New York. Deux autres formats géants sont posés contre le mur transversal. On y voit des dessins, et ils sont déjà marbrés de rouge.

Il faut commencer par appliquer le rouge, explique Böhm. C'est à ce moment-là qu'il brille le plus intensément sur l'écran blanc. Il transparaît même à travers les tonalités brunes de la dernière couche.

En peignant, Böhm écoute les classiques du groupe Kraftwerk : de la musique de robots. « Il s'agit de refouler son *ego* et de revenir à une notion plus ancienne de la virtuosité », explique-t-il.

Pourquoi l'art, en Allemagne, a-t-il connu une telle floraison après la guerre ? Pourquoi lui a-t-on toujours accordé plus d'importance, à l'étranger, qu'à la littérature ou au cinéma allemands ? Böhm a une explication lumineuse à ce phénomène. « Depuis la guerre, on avait à la fois un grand besoin de raconter et une grande impossibilité de le faire. Dans ces cas-là, le meilleur moyen d'expression est le langage symbolique et ambigu de l'art. » Polke l'a utilisé, Joseph Beuys s'en est servi, et plus encore Anselm Kiefer, avec ses gigantesques bibliothèques de plomb et ses collines de terre noire. Les romantiques allemands. Et de fait, le langage de l'art allemand paraît avoir plus de pesanteur et de persistance que le langage anglo-saxon, américain ou français. On trouve dans tout cela une force subversive, une objection aux vulgarités des temps modernes. « L'art et l'éthique n'ont rien à voir l'un avec l'autre, dit Böhm. Je ne pense pas qu'en tant qu'artiste, on puisse être un fasciste. »

Vraiment pas ?

Sur le trajet qui nous mène à l'ouest et au dîner chez Sartorius, la ville plongée dans la nuit grouille de références aux fascistes et aux socialistes, c'est un rallye dans des paysages engloutis, des recoins mystérieux, des territoires pour loups des steppes. Derrière la série de colonnes du Vieux Musée, près du Lustgarten, un slogan au néon rouge : « *All Art is contemporary* » (Tout art est contemporain). L'ombre de la statue équestre de Frédéric II plane sur la façade de l'opéra. Sur les maisons, plus bas, une affiche : « Tout le monde doit faire des sacrifices. » Puis les sombres gorges de la Dorotheenstrasse, peuplée de bureaux. À l'arrière, le monument soviétique. Puis le parc obscur du Tiergarten. Et pour finir les vastes allées de Berlin Ouest, les façades de la fin du XIXe siècle.

Mommsenstrasse, deuxième étage. En haut tout est lumineux, c'est l'Olympe des Lumières bourgeoises et de la tolérance. En haut, il y a Orhan Pamuk, le triomphe de la démocratie. C'est un intellectuel mince et de haute stature ; avec ses lunettes cerclées d'or et son costume de luxe, on dirait un chirurgien. Autour de lui, des intellectuels, des éditeurs, des animateurs de télévision, des gens de lettres, des écrivains. Ici, les bourgeois cultivés se rencontrent avec les meilleures intentions du monde. Le sujet est tout trouvé : ces fous d'intégristes qui incendient les ambassades pour quelques caricatures. « Chez nous, ces réactionnaires n'auraient pas la moindre chance », dit un homme à queue-de-cheval grise.

Je demande à Pamuk si lui, qui vient de recevoir le prix de la Paix des libraires allemands, cet homme courageux auxquels ses propos courageux valent une menace de prison dans son pays, si lui, donc, veut s'exprimer sur cette affaire, si possible en faisant un plaidoyer passionné pour la liberté d'opinion.

Non, pas vraiment, me répond-il. Bien sûr, ajoute-t-il à voix basse, il ne faut pas reculer devant la haine. Mais après tout, il faut prendre des précautions, on trouve des agitateurs et des voyous d'un côté comme de l'autre. Tiens donc ! On ne voit plus le monde en noir et blanc ? Les Lumières sont tamisées ? Plus tard, Pamuk parlera du *Hüzun*, la mélancolie turque, aussi vaste que le « mal du monde » allemand.

Dans les étagères de la bibliothèque, on trouve des livres en éditions originales, certains que l'on pourrait qualifier de fascistes, beaucoup écrits par des juifs, Max Brod et Kerr, l'internationale du livre, mais aussi James Joyce, ce vieux blasphémateur, et bien sûr les poèmes de Sartorius. À vue de nez, la moitié de ces livres comportent des passages blasphématoires et répréhensibles, une bonne partie indignerait les musulmans d'obédience rigoureuse, l'autre les braves gens engagés.

Ce soir personne ne s'y retrouve plus. L'histoire fait ce qu'elle veut, il faut se contenter du plus petit dénominateur commun, par exemple une solide détestation envers George Bush. Un organisateur des Journées littéraires, incroyablement sympathique, veut proclamer « jour du mensonge » le jour du début de la guerre contre l'Irak. Autour de la table, tout le monde hoche la tête avec enthousiasme. Des écrivains de tous les continents, ajoute l'organisateur, ont déjà approuvé l'initiative, ils vont faire des lectures et protester.

Nul n'en doute.

Sartorius reste près de moi, nerveux. Voici quinze ans, presque jour pour jour, j'étais assis à la même table, en compagnie cette fois-là de Susan Sontag, et nous parlions de l'unification qui venait d'avoir lieu et dont Susan Sontag prétendait savoir en toute certitude qu'elle était un acte de colonisation de l'Est par l'Ouest.

Qu'ils étaient bien informés, les intellectuels, en ce temps-là !

Désormais, l'Allemagne a une chancelière venue de l'Est, et l'Ouest a cessé d'exister. Au moins à Berlin. Qui habite encore le quartier de Grunewald, à part les correspondants des journaux londoniens ?

Ce soir-là, quinze ans plus tôt, je n'avais plus aucune envie de convictions fermes et définitives, raison pour laquelle j'avais déversé stoïquement sur la pauvre Susan Sontag toute mon admiration pour Pete Sampras, sans doute le meilleur tennisman du monde, qui venait juste de détrôner John McEnroe aux Masters de New York. Susan Sontag fut d'abord amusée, puis décontenancée, puis vexée.

Mais désormais, Sartorius n'avait aucune raison de se plaindre. Je savourais le *kassler* et la choucroute – comme c'est *allemand !* – et j'écoutais Christina Weiss, cette femme intelligente qui avait écrit sur la « nation culturelle » allemande un article ponctué de coups de marteau définitifs. La *Frankfurter Rundschau* l'avait traitée de « réactionnaire », et elle en était « fière ». Moi, je trouvais ça rassurant. Ariadne aurait qualifié ça de « *cool* » ou de « carrément rétro ».

Ce soir est comme une île d'habitude, de bien-être et de lumière. L'agent Karin Graf ressemble à une réclame pour les cigarettes dans les années trente. Tout est beau. Cultivé. Bourgeois. Mais aussi… le portable sonne. C'est Lottmann.

Lottmann m'a « mitonné » quelque chose. Il m'a fait inscrire sur la liste des invités pour le *White Trash*. « Roger Köppel y figure aussi. »

Lottmann se donne beaucoup de mal.

Je prends congé de tous ces gens bons et chaleureux, et j'appelle Roger. « À minuit au *White Trash*, devant l'entrée. »

Cette semaine-là, Köppel a bien besoin de divertissement. Il a publié les plus contestées des caricatures danoises à la une du quotidien qu'il dirige alors, *Die Welt*, en y adjoignant un appel enflammé à la liberté d'opinion. J'ai trouvé cela courageux. Déblatérer contre Bush, n'importe qui peut le faire. Mais mettre en rage quelques millions de musulmans, pour ça, il faut du cran.

Il venait justement de fêter son quarantième anniversaire avec une centaine de personnes dans son appartement de Charlottenburg. Ils étaient tous là, depuis l'écrivain Martin Walser jusqu'au président de la Confédération helvétique. Depuis, sur les conseils de la police, il a ôté son nom sur la sonnette.

Roger Köppel est le Suisse le plus intense que je connaisse. Du genre chasseur de haute montagne. Chaque matin il renouvelle l'air de ses poumons en faisant une heure de jogging au parc du Tiergarten. Sa religion : la libre concurrence. Il a fait ses études à Harvard. Sa culture est immense. L'hebdomadaire *Die Zeit* l'appelle le *bad guy*. Il connaît par cœur une grande partie des *Inspecteurs Harry* de Clint Eastwood. Et il est ponctuel, tout comme Lottmann.

Le *White Trash* se situe au bas de la Schönhauser Allee, là où l'on ne trouve plus que des solariums et des vidéothèques. Il s'est donné le titre de *fast-food-bar*. Et il est déjà en train d'interpréter la scène qu'il nous a réservée : le grand numéro de « l'heure zéro ». Le monde occidental, c'est du passé. Seulement à Londres et à New York, on n'est pas encore au courant. Ici, c'est l'Est. C'est l'exercice préventif. Les files d'attente habituelles dehors, dans la neige, les vigiles ordinaires avec leurs manteaux d'hiver et leurs *talkies-walkies*, des fanions de fumée devant la bouche, les tentatives habituelles de corruption menées par de jolies filles qui essaient de séduire des portiers au visage arrogant.

Celui qui se tient devant l'entrée latérale porte le *clipboard* avec les listes. Nous descendons l'escalier de la cave, vers une sorte de grotte troglodyte, le vestiaire est derrière une sorte de réseau de tranchées. Un coup de tampon, c'est fait, voilà la liberté – ça devait se passer comme ça, autrefois, quand on fuyait l'Ouest pour passer à l'Est : enfin le socialisme !

Ce soir-là, des appels ont manifestement été lancés pour que la jeunesse allemande se rassemble au *White Trash*, histoire de dénombrer ce qui nous en reste. Elle est venue au grand complet. Autrefois, le *White Trash* était un restaurant chinois. Il n'en est resté que les dragons rouge et or. Dans les grottes, en dessous, derrière des barbelés, dans une sorte de bar gothique, des étudiants en art et des filles de cour d'immeuble sont assis, lèvres bleues dans la lumière bleue, et écoutent en hochant la tête ce qu'on leur hurle à l'oreille.

En haut, au restaurant à hamburgers, elles n'ont pas de lèvres bleues, mais elles aussi hochent la tête tout en se braillant leurs messages. Une grande entente règne entre toutes ces têtes hochées. 2 many DJ's mettent en lambeaux une chanson de Madonna jouée à plein tube, suivis d'Adam Green, encore plus fort bien qu'il soit seul et s'accompagne à la guitare, et le volume sonore incite d'une certaine manière à une proximité émouvante.

La serveuse hurle « *whaddyawant* ». Manifestement, elle vient de ramener ça en secteur russe, depuis les États-Unis, ce territoire massacré par Bush. De justesse, car en réalité le bateau du *White Trash* est plein. Plein à craquer. Cheeseburger, Coca, évidemment, la ration de réserve pour la nuit. Ethan Hawke est censé être là, mais le chercher n'a aucun sens, parce qu'ils ressemblent tous à Ethan Hawke. Et toutes les filles à Martina Gedeck. Ils sont tous beaux. Il y a plus de belles personnes au *White Trash* que dans tous les clubs de Londres réunis. Et surtout ils sont pacifiques. Quand ils rapprochent leurs têtes, ça n'est pas pour se mettre un coup de boule, mais pour s'entendre.

Devant moi surgissent les lèvres blondes d'Ariadne. L'ange blond respire toujours la fraîcheur germanique. Comment fait-elle ? Il est plus de minuit !

Elle est venue avec son père. Richard von Schirach, fils de Baldur von Schirach. Les conversations au son écrasant du disco réclament un minimum de technique. Il faut ménager ses forces. On ne peut pas se lancer dans de longues phrases, elles s'éparpillent et se dissolvent, non, il faut faire court et taper dans le mille. Chacun son tour.

Thèmes : les jeunes d'aujourd'hui. L'Allemagne. Autrefois et jadis.

Richard von Schirach vient de publier ses Mémoires, consacrés à son père. Rien d'écumant, rien de furieux. Plutôt de la tristesse. La tentative de garder le souvenir de son père en le dissociant du criminel de guerre. Une mission quasi-impossible.

Son père était emprisonné à Spandau. Sa mère est partie avec un autre homme. Lui-même a grandi à l'orphelinat.

« Les années cinquante. Plus dures qu'aujourd'hui. Plus simples qu'aujourd'hui. À l'époque on n'allait que vers l'avant. »

Hochements de tête.

Wouam, wouam, wouamwouam! L'*underground électro* berlinois. Le chaos.

Richard von Schirach a la soixantaine, une tignasse d'artiste grise et sympathique, un costume en cachemire. Ariadne l'aime. Il fréquente les cours d'un théologien.

« Il démonte Schopenhauer en cinq minutes. »

Wouamwouamwouamwouam! Le groupe Tiefschwarz (Noir profond) de Stuttgart. Se sont fait un nom à Tokyo. Habitent ici, naturellement, juste au coin de la rue.

« Respect pour toutes les religions, y compris l'islam. »

« Aujourd'hui tout est pareil. »

Hochement de tête. Ce que l'on peut hurler, dans un bar de nuit berlinois! Dans un bar de nuit allemand! Un bar néo-allemand où règne le hochement de tête de la compréhension, où chacun a le droit d'avoir sa propre histoire, et où tous participent à une histoire commune.

Une ombre à gauche. Le peintre Arnim Böhm. Il tire l'ange blond sur ses genoux. Ariadne se dégage. Böhm discute avec un Vietnamien, à côté de lui. On entend toutes les langues du monde, dans cette boutique. Les hommes portent des vestes de costume et des chemises ouvertes avec leurs jeans, les filles des tops noirs et des ruchés.

Schopenhauer, l'Allemagne, l'espoir. *Wouam, wouam!* Les Lotterboys. Dans le coin de la pièce, en haut, l'autel domestique avec Bouddha et des fleurs. C'est ça, la nouvelle Allemagne. Personne ne peut plus distinguer qui vient de l'Est, qui vient de l'Ouest, qui vient du reste du monde; et pourtant ce club ne peut exister dans aucun autre pays de cette terre.

« Cette innocence les a rendus si coupables », dit Frédéric Beigbeder à propos des Allemands dans son livre *L'Égoïste romantique*[10]. Et il ajoute : « Sans romantisme : ni amour, ni Hitler. »

10. Gallimard, « Folio », 2005. Citation p. 169. [N.D.T.]

5.

Mesures d'amélioration de l'Allemagne

Pourquoi Heiner Müller nous manque, pourquoi le monde va bientôt disparaître et pourquoi Angela Merkel est la chancelière de l'unité allemande.

La nouvelle Allemagne est dirigée par une femme qui porte veste et pantalon. Fille de pasteur et physicienne. Aime écouter du Wagner. Tient pour le reste ses yeux gris et incorruptibles dirigés vers l'avant. Comparée à Blair, elle a l'air démaquillée et honnête. Comparée à Chirac, sans fioritures. Comparée à Poutine, démocrate. Et comparée à Bush, c'est un véritable monstre d'intelligence. Ce qui a porté Angela Merkel vers la politique, c'est la robuste volonté de reconstruction qui s'est manifestée après la chute du Mur. Elle s'est imposée face au géant du Palatinat, Helmut Kohl, et cette représentante de l'Allemagne de l'Est l'a emporté au sein d'un parti allemand de l'Ouest. C'est elle à présent qui dirige le pays, et le pays l'approuve. Tout le monde est plus optimiste depuis que Merkel gouverne.

Le rédacteur en chef d'une célèbre émission de télévision m'a raconté une discussion avec le théoricien du cosmos Stephen Hawking, juste avant l'enregistrement d'une interview. On le sait, Hawking, gravement handicapé, communique depuis son fauteuil roulant par le biais d'un ordinateur dont il dirige la « parole » en battant de la paupière. Il le fait certes avec virtuosité, mais il lui faut tout de même un peu plus de temps que ses interlocuteurs pour formuler ses réponses. Bref, on était avec Hawking et son entourage, et les Anglais voulaient tout savoir sur la nouvelle chancelière, notamment si l'on pouvait lui faire confiance. Puis on changea de sujet. Et tout d'un coup, la voix grinçante de l'ordinateur vocal de Hawking lança cette phrase· « Une physicienne ne peut pas être foncièrement mauvaise. »

C'est aussi ce que semble aujourd'hui penser une large majorité d'Allemands: ils apprécient le style de Merkel (un style sobre), centrée sur les problèmes et les réalités, et qui s'en sort sans effets de manche ni rodomontades autour de l'histoire. Six mois environ après son élection, sa popularité dans les sondages dépasse celle de tous ses prédécesseurs. Et à en juger par ses premiers voyages à l'étranger, elle est manifestement l'un des motifs que les autres ont de nous apprécier.

La nouvelle Allemagne, celle d'aujourd'hui, nous la devons justement à cette nuit électorale indécise d'octobre 2005, une nuit où l'on transpira beaucoup et qui plongea dans le plus grand désarroi les partis et les cliques qui attendaient devant leurs feux de camp. Timothy Garton écrivit alors dans le *Guardian*, avec une moue réprobatrice: « Les Allemands choisissent l'immobilisme. »

Grave erreur, Timothy. Les Allemands, on allait le voir, avaient voté avec une telle subtilité qu'ils se retrouvèrent au bout du compte avec une direction réformée à la tête du parti social-démocrate, une chancelière chrétienne-démocrate issue de l'Allemagne de l'Est et une grande coalition qui allait plier la réforme du fédéralisme en cinq minutes et l'augmentation de l'âge de la retraite en un quart d'heure. Ils avaient envoyé des pragmatiques au Parlement et offert au pays, au lieu d'une crise de scission idéologique, une nouvelle unité allemande, quinze ans après les premières élections communes.

Ces élections avaient été présentées comme « fatidiques » par les stratèges des deux grands partis de gouvernement, et s'il s'agissait d'un choix idéologique, ce n'était pas à cause des programmes défendus par chacun d'entre eux – ils étaient presque identiques – mais en raison des attitudes et des réseaux de souvenirs auxquels étaient associés les hommes et femmes politiques. C'était le dernier combat des soixante-huitards, et pour tout dire le dernier combat de l'ancien Ouest. Avec Angela Merkel, une génération a conquis la politique, une génération qui a définitivement tourné la page de l'après-guerre.

Les mots « élections fatidiques » me rappelèrent un autre scrutin du même type, qui avait eu lieu quinze ans plus tôt. Le bon moment pour établir un bilan d'étape. Et quel chemin avions-nous parcouru depuis !

À l'époque, en 1990, alors que le Mur venait juste de tomber, j'avais rendu visite au dramaturge Heiner Müller. La République démocratique allemande, qui existait encore à cette date, avait organisé les premières élections libres à la Chambre du Peuple. Une jeune femme, inconnue et fille de pasteur, venait tout juste d'entrer à la CDU, l'union chrétienne-démocrate conservatrice. « J'aurais aussi bien pu adhérer au parti social-démocrate, dira plus tard Angela Merkel. Je suis simplement allée là où l'on avait le plus besoin d'aide. »

Comment fallait-il vivre ces élections fatidiques pour l'Allemagne ? Peut-être l'attitude d'Heiner Müller à l'époque n'était-elle pas la plus mauvaise : dans une chaise longue pliante, à trois mètres du téléviseur, la bouteille de whisky par terre et à portée de main, à bonne altitude au-dessus de Berlin-Est, dans un immeuble standardisé près du zoo de Friedrichsfelde.

Le plafond avait des fissures.

On entendait parfois rugir les lions.

C'est ainsi que Heiner Müller laissa défiler devant lui, sur l'écran, les élections à la Chambre du Peuple de 1990. Le dramaturge était abattu. Pour se remonter, il citait Ernst Jünger : « Car aucun verre de champagne n'était plus délicieux que celui qu'on nous tendit, près des engins, au cours de la nuit où nous réduisîmes Sagund en cendres. »

Si ces élections étaient fatidiques, à l'époque, c'est qu'elles sanctionnaient un destin déjà scellé. Avec la chute du Mur, la fin du communisme avait sonné, c'était l'essentiel, et personne ne se souciait de savoir qui, dans le détail, allait l'emporter. Ce furent les chrétiens-démocrates. À l'époque, en 1990, depuis sa chaise longue, ce ne sont pas les élections que commentait Heiner Müller, mais l'Histoire. Pour lui, il ne s'agissait pas de l'Allemagne, mais du monde. Et il le voyait disparaître. À ses yeux, le communisme n'était pas un projet utopique, mais uniquement un ralentissement sur notre chemin vers la catastrophe. Müller voyait à présent sauter tous les freins communistes, il voyait le rythme qui s'accélérait, la surchauffe, l'incandescence. On pourrait dire que Heiner Müller, homme de gauche, fut le dernier grand conservateur. La perte du vieux monde lui faisait l'effet d'un désastre mondial.

À l'époque, en 1990, il mettait en scène *Hamlet*. La représentation commençait dans les glaces éternelles, par une retransmission de l'enterrement de Staline, et s'achevait quelques heures plus tard dans une fumée rougeâtre, une nuée ardente qui dévorait tout. Les troupes de Fortinbras se tenaient devant Helsingor. Une mise en scène sur l'arête de l'histoire, qui exprimait ses prophéties en images grandioses.

Avec la mort de Müller en 1995, c'est le dernier apocalypticien de grande classe qui a disparu. Il nous manque aujourd'hui, me dis-je. Il y a si longtemps qu'on n'écoute plus que le maigre discours de l'économie, quand ce ne sont pas seulement les débats sur la réforme de la Santé ou des caisses de retraite. Quel abrutissement !

Müller, lui, avait une pensée historique et planétaire. Beaucoup d'éléments laissent penser que son sombre pessimisme était justifié. L'histoire est en incandescence, le tableau qu'offre la terre depuis quinze ans est monté en température plus vite qu'au cours des cinquante années précédentes : terreur, clones, vieillissement de la population, ravages sociaux, ouragans, nouvelles puissances, destructions globales.

Mais là où d'autres nations s'imposaient une révolution, là où d'autres venaient prendre leur place dans la compétition pour les marchés, là où de nouveaux pouvoirs arrivaient et où d'anciens disparaissaient, l'Allemagne unifiée s'était figée depuis de longues années comme la tribu d'Hamlet à Helsingor, et s'occupait avant tout de régler de vieux comptes et de ses héros indécis.

Les « mots de l'année » égrenés depuis 1990 étaient comme des noms de stations vers ce royaume mental obscur : les nouveaux Länder allemands, les je-sais-tout de l'Ouest, le dégoût de la politique, le démantèlement social, l'année des super-élections, les restrictions budgétaires, le bouchon dans les réformes, la coalition rouges-verts, le millénium, l'affaire des fonds secrets, le 11 septembre, l'euro cher, la vieille Europe, la réforme de la protection sociale. Tout un vocabulaire de l'écœurement et du déclin. Il était rare à l'époque que l'on produise encore du théâtre de la dimension du *Hamlet* de Müller. La politique tripatouillait, les théâtres tripatouillaient, on n'avait pas de vision, rien à craindre, rien à admirer.

Cela continua ainsi, sans arrêt. Il y aurait pourtant eu d'autres sujets à traiter. La fin du monde, par exemple, ou bien la nation allemande. Qu'est-ce qui avait bien pu aller de travers ?

Ces élections du mois de novembre 2005 étaient les premières depuis quinze ans auxquelles j'aie pu assister en direct, et elles avaient le goût étrange de la désillusion. Toutes les élections précédentes promettaient des campagnes verdoyantes, des lendemains qui chantent, un changement de génération et un ciel bleu azur sur notre terre.

Mais ces élections-là étaient différentes. Je n'ai jamais vécu pareille ambiance. Les Allemands, tous les sondages le montraient, estimaient qu'ils avaient attendu suffisamment longtemps. Dans leur impressionnante majorité, ils étaient prêts à faire de douloureuses coupes dans le système de protection sociale, n'ignorant pas qu'elles auraient lieu de toute façon : toute personne consciente du fait que deux et deux font quatre savait qu'il n'y avait pas d'autre choix.

Je venais juste de couvrir les élections britanniques, un événement dépourvu de tout suspens et au terme duquel Tony Blair avait retrouvé pour la troisième fois consécutive le poste de Premier ministre. Comment aurait-il pu en être autrement ? L'économie tournait et malgré le caractère sordide de l'engagement en Irak, il n'y avait pas d'alternative sérieuse au chef du parti travailliste. L'Angleterre était grasse et somnolente.

En Allemagne, en revanche, qui comptait quelque cinq millions de chômeurs, les nerfs étaient à vif. Deux semaines avant les « élections fatidiques », le ciel allemand me paraissait certes toujours aussi plombé que celui d'Helsingor, mais sous ce ciel-là, les gens cherchaient des solutions, ils voulaient parler de changement, et même de rupture, de renouveau. La société civile de gauche se retrouvait au cinéma *Abaton*, à Hambourg. Des candidats de tous les camps voulaient prendre part à la discussion. Mais avant tout cela, il y eut une première cinématographique.

Le film avait pour titre *Auch Weltverbesserungsmassnahmen* (D'autres mesures d'amélioration du monde), un intitulé qui suffisait à attirer les spectateurs. Il n'y a pas de mots plus allemands que *Verbesserung* (amélioration) et *Massnahme* (mesure). Chez nous, quand on les met ensemble, ils sont imbattables.

Ce film-là ne se souciait cependant pas de l'amélioration du monde, mais de l'amélioration de l'Allemagne, ce qui n'allait pas tellement de soi. Au cours des dernières décennies, les jeunes Allemands, notamment, s'étaient plus intéressés à l'amélioration du monde qu'à celle de leur pays. L'exploitation des planteurs de café au Nicaragua les mettait en ébullition, mais les fuites dans le toit du gymnase d'un collège sensible en banlieue berlinoise les laissaient froids.

Parlons donc de l'amélioration de l'Allemagne. Les deux réalisateurs, Jörn Hintzer et Jakob Hüfner, faisaient des propositions sur la manière dont on pourrait aider notre République à avancer. Le film était un manifeste surréaliste sur la situation de la nation en 2005, année fatidique. Toutes les propositions qu'on y faisait étaient à côté de la plaque, du pur dadaïsme. Elles dégoulinaient de bonne volonté idiote. D'un zèle merveilleusement stupide. Elles étaient un résumé de tout le bla-bla qui s'était abattu sur la République au cours des années précédentes, de tous les *talk-shows, best-sellers* et séries télévisées, de tous les propos d'experts et autres fanfarons qui faisaient la tournée des plateaux en réclamant qu'on cesse enfin de discuter et qu'on *agisse*.

Ici, dans ce film, on agissait. Les actionnaires de la société Feu rouge SARL, par exemple, qui s'exerçaient à démarrer en même temps au feu vert afin d'économiser du temps, selon le principe : « L'essentiel est de prendre les affaires en main tous ensemble, ensuite un sursaut parcourra l'Allemagne. Et comme tout grand sursaut, il commencera par un petit sursaut devant le feu tricolore. »

Ce film était un bel exemple de la décrispation qu'avait connue le cinéma allemand au cours des années précédentes. Il me rappelait les meilleurs *Monty Python* du début des années quatre-vingt, ces années de misère, donc, au cours desquelles les Britanniques n'avaient plus que l'humour pour sortir de la misère économique.

Le film caricaturait ces apologies du changement auxquelles on se livrait sans risques sur les plateaux de télévision. On y voyait des Allemands brûlant d'ardeur réformatrice. Cet étudiant, par exemple, qui avait fondé sa petite entreprise et, sur un parking de l'allée Karl-Marx, entre de sinistres barres de béton, triait les voitures par couleurs afin d'éliminer la misère esthétique. Un geste tendre et surréaliste dans la laideur écrasante de la grande ville.

Et l'on y voyait pour finir un sommet de l'héroïsme réformateur, une assurance-maladie d'un nouveau genre dont les membres se soignaient eux-mêmes et se dispensaient mutuellement une formation médicale afin de limiter les dépenses. Ces bricoleurs se penchaient ainsi sur le fils d'un de leurs membres pour l'opérer de l'appendicite. On balayait l'ultime imploration du petit garçon, les derniers doutes des pères, en rappelant les vertus allemandes, celles qui ont fait notre grandeur : serrer les dents, ne pas montrer de faiblesse, combattre le salopard qui sommeille en nous. Lors de la discussion qui suivit, tout le monde parla avec fièvre des dernières mesures sociales ou des projets fiscaux des chrétiens-démocrates, mais personne ne demanda si le gamin du film s'en était tiré. Quelles preuves supplémentaires faut-il pour que l'on comprenne que nous étions tous devenus des combattants sur le front de la nouvelle dureté, y compris nous, qui nous trouvions dans la salle de cinéma ? Tout le monde voulait faire des sacrifices, le consensus sur ce point était indiscutable. Le film avait donc magnifiquement rendu compte de la réalité de son public.

Le cinéma allemand connaît une période de floraison désordonnée et anarchiste. Nous avons quelques grands maîtres allemands à Hollywood, une foule de bons comédiens et de petits films cinglés, tous plusieurs lieues au-dessus de ce *pudding* à la Bridget Jones ou à la Hugh Grant qui a hanté le cinéma britannique ces dernières années.

Tous ces nouveaux films allemands ont un point commun : ils se fichent pas mal du politiquement correct, ils sont de gauche, de droite ou plein centre, selon leur sujet. Les insupportables certitudes idéologiques de ces dernières années ont disparu, et avec elles les blocages des petits-bourgeois sociaux-démocrates et verts. On se laisse de plus en plus porter par l'anarchie du moment.

On assiste aujourd'hui en Allemagne à un virage vers le non-idéologique et le pragmatique. Comment se laisser encore emporter par l'internationalisme lorsqu'on combat la globalisation pour garder son emploi ? Comment s'enthousiasmer encore pour le multiculturalisme lorsque, dans les ghettos musulmans des grandes villes occidentales, on passe des femmes à tabac et l'on bricole des bombes ? Partout on remet les pendules à l'heure.

Le monde, dit Hamlet, est sorti de ses gonds. Ce soir-là, au cinéma *Abaton*, c'est aussi ce qu'a compris la bourgeoisie de gauche. Quelques soirées plus tard, lors du dernier duel télévisé précédant les élections, on a vu à quel point la température avait changé en Allemagne. Schröder, le chancelier sortant, et sa rivale Angela Merkel, se perdaient dans les modèles fiscaux, le prix de l'essence et les listes des coupes dans les subventions. Et soudain, cette litanie du bilan fut interrompue par la passion lyrique, les professions de foi, les appels nationaux. On oublia d'un seul coup les comptes et les calculs pour parler du manque d'enfants, de projets de vie, de l'État, de l'identité allemande ; c'est d'ailleurs vraisemblablement de cela que l'on parlait depuis longtemps, sans que les participants en aient pris conscience. On abordait les grandes questions, et cela aurait réjoui Heiner Müller.

C'est alors, soudain, que se ranima la guerre des civilisations.

Elle fut relancée par un professeur, un empêcheur de penser en rond que la CDU avait embarqué comme spécialiste financier et qui ne se contentait pas de présenter des listes de coupes budgétaires, mais parlait de responsabilité individuelle, de philosophie de l'ordre, de famille. Globalement, on évoqua ce soir-là les « nostalgies conservatrices ». De jeunes créateurs de théâtre, des féministes, des vétérans du cinéma, comme Volker Schlöndorff, tous s'étaient prononcés en faveur d'Angela Merkel, la candidate sociale-démocrate.

En Allemagne, les milieux se mélangent. La démocratie paralysante du consensus se transforme à vue d'œil en une démocratie active et résolue, celle de l'unité allemande, préoccupée par le destin du pays. Elle cherche encore des formes d'expression, mais elle veut les deux à la fois : les conquêtes émancipatrices et le nouveau pragmatisme, le choix individuel de son projet de vie et le renforcement de la famille. Dans cette nouvelle Allemagne, on décide dans la plus grande décontraction que l'on ne parlera plus que l'allemand dans les cours de récréation. Autrefois, cela aurait déclenché des tirades furibondes des députés verts et des diatribes contre les idées réactionnaires de la droite allemande. Aujourd'hui, même des écrivains anarchistes révèlent à la télévision qu'ils votent pour le CDU parce qu'ils veulent que leurs enfants fréquentent « des écoles au fonctionnement rationnel ».

Les Allemands deviennent normaux. Ils deviennent pragmatiques. Ils adoptent même un patriotisme prudent. L'Allemagne, comme l'écrit avec admiration, dans son dernier livre, mon ami Steve Crawshaw, du journal *The Independent*, est devenue depuis un certain temps une « patrie plus simple[11] ».

Un changement s'est produit en profondeur, depuis longtemps déjà, et ses effets remontent désormais à la surface. Depuis l'appel au pillage des rayons alimentaires d'un grand magasin berli-

11. Steve Crawshaw, *Easier Fatherland. Germany and the Twenty-First Century*, Continuum, 2004. [N.D.T.]

nois lancé par Heiner Müller après la chute du Mur, il n'y a pas eu une seule polémique de gauche qui soit restée en mémoire. Les provocations les plus notables relevaient plutôt du conservatisme culturel : l'appel à l'ascèse de Botho Strauss dans *Le Chant tragique monte*[12], les *Règles pour le parc humain*[13] de Peter Sloterdijk, ou encore les adieux à la culture commémorative de Martin Walser[14].

Le Réveil de Mathusalem[15] de Frank Schirrmacher, a jeté sur le monde un regard froid et sociobiologique présentant l'avantage d'être dénué d'idéologie, et donc non négociable. Avec *Minimum*[16], il a continué à écrire le scénario de la catastrophe et montré que dans les tremblements de terre qui nous attendent, ce sont les familles qui auront les meilleures chances de survie.

Mon propre livre, *Die vaterlose Gesellschaft* (La société sans pères[17]), est plus actuel que jamais. Il y a près de dix ans, j'avais voulu mettre en garde dans cet ouvrage polémique contre la mise à l'écart des pères, qui n'avaient plus aucune chance devant les juges des affaires familiales et se retrouvaient dans une situation d'humiliation. La génération suivante a tout simplement fait la grève de la procréation.

On peut aussi parler de religion. L'Allemagne fut sans doute le pays le plus dépourvu d'esprit religieux sous le soleil au cours des dernières décennies : un désert spirituel, une région peuplée d'églises vides. Mais au cours de l'agonie du dernier pape, le pays ému s'est mis à prier, exprimant un respect longtemps dissimulé pour le sublime et le sacré, qui se refléta sans la moindre

12. *Cf.* note 7, p. 33. [N.D.T.]
13. *Règles pour le parc humain*, traduit de l'allemand par Olivier Mannoni, Paris, Mille et une Nuits, 2000. [N.D.T.]
14. Dans le fameux discours de réception du prix des Libraires allemands, au cours duquel il parla de « massue morale » à propos du passé allemand. [N.D.T.]
15. *Le Réveil de Mathusalem*, traduit de l'allemand par Olivier Mannoni, Paris, Robert Laffont, 2005. [N.D.T.]
16. *Minimum*, Blessing, 2006. [N.D.T.]
17. *Die vaterlose Gesellschaft*, Rowohlt, 1999. [N.D.T.]

ironie dans toutes les chroniques où l'on déployait encore, un peu plus tôt, une critique cynique des Églises. Il y eut ensuite la liesse qui suivit l'élection du cardinal Ratzinger au trône de saint Pierre, y compris en Allemagne, où certains journaux titrèrent même « Nous sommes le pape ». Tout cela aurait été inimaginable quelques années plutôt.

Bien sûr, la rhétorique conservatrice devient de plus en plus triviale. N'importe quel crétin peut aujourd'hui y mêler sa voix. Mais tout de même : après des années de silence, on a retrouvé une intelligentsia conservatrice qui donne de la voix, elle est âgée et jeune, elle est cosmopolite, elle est *cool*, elle fait un sacré bazar.

La notion de « patrie » tient sa place dans ce phénomène. Et dans ce domaine, on reconnaît qu'il y a du retard à rattraper. « Nous avons trop peu tiré de l'unité allemande », affirmait l'historien Hagen Schulze. Nous sommes en train d'en tirer quelque chose de plus, et l'élection de cette chancelière de l'unité, qui se concevait elle aussi comme telle, a été un premier pas dans cette direction. Un soir de face à face télévisé, alors qu'on lui demandait si, femme ayant réussi sa carrière, elle n'était pas tout de même un fruit de la politique d'émancipation menée par les sociaux-démocrates et les verts, elle répondit sèchement : « Non. Je suis un résultat de l'unité de l'Allemagne. »

C'est le nouvel axe de discours. Il exprime à la fois une vieille méfiance envers les fantasmes d'omnipotence d'un État trop fort, et l'importance accordée aux responsabilités individuelles. Lors de son discours de prise de fonctions, Angela Merkel a cité le social-démocrate Willy Brandt, en le remettant au goût du jour. Reprenant l'expression de l'ancien chancelier, « Oser plus de démocratie », elle a demandé que l'on « ose plus de liberté ».

L'État ne peut pas tout, loin s'en faut, et il ne doit pas tout pouvoir. Angela Merkel aurait partagé avec Heiner Müller cette méfiance à l'égard de l'État. Mais contrairement à Merkel, Müller n'aurait jamais cherché à améliorer l'Allemagne. Il se serait tenu à l'écart, à bonne distance du pouvoir, contrairement à tous ces intellectuels qui, au cours des années passées, s'étaient placés sous la cloche de chaleur, de privilèges et d'abêtissement du pouvoir social-démocrate. Müller aurait tenu à garder du recul à l'égard de l'État. On réfléchit plus facilement quand on en est loin, aurait-il dit.

Ce soir de 1990, il me rejoua le légendaire débat radiophonique de 1930 entre Gottfried Benn et Johannes Becher.

Becher voulait que le poète combatte en faveur d'un monde meilleur. Benn s'y opposait, résigné, incorruptible : « Ceux d'en bas ont toujours voulu monter, et ceux d'en haut n'ont jamais voulu descendre. Ce monde est horrible, ce monde est capitaliste, depuis que l'Égypte a détenu le monopole sur le commerce de l'encens. »

Heiner Müller prenait le parti de Benn.

Il était réaliste.

6.

Des progrès dans l'humour

Conversation avec Harald Schmidt sur l'humour allemand, les vertus allemandes et le grand tacticien Otto Schily.

Ce livre n'est bien entendu pas le seul qu'on ait écrit sur l'Allemagne au cours des deux dernières années. C'est peut-être le plus important, mais ça n'est pas le seul.

Il y en a eu d'autres, innombrables. Entre autres *Was ist deutsch*[18] *?* (Qu'est-ce qui est allemand ?) de Hans-Dieter Gelfert, un historien et angliciste qui s'adresse plutôt au social-démocrate qui sommeille en chacun de ses compatriotes. Même s'il établit au bout du compte un bilan positif, il ne fait pas le moindre cadeau. Dans le chapitre « L'esprit du mal allemand », par exemple, il dresse la longue liste des intellectuels qui se sont agenouillés devant l'irrationalisme fasciste, une liste revue et corrigée depuis la rive ferme de notre démocratie. On y trouve le poète Gottfried Benn, évidemment. « *Non confundar in aeternum* » (Moi non plus, je ne serai pas réprouvé pour l'éternité), avait écrit Benn à la fin de sa vie en invoquant « tous les pères de l'Église, les multiséculaires ». Il demanda qu'on retienne ce qu'il laissait de bon, c'est-à-dire ses vers.

Alors, pardonné, Gottfried Benn ? Non, estime Hans-Dieter Gelfert, on n'en est pas encore là. Benn reste un esprit du mal, comme tant d'autres. « Même Adorno, qui était à demi juif et était donc menacé, même lui auquel la pensée nationale-socia-

18. *Was ist deutsch ? Wie die Deutschen wurden, was sie sind*, Beck, 2005. [N.D.T.]

liste et le primitivisme sang et sol ne pouvaient que faire horreur, a tenté d'obtenir les bonnes grâces de Baldur von Schirach et de Goebbels dans un article de la revue *Die Musik*, ce que l'on n'a appris qu'en 1963. »

Bien entendu, toujours depuis le ferme rivage de la démocratie, on ne peut que se désoler d'apprendre que des juifs menacés essayaient d'amadouer des nazis dans les années trente. Mais au total, Gelfert, que la photo de couverture du livre montre en sympathique porteur de lunettes vêtu d'une chemise à carreaux et d'un gilet en tricot, dresse ce bilan soulageant : « Aujourd'hui, les Allemands semblent largement guéris de leurs tendances à l'irrationalisme. »

Dieu soit loué !

Gelfert observe aussi « depuis quelques années une nette amélioration de l'amabilité dans le petit commerce et l'administration ». Mais c'est dans le chapitre « L'humour allemand » qu'il relève les progrès les plus réjouissants. Il commence par y évacuer des clichés courants. Gelfert, porté par le souffle des grands raccourcis historiques, affirme d'abord sans compromis que « personne en Europe ne peut sérieusement affirmer que les Allemands n'auraient pas eu d'humour à la fin du Moyen Âge ».

Il est vrai en revanche que la catastrophe de la guerre de Trente ans a sérieusement entamé la production de l'humour allemand. « La destruction de la culture urbaine a fait disparaître l'humour citadin de la culture allemande », écrit Gelfert, pour qui le pays ne s'est pas encore remis de cette scission : « L'humour a certes connu une renaissance au XVIIIe siècle, non pas cependant en tant qu'humour des citadins, mais comme humour des citoyens. »

Et l'humour des citadins ? Disparu depuis sans laisser de traces ? Ce qui serait effroyablement dommage, car depuis le Moyen Âge on s'y était bien habitué. Mais Gelfert nous rassure et nous réjouit : « Après la Seconde Guerre mondiale, lorsque les Allemands se laissèrent enfin convertir au système parlementaire et démocratique, le vieil humour citadin leur est lui aussi revenu. »

Cet humour est plein d'esprit, mais il n'a bien sûr rien à voir avec l'humour des Anglais, « rebelle » et toujours « mordant » – britannique, en un mot.

J'ai fait quelques expériences de cet humour « anarchiste ». Lorsque le Comité international olympique prit la décision de confier l'organisation des prochains Jeux aux Britanniques, j'ai publié un article persifleur. Tout réussissait décidément à ce pays, écrivais-je: il s'alliait à Bush pour éradiquer le terrorisme en Irak, un seul concert pop à Hyde Park lui suffisait à abolir la faim en Afrique, et voilà que c'était à eux, plutôt qu'à Leipzig, que l'on confiait les Jeux olympiques.

Cela risquait de leur tourner la tête, écrivais-je: la prochaine fois, ils allaient attaquer le Schleswig-Holstein[19]; ils devenaient un danger pour la paix mondiale. « Ce n'est pas que nous regretterions le Schleswig-Holstein, écrivais-je, c'est une question de principe. »

La mention « *Glosse* » qui surmontait mon article signalait un billet d'humeur et d'humour. La réaction des Britanniques fut effectivement incroyablement anarchiste. Le *Daily Mail* publia un article intitulé: « Le frère de l'ambassadeur offense la Grande-Bretagne » – prenant soin de consoler ses lecteurs en publiant aussitôt une photo du vainqueur des nazis, Churchill. Et dans le *Sunday Times*, le commentateur Rod Liddle exigea que l'on force mon frère à présenter ses excuses ou à démissionner. Son article commençait par une référence à l'attaque de Hitler contre la Pologne.

Tout cela était très sérieux. De l'humour britannique, disais-je.

Je reçus par la suite des tombereaux d'enveloppes brunes de l'ambassade. Mon frère m'y transmettait les courriels haineux que lui valait mon billet humoristique. Des lettres fanatiques, des lignes agitées constamment entrecoupées d'exclamations en majuscules, des conseils du type: « *Go to hell!* »

Profitons donc de cette occasion pour expliquer une chose à mes amis britanniques, juste pour faire baisser un peu la température: non, je ne crois pas que vous ayez l'intention d'attaquer

19. Le Schleswig-Holstein est un Land du Nord de l'Allemagne. [N.D.T.]

le Schleswig-Holstein. C'était une plaisanterie. Je suis content d'avoir l'occasion de le préciser.

Mais revenons à l'humour citadin allemand et à l'anarchiste Harald Schmidt, cet animateur de télévision qui fait jouer du Beckett sur son plateau, qui diffuse la mire ou passe dix minutes à expliquer comment on beurre une tartine. Il n'existe rien à la télévision anglaise qui approche l'anarchisme de Schmidt. Jonathan Ross a des invités plus prestigieux, mais Schmidt a plus d'esprit.

Nous nous étions rencontrés une fois à New York, au début des années 1990. Il voulait obtenir un rendez-vous avec David Letterman, parce qu'il préparait une émission qui aurait le même format que la sienne. Je le pris pour un fou; mais nous avons passé une après-midi merveilleuse à la *Tavern-on-the-Green*. Aujourd'hui, Schmidt est effectivement devenu l'équivalent de Letterman. Ça a marché.

Matthias Matussek. — L'humour allemand a fait un grand pas en avant au cours de ces quinze dernières années. C'est exact ?

Harald Schmidt. — Non.

M. M. — Une bonne chose que nous ayons abordé le sujet tout de suite... Quelle a été la grande époque de l'humour allemand ?

H. S. — Vraisemblablement celle de Heinrich von Kleist. Les spectateurs de ses comédies sont pliés en quatre.

M. M. — Le cabaret politique est la pierre angulaire allemande de l'humour mondial, n'est-ce pas ?

H. S. — Bien entendu. Vous mettez quatre personnes sous les projecteurs, et elles passent toute la soirée à avoir raison.

M. M. — Ne sommes-nous pas devenus un peuple décontracté, qui évoque ses défauts avec flegme ?

H. S. — Cela tient au fait que nous sommes une puissance intermédiaire.

M. M. — Vous voulez dire : géographiquement ?

H. S. — Non, par notre importance. Nous ne sommes ni importants, ni sans importance. Nous sommes entre les deux. C'est le grand héritage que nous a laissé notre dernier chancelier en date. Nous avons cessé de donner des leçons au reste du monde.

M. M. — Vous avez vécu loin de l'Allemagne pendant toute une année. Qu'est-ce qui vous a le plus manqué ?

H. S. — Ce qui m'a le plus manqué, c'était le climat allemand et l'atmosphère des zones piétonnes. L'Allemand ne doit pas se laisser prendre le droit de râler. La bonne humeur, c'est plutôt pour les peuples de va-nu-pieds.

M. M. — La misère favorise l'humour ?

H. S. — Difficile à dire. Pour le comique, il me semble plus important de savoir que la gauche et la droite n'existent plus. Les camps idéologiques se sont désagrégés. Raison pour laquelle beaucoup de plaisanteries politiques tombent à plat. Mais c'est maintenant que l'on va pouvoir en inventer d'autres.

M. M. — Qu'est-ce que c'est, aujourd'hui, une bonne blague politique ?

H. S. — Ça n'existe plus.

M. M. — La politique a disparu ?

H. S. — Pour m'exprimer de manière populaire : je trouve qu'après la dernière élection, tous les commentateurs politiques pourraient fermer boutique. Tout est à jeter. Et une fois de plus, nous avons des raisons d'être fiers de notre peuple magnifique. Il a élu précisément celle qu'il fallait. Aujourd'hui, Angela Merkel atteint dans les sondages un taux de 128 % de satisfaits. Le dernier à avoir fait aussi bien, c'était Kim Il-sung dans les années 1970. Les gens ne veulent plus de confrontation idéologique. Au fond, ils veulent seulement savoir le plus vite possible quand ils pourront prendre leur retraite.

M. M. — Lorsque nous aurons résolu le problème des retraites, au fond, la politique n'aura plus rien à faire. Et l'humour non plus.

H. S. — La réalité, me semble-t-il, c'est que l'humour, on n'y tient pas tant que cela. On aime avoir les larmes aux yeux. On aime voir un grand acteur ou un grand réalisateur à l'agonie venir chercher son dernier prix. Alors la presse titre : « Machin défie le cancer. »

M. M. — Qui dit que nous n'avons pas d'humour ?

H. S. — C'est aussi mon avis. Mais globalement, il me semble que le cynisme relève du passé. Que nous revenons au confort douillet des années cinquante. Elles sont devenues une époque culte. J'entends souvent ce genre de choses : « Dis, on a acheté une petite maison à la campagne. Quand tu la verras, tu vas dire que c'est complètement petit-bourgeois. Mais elle est tellement chouette. Les animaux vivent tout près des lits. » Autrefois, les animaux étaient *dans* les lits.

M. M. — La famille, c'est important ?

H. S. — Et comment. Je suis malheureusement incapable de vous faire le numéro de la « révolution contre l'ordre parental ». Bien sûr, comme tout le monde, j'ai été Vietkong, et communiste, et Black Panther, ça va de soi. Mais tout ça bien après que les originaux ne se soient volatilisés. C'est arrivé avec dix ans de retard dans la bourgade de campagne où je suis né. Si je me rappelle bien, nous avions un maoïste affiché. Son père était directeur des services au Tribunal d'Instance.

M. M. — Quand avez-vous ressenti ou pensé pour la première fois ce « Youpi, je suis Allemand ! » ?

H. S. — Quand je suis passé devant le Conseil du service civil de Stuttgart, le 20 avril 1977, le jour où j'ai demandé et obtenu le statut d'objecteur de conscience.

M. M. — Comment cela ?

H. S. — Parce qu'on m'a demandé : « Savez-vous à quoi correspond la date d'aujourd'hui ? » J'ai répondu : « C'est l'anniversaire de Hitler. » Ensuite, la séance a baigné dans l'huile. Précisément parce que je n'avais pas condamné l'ancienne génération, je m'étais juste transformé en constructeur de ponts. Alors on m'a dit tout de suite : « Asseyez-vous, Monsieur Schmidt. Nous voyons dans votre dossier que vous jouez aussi de l'orgue. Nous tenons à vous dire que dans ces conditions, nous ne pouvons pas vous imposer un service militaire. »

M. M. — Les années soixante-dix étaient animées à Stuttgart. Stammheim, la prison où étaient emprisonnés les terroristes de la Fraction armée rouge, la RAF, était toute proche.

H. S. — Et un objecteur de conscience sur deux avait des contacts avec Otto Schily, qui était à l'époque l'avocat de la RAF, et pas encore le ministre de l'Intérieur. Il avait inventé des réponses fabuleuses aux questions standard que l'on posait à l'époque : « Vous allez vous promener tout nu avec un Russe et votre femme vous viole. Qui tuez-vous en premier ? » C'était la question classique, à l'époque, pour savoir si quelqu'un était vraiment pacifique ou ne faisait que tenir ce rôle.

M. M. — Il vous a déjà été désagréable d'être identifié comme Allemand lorsque vous étiez à l'étranger ?

H. S. — On me prend souvent pour un Danois ou un Suédois.

M. M. — Et dans ce cas, vous rectifiez ?

H. S. — Pour ce qui concerne le soupçon d'être Danois, oui, je commence à corriger. Il faut faire preuve d'un peu de prudence par les temps qui courent[20]. Je commence par rester chez moi. Je ne peux pas me promener avec un écriteau : « Je ne suis pas Danois. *I am a German.* »

M. M. — Vous ne faites pas non plus de plaisanteries sur la religion ?

H. S. — Je m'en abstiens, ne serait-ce qu'à cause de ma mère, qui regarde l'émission.

M. M. — Que feriez-vous si quelqu'un clouait un poisson à une croix et disait : « Dans trois jours il va ressusciter. » Est-ce que a) vous prendriez d'assaut une ambassade, b) vous lanceriez un cocktail Molotov, c) vous feriez semblant de ne pas avoir entendu ?

H. S. — Non, je dirais tiens, il a fait ça avec la religion chrétienne. Maintenant, attendons le moment où cet héritier de Heine s'en prendra de la même manière à d'autres religions mondiales, on verra bien ce qui se passera. Et je crois deviner ce qui arrivera.

M. M. — Quoi donc ?

H. S. — Du raffut.

M. M. — En tout cas il est plus agréable d'être pris pour un Allemand que pour un Américain ou un Danois. Les temps ont manifestement changé.

20. L'époque de la publication des caricatures sur Mahomet dans la presse danoise. [N.D.T.]

H. S. — Qui l'aurait cru ? Mais en réalité, ça ne m'a jamais posé de problème. Je me sens follement Allemand.

M. M. — Qu'y a-t-il d'allemand en vous ?

H. S. — Je suis ergoteur. Je sais tout mieux que tout le monde. Et je déploie une énergie incroyable pour me faire bien voir auprès des étrangers. Je n'arrête pas d'ânonner dans des langues que je ne maîtrise pas.

M. M. — Une habitude typiquement allemande.

H. S. — Prenez ces malotrus de Français, ils vous font péter aux oreilles leur langue que personne ne parle plus, avec une arrogance incroyable. Et moi, je n'arrête pas de répéter : *Pardonnez-moi*, *Excusez-moi*[21], et toute cette sorte de choses. Ça ne vaut rien.

M. M. — Vous trouvez ça bien, de faire du mauvais esprit sur d'autres nationalités ? Vous avez longtemps fait des plaisanteries sur les Polonais, ce qui a provoqué des protestations du ministre polonais des Affaires étrangères.

H. S. — J'ai aussi été invité à prendre le café chez l'ambassadeur, et pour m'encourager, les correspondants allemands à l'étranger se sont plaints massivement de moi et m'ont traité de monstre.

M. M. — Les gens étaient indignés.

H. S. — C'est intéressant. Il y a une hiérarchie bien établie entre les peuples. Sur les Japonais, on a le droit de tout dire. Je n'ai encore jamais entendu personne protester après une plaisanterie sur les Japonais. Mais plus il s'agit de nos voisins de l'Est, plus le sujet devient sensible. Pour moi, la règle est simple, désormais : il faut dire du bien de tout le monde. Tout est fabuleux.

M. M. — Permettez-moi de vous faire passer un test réservé aux candidats à la naturalisation : Trouvez-vous normal que votre femme aille voter ?

H. S. — Tant qu'elle n'emporte pas plus de trois vêtements à essayer dans l'isoloir. Ha haha !

M. M. — Que vous inspire le mot « confort » ?

21. En français dans le texte. [N.D.T.]

H. S. — Je n'aime pas trop. Je vois une banquette d'angle et l'odeur de la cuisine qui entre dans le séjour.

M. M. — Et le mot « association » ?

H. S. — Il ne me dit rien du tout.

M. M. — « Ordre » ?

H. S. — Je le trouve bien. C'est la moitié de la vie, comme disait l'autre.

M. M. — Parfait. Le germanomètre explose. Vous êtes donc effectivement un Allemand maniaque ? Vous savez que vous vous rendez suspect ?

H. S. — J'aime bien ce qui est propre, j'aime bien ce qui est ponctuel. C'est ce qui est fantastique avec ces théâtreux du chaos. Ils sont tous tellement chaotiques, et pourtant ils sont tous là à l'heure. C'est ce qui est super. À huit heures et demie précises, le chiffon se lève. Et je suis un fan du droit et de l'ordre depuis que j'ai vu l'ancien avocat de la RAF, Otto Schily, sur cette célèbre photo où il porte un casque de policier et une matraque à la main. Où il s'est laissé photographier par solidarité avec notre admirable police. Depuis, je ronfle en parlant, moi aussi : « C'est ben vrrrrai, ça, il faut de l'orrrrdre. »

M. M. — Vous êtes un homme conscient de ses devoirs ?

H. S. — Absolument. Ça a commencé lorsque j'avais sept ans, j'étais organiste auxiliaire, il fallait se lever à sept heures le dimanche matin, arriver à la sacristie à sept heures et demie et battre la campagne avec le prêtre. Aujourd'hui, on dirait sans doute que c'est professionnel, ou quelque chose comme ça. Si on ne l'a pas, ça ne marche pas.

M. M. — La profondeur.

H. S. — Je n'en ai pas besoin. Et je n'en veux pas, sincèrement. Ce n'est qu'une rumeur.

M. M. — La mélancolie.

H. S. — Ça sert uniquement aux femmes lorsqu'elles écrivent.

M. M. — La nostalgie.

H. S. — Ce mot-là me rappelle toujours un titre de chanson : « Nostalgie, c'est la vieille chanson de la taïga. » C'est bien ça. Quelque chose de russe.

M. M. — Quel est votre roman préféré ?

H. S. — *Voyage au bout de la nuit*, de Louis-Ferdinand Céline.

M. M. — Vous êtes un bourgeois cultivé ?

H. S. — Non, je suis au maximum un petit-bourgeois cultivé, rongé par l'ambition, achetant tout, lisant tout ce dont on parle, que ce soit du Borges ou la biographie de Canetti. Mais je constate que cela vaut la peine. Je me suis souvent sorti d'affaire, pendant une interview, en lâchant une phrase d'un tel ou d'un tel. J'ai sans doute juste une bonne mémoire, des bribes y restent accrochées. Et je crois que la plupart de ceux qui font leur *business* dans les médias n'ont pas plus que ça. Ceux qui ont vraiment quelque chose dans la caboche ne s'expriment pas en public. Ils sont cloîtrés dans les bibliothèques. J'étouffe toutes les revues féminines en prononçant les mots *Masse et puissance*.

M. M. — Canetti... Vous l'avez lu ?

H. S. — Par petits bouts. Il y a chez lui un superbe chapitre sur la « meute de multiplication[22] ». Et j'ai fait entrer ça au cabaret. Vous entendez les gens s'exclamer : « Oh là, oh là ! » On dirait un titre de texte du *Führer*. Alors je précise : « C'est de Canetti », et les gens respirent de nouveau. Ils ne savent certes toujours pas à quel poste il joue dans l'équipe locale, mais on a un peu désamorcé les choses.

M. M. — Vous allez au théâtre ?

H. S. — Non, je n'y vais plus.

M. M. — Vous y jouez.

H. S. — J'y ai joué, chez Matthias Hartmann, qui se trouve à présent à Zurich. Cela fait longtemps que je n'y ai plus été parce que les comédiens que j'ai tant vénérés quittent peu à peu les planches.

M. M. — À quelle époque l'Allemagne a-t-elle été le pays le plus fabuleux de la terre ? Vers 1800, la période du classicisme de Weimar ? Vers 1200, avec l'épanouissement de l'ancien empire ? Dans les années 1920 ?

22. Elias Canetti, *Masse et Puissance*, traduit de l'allemand par Robert Rovini, Paris, Gallimard, « Tel », 1986 (1re éd. 1966), p. 113-118. [N.D.T.]

H. S. — Sans doute, tout de même, la décennie 1790-1800. Il s'est passé beaucoup de choses à ce moment-là. La Révolution française, Beethoven, Goethe, Schiller.

M. M. — Notre explosion culturelle.

H. S. — Oui. Nous en avons peut-être une aussi aujourd'hui, mais nous ne nous en rendons pas compte.

M. M. — Existe-t-il un néopatriotisme allemand ?

H. S. — Je ne sais pas. Mais je lis sans arrêt que les gamins rêvent de câlins, de fidélité et de valeurs.

M. M. — Le pape a été accepté par les jeunes.

H. S. — J'étais à Cologne pour les Journées mondiales de la Jeunesse catholique. Je dois dire que l'ambiance était super. Quand on est auteur de cabaret, on a encore un côté baba, alléluia et bâtons d'encens. Ça aussi, c'est une recommandation pour le cabaret : réfléchir avant de représenter. Les Journées mondiales de la Jeunesse, ça n'est plus « Dis, et si on discutait de ça tous les deux ? ». Ce sont des femmes qui portent des *Nike*, qui sont fabuleusement séduisantes et qui ont l'air de sortir d'un concert de rock.

M. M. — À quoi reconnaît-on une femme allemande ?

H. S. — Au fait qu'elle a belle allure. Je suis forcé de vous répondre ça si je fais une comparaison mondiale objective. C'est la raison pour laquelle les étrangers sont fous d'elles. Pour moi, c'est à Hambourg qu'on trouve les femmes les plus séduisantes. De ce point de vue, il ne fait aucun doute qu'on trouve des différences régionales.

M. M. — Donnez-moi le nom d'un Allemand *cool*.

H. S. — Franz Beckenbauer.

M. M. — Pourquoi Franz Beckenbauer ?

H. S. — Parce Franz est pour moi le maître des relations publiques, le maître mondial du genre. Aujourd'hui, c'est vraisemblablement l'Allemand le plus connu de la planète. Quand je pense au nombre de gens qui pètent les plombs juste parce qu'on les aborde quand ils se trouvent dans une gare ! Quand on vous demande à la sortie d'un aéroport : « Monsieur Beckenbauer, allez-vous épouser votre compagne ? », et que vous répondez : « Me marier ? Mais je suis déjà marié ! », il faut tout de même le faire. Ou alors prenez les termes « tribus noires », on ne dit plus ça impunément en public de nos jours. Franz, si. Je le trouve vraiment libérateur dans son rôle d'ambassadeur, de délégué.

M. M. — Quelle ville située hors d'Allemagne ferait-elle du bien à l'Allemagne, et pourquoi ?

H. S. — Il y en a beaucoup. Je n'y ai encore jamais été, mais je proposerais les quartiers pas encore trop courus de Calcutta et de Bombay. Pour tous ceux qui croient que chez nous, la froideur sociale est devenue intenable. À Bombay, la nuit, ils jettent les gamins dans des camions pour qu'ils ne roupillent pas dans la rue.

M. M. — Dites-moi les derniers mots que vous prononceriez sur Adolf Hitler.

H. S. — Je ne peux pas. Mes parents et mes grands-parents ont vécu la guerre avec une telle intensité. Je crois que tant que le *Spiegel* existe, on parlera du *Führer*.

M. M. — Joschka Fischer a dit un jour qu'Auschwitz était la première pierre de la démocratie allemande. Il a raison ?

H. S. — C'est une phrase tellement ampoulée, elle est faite pour les livres d'histoire. Moi, je m'abstiendrais de jouer avec le mot Auschwitz. Rien ne peut être à la hauteur de ce mot-là. C'est une frontière dont je ne m'approche pas.

M. M. — Ce que veut dire Fischer, c'est que chaque Allemand vient sans doute au monde avec une hypothèque.

H. S. — Non, je ne ressens pas les choses comme ça. Mes enfants n'ont définitivement rien à voir avec le IIIe Reich. Si ce n'est que leur papa s'exprime de temps en temps comme le *Führer* dans le cercle familial. Mais ce sont des phrases du genre « Termine ton assiette ! », ou bien « Où est passé le petit ? ». Ça relève plutôt de l'entraînement pour le *business*...

M. M. — Aucune question obsédante sur le passé allemand ?

H. S. — Il y a des expériences tout à fait irritantes. Quand nous sommes allés passer nos vacances en Normandie, ils m'ont demandé : « Papa, qu'est-ce que c'est que ça ? — Des bunkers. — Qu'est-ce que c'est, des bunkers ? — C'était dans le temps. — Qui les a construits ? — Eh bien, les Allemands. — Ah, on est en Allemagne, ici. — Mais non, on est en France. — Alors qui est-ce qui les a construits ? — Eh bien, des soldats. — Ah bon, des soldats comme grand-père a été ? — Oui. — C'est grand-père qui a construit ces bunkers ? — Mais non, lui, il a été en Russie. — Ah bon, comment ça, je croyais... » Ce genre de choses. Un cours d'histoire en forme de *crash*.

Trois ans plus tard, nous sommes au Danemark. « Dis Papa, qu'est-ce c'est, ça ? — Ce sont des bunkers. — Tiens, on est en Normandie ? — La Normandie, c'est à mille kilomètres au sud. » Et ça continue comme ça. Le sommet, ça a été l'an passé à Wellington, en Nouvelle-Zélande. « Regarde ce qu'il y a écrit sur le bateau. On a amené des enfants allemands ici. — Tiens donc, comment ça ? » Parce qu'à ce moment-là ils savaient lire. Effectivement, le *Pamir* assurait des allers-retours entre San Francisco et Wellington, en Nouvelle-Zélande, où l'on a mis en sécurité des enfants juifs polonais. En d'autres termes, où que l'on aille, le *Führer* était là.

M. M. — Qu'est-ce qui vous amusait lorsque vous étiez enfant ?

H. S. — La première chose que j'ai vraiment jugée amusante, c'était Hanns Dieter Hüsch et son émission à la télévision. Laurel et Hardy, Buster Keaton doublés par un Allemand !

M. M. — Y a-t-il une différence entre l'humour allemand et l'humour anglo-saxon ?

H. S. — Je ne crois pas. On entend toujours ce cliché sur l'humour anglais raffiné. Il s'agit certainement de ce numéro où les *Monty Python* vomissent sur tout un restaurant. Moi aussi j'avais ce genre de choses à mon répertoire. Vingt ans plus tard, quand j'ai repris ça dans mon show, j'ai eu une double page intitulée « *Dirty Harry* » dans la *BamS*[23] : « Télé-dégueu. »

M. M. — Racontez-moi une blague.

H. S. — Il ne m'en vient jamais qu'une seule à l'esprit, la prétendue blague préférée... Enfin, j'en ai deux. La première, avec laquelle je mets en ébullition n'importe quelle buvette en moins

23. Abréviation de *Bild après-midi Sonntag*, édition dominicale du *Bild*. [N.D.T.]

d'une seconde : « Allô, Docteur, est-ce que je peux prendre un bain avec la diarrhée ? — Oui, si vous arrivez à remplir la baignoire. »

M. M. — Et merde. Quelles bêtises ne voulez-vous plus entendre à propos de l'Allemagne ?

H. S. — Que nous ne nous supportons pas ou que nous nous faisons obstacle à nous-mêmes. Mais c'est variable.

M. M. — Votre commentaire sur la campagne « L'Allemagne, c'est toi ». On peut faire de la publicité pour une nation ?

H. S. — Oui, je trouve ça super. Primo, j'ai été forcé d'y participer. M. Struwe, mon patron, m'a appelé et m'a dit qu'il trouverait ça très bien que je rejoigne le mouvement. Bref, un très grand esprit de volontariat. Ensuite, j'ai prononcé les trois phrases qu'on m'a données à lire. Et maintenant, depuis qu'on attaque cette campagne, je la trouve excellente. Et puis je dois dire qu'elle a incroyablement bien marché. Chacun connaît cette campagne, tout le monde a son opinion sur ce slogan, et sur le fond je le trouve juste.

M. M. — D'une manière générale, c'est une bonne chose d'être patriote ?

H. S. — Je trouve que oui. J'envie les Français quand je les entends chanter leur hymne national. C'est ce que j'ai préféré, quand les joueurs noirs français chantaient « Aux armes, citoyens / Contre nous, de la tyrannie », alors que les voitures brûlaient, dehors, pour le dernier match. C'était exactement ce qui se passait à l'extérieur. J'aime bien écouter les hymnes nationaux.

M. M. — Quels sont les deux premiers vers de notre hymne à nous ?

H. S. — « Unité, droit et liberté pour la patrie allemande / Visons tous cet objectif dans la fraternité du cœur et de l'esprit. »

M. M. — Pour vous, quel pays a un rapport exemplaire avec sa nation ?

H. S. — L'Amérique. J'ai lu récemment une admirable interview d'Ang Lee. Il disait : « L'Amérique est un pays si jeune, c'est ce qui le rend tellement sympathique. Ils sont si naïfs. Les Américains commettent aujourd'hui des erreurs que nous avons faites il y a trois millénaires, c'est une jeune nation en quête. »

M. M. — Par quelle phrase faites-vous taire un chauffeur de taxi à l'étranger, et tout spécialement à New York, qui s'extasie sur Hitler ?

H. S. — Par aucune phrase. Je flaire toujours un piège. Un jour où un chauffeur de taxi, à Hawaï, m'a demandé : « *Where was this big war over there?* », je lui ai répondu : « *Everywhere*[24]. »

M. M. — Quel prix aimeriez-vous avoir, parmi ceux que vous n'avez pas encore reçus ?

H. S. — Le prix Nobel de Littérature.

M. M. — À cause de l'argent ?

H. S. — Non, pour faire remonter sa cote, il a sombré dans un tel discrédit depuis ces controverses à propos de Pinter et Jelinek.

M. M. — Vous iriez le recevoir vous-même ?

H. S. — Oui, bien sûr, toute autre attitude ne serait pas *cool*. Il faut y aller, comme Günter Grass, et danser toute la nuit avec sa smala, dans la joie de vivre – mais les jeunes ne savent plus faire ce genre de choses.

M. M. — Après être rentré dans votre pays, au terme de votre long tour du monde, quand avez-vous gémi pour la première fois : « Tiens, ça, c'est l'Allemagne ? »

H. S. — Mais oui, c'est l'Allemagne ! Je me suis dit ça à six heures du matin, précisément, le matin, devant le tapis à bagages de l'aéroport de Singapour. À côté de moi, incroyablement mal lunés, les deux faces rôties d'un gros couple qui avait manifestement trouvé la recette de l'équilibre hormonal. Je les aurais embrassés !

M. M. — Dites-moi à présent une phrase décontractée sur l'Allemagne.

H. S. — Seigneur faites que nous devenions champions du monde !

24. « C'était où, déjà, cette grande guerre, là-bas ? — C'était partout. » [N.D.T.]

7.

Nous, bourgeois de culture

De la beauté que les Allemands ont offerte au monde,
de Mozart, de la Frauenkirche de Dresde
et de l'art de la lecture en public.

On ne le dirait plus comme ça aujourd'hui, nous nous en abstiendrons donc, et nous citerons simplement notre deuxième grand classique national : « La majesté des Allemands ne repose pas sur la tête de ses princes... C'est une grandeur morale, elle réside dans la culture et dans le caractère de la nation, laquelle ne dépend pas de son destin politique. »

C'est Schiller qui parle ainsi de la nation culturelle allemande. La culture allemande a toujours essayé de fonder un royaume hors du monde, intangible, hors d'atteinte des bonds et des fulgurances de l'Histoire, sans doute parce qu'elle a appris que dans ce monde, son royaume réel était faible et épouvantablement fragile. Cette culture-là constitue un empire spécifique, plus aveugle et plus coupé de la réalité que la culture française ou anglaise.

Ce royaume-là, c'est celui des « bourgeois de culture » ou des *Bildungsbürger*.

Le mot *Bildungsbürger* n'est traduisible dans aucune autre langue, c'est un mot allemand désignant un phénotype allemand. *Educated ?* Oh ! c'est bien loin de cela. Au-delà du dressage et de l'accumulation technique du savoir, la bourgeoisie de culture intègre le capital spirituel. C'est l'homme intérieur, affirme même Schiller, qui donne forme à l'homme extérieur.

Le bourgeois de culture pouvait être marié avec des nobles – il compensait par la richesse intérieure le statut extérieur qui lui manquait. Dans aucune société de classes, ni la française, présomptueuse, ni l'anglaise, où les relations commerciales étaient omniprésentes, on ne trouvait quelque chose de comparable : un homme qui pouvait être reconnu par sa seule capacité à accumuler un capital intellectuel et artistique.

Le bourgeois de culture était un personnage progressiste. L'intelligentsia juive faisait partie de cette catégorie – les Mendelssohn, par exemple, ou les Varnhagen : des esprits libres. Au bout du compte, à la fin du XIXe siècle, le bourgeois de culture était une figure mélancolique. Du point de vue historique, il avait perdu, mais c'est à ce moment précis qu'il connut son apothéose, avec Thomas Mann, isolé sur cette fameuse photo, trottinant au bras puissant de son épouse.

La Première Guerre mondiale, selon Ernst Jünger, fut « le grand trait rouge tiré au bas de l'addition de l'ère bourgeoise ». Le bourgeois de culture survécut pourtant à la guerre, même s'il en sortit déchiré et détruit, il survécut aux hordes nazies dans lesquelles Gottfried Benn, courroucé, voyait à l'œuvre le « darwinisme vers le bas », il survécut à la Seconde Guerre mondiale, et il survit encore en des contemporains comme Klaus von Dohnanyi, Joachim Fest ou Wolf Jobst Siedler. Le bourgeois cultivé est à la fois un critique politique de son temps et un mécène du beau, il parle de « l'élite culturelle » comme d'une grande nécessité. Et aujourd'hui ? Existe-t-il une nouvelle et jeune bourgeoisie de culture qui ferait office de charnière entre le passé et l'avenir ? Les nouveaux bourgeois cultivés connaissent les classiques, mais aussi la culture de masse, avec une telle précision qu'ils savent ce qu'ils rejettent lorsqu'ils rejettent quelque chose. Mais ils reprennent aussi certaines fractions à leur compte.

Les nouveaux bourgeois de culture se réjouissent autant du concert de Billy Idol que de la première des *Brigands* au Berliner Ensemble. Ils sont urbains, ils fondent des familles ou ne les fondent pas, mais lorsqu'ils le font, ils tentent d'éveiller chez leurs enfants le sens de la beauté. Ils peuvent les envoyer dans les lycées classiques, où ils vont faire leurs humanités et apprendre le latin, comme l'indiquent les dernières statistiques en date, qui montrent un regain d'intérêt pour les langues mortes. Et bien entendu, les enfants de la bourgeoisie de culture jouent d'un instrument de musique.

Ce qu'il y a de bourgeois, chez le bourgeois de culture, s'exprime avec moins de mauvaise conscience que jadis. Le bourgeois de culture est fier des traditions culturelles de son pays, et il en est pleinement conscient. Mais le « bourgeois cultivé » est aussi devenu un mode de vie irritant. Prenez un homme comme Ulf Poschardt. Ses parents sont des soixante-huitards orthodoxes et le méprisent justement pour son esprit bourgeois. Autrefois, Poschardt sillonnait Munich à bord de sa *Ferrari* et méprisait les soixante-huitards. Depuis cinq ans, il vit à Berlin.

Poschardt m'avait invité pour me montrer le bon Berlin, le Berlin bourgeois, le Berlin passionnant. Il habite à Nikolasee, près de la Rehwiese, dans une maison de campagne couverte de bardeaux et datant de 1907, une bâtisse qui appartenait à l'époque à un secrétaire d'État du maréchal de la cour.

Elle est aménagée avec un certain minimalisme, pour ne pas parler d'installation spartiate. Dans le séjour, un canapé. Dans la bibliothèque, un bureau et un *I-Book*. Dans la salle à manger, une longue table de conférence avec des chaises, une seule décoration aux murs, un grand tableau du guitariste des Ramones, Dee Dee, qui porte un tee-shirt avec aigle fédéral allemand en impression. Ce n'est ni un tableau de gauche, ni un tableau de droite. C'est du pop. C'est la nouvelle bourgeoisie allemande.

Nous nous installons dans la cuisine. Poschardt est debout près de son poêle *Arclinea* gris acier, qui pourrait chauffer toute une compagnie, et prépare une tasse de thé. Il fait moins trois degrés. « Il ne fait pas trop chaud ? », demande-t-il, soucieux. Il a su immédiatement que ce lieu était le bon. « La maison m'attendait », elle était en ruines et avait besoin d'une rénovation urgente. Il lui a redonné sa beauté spartiate du début du siècle.

Julius Posener a passé beaucoup de temps près d'ici. Posener, qui a construit en 1931, avec Erich Mendelsohn, le bâtiment

Columbus de la Potsdamer Platz, qui a émigré en 1935 en Palestine et qui a combattu les nazis entre 1941 et 1945, qui a gardé les traces illustrées du Berlin détruit avant d'y revenir en 1961, devenu professeur d'université, et de s'y battre pour une nouvelle architecture. Ulf lit justement ses mémoires, *Fast so alt wie das Jahrhundert*[25] (Presque aussi vieux que le siècle). Une phrase est soulignée: « [...] que j'ai élevé les valeurs bourgeoises au rang de doctrine, ce qui arrive rarement, même chez les réactionnaires. »

Poschardt environ trente-cinq ans, dit qu'il a besoin du silence. Il vient d'écrire un livre sur la solitude. Il a une relation mystérieuse avec sa maison, magnifique, sobre et tranquille;

« Vous ne trouverez pas ici de pignons et de colonnes comme à Grunewald. Ici, tout est tourné vers l'intérieur, les salles d'apparat sont les bibliothèques. Des officiers y ont logé à l'extérieur. C'était l'unique circonscription d'Allemagne à ne pas avoir eu de section du parti nazi. »

Puis il me montre son environnement, comme s'il me dévoilait un trésor. Muthesius a œuvré ici après son retour d'Angleterre, en 1905, influencé par le mouvement anglais des maisons campagnardes. La vaste prairie de la Rehwiese avait été découpée par l'Avus, une autoroute urbaine construite par les nazis. Poschardt est membre d'une association de citoyens pour une meilleure protection phonique contre l'autoroute. « Bien entendu, dit-il, cette découpe à l'asphalte pratiquée par les nazis était aussi un attentat urbanistique contre la colonie d'esprits libres qui s'était constituée ici, à l'extérieur. »

Les grands architectes de l'époque ont construit dans ces lieux: Mies van der Rohe, Hermann Muthesius, Otto Stahn, Bruno Paul, Peter Behrens. « Ma génération est antifasciste, dit Poschardt, ne serait-ce que pour des raisons patriotiques. Car ces artistes, ces bourgeois de culture, ces intellectuels que les nazis ont tués ou chassés, comme Posener, étaient tous des Allemands. »

25. Berlin, 1990.

Nous traversons les bois qui entourent la ville, Nikolassee, Wannsee, Potsdam. Partout de belles et vieilles villas. Certaines encore vides et en décrépitude, un plus grand nombre désormais rénovées, patientes, respirant l'amour du détail historique. Des vérandas fraîchement repeintes. Devant, des buis montés en arbustes dans des bacs en terre cuite. Par certaines fenêtres élevées et sans rideaux, on aperçoit la lumière chaleureuse et les parquets.

« Il y en a de plus en plus comme moi », dit Poschardt. « Rue après rue, maison après maison, nous faisons revenir cette Allemagne d'avant-guerre. » Ce que nous voyons ici, dehors, doit être le contrepoids de ce centre alternatif qu'est le Prenzlauer Berg. Poschardt se situe dans une continuité bourgeoise. Tenez, cette maison-là est de Gropius, et celle-ci est l'une des premières de Mies van der Rohe. Elle a encore la façade classique à la Schinkel, avec les fenêtres hautes.

« Cette simplicité n'est-elle pas belle ? »

Elle est belle.

Poschardt, aime le classicisme moderne allemand. On le cite, et il doit admettre, au même titre que d'autres rêveurs de la beauté, d'autres activistes qui ne partagent pas obligatoirement ses goûts stylistiques, mais défendent le retour du beau.

Des gens comme le constructeur de moissonneuses-batteuses Wilhelm von Bodien qui, peu après la chute du Mur, avait tendu devant le Palais de la République cette toile de tente où l'on avait peint le vieux château urbain de Berlin. Ce morceau de tissu était un signal. C'était comme un reflet aérien qui injectait une étrange nostalgie dans le cœur de chaque promeneur : tiens donc, ça pourrait donc avoir cette allure-là. C'est beau.

C'était le lever de drapeau de la nouvelle bourgeoisie. Notre aréopage d'interprétants était en rage. Ils lancèrent la polémique contre la reconstruction du château sous prétexte qu'elle refermerait « la blessure allemande ». Or on n'en avait pas le droit. Berlin devait « faire son travail de deuil », « créer des îlots de mémoire », martelaient les stratèges de la culture, le plus souvent douillettement logés dans de vieux appartements hambourgeois.

Tout cela est terminé. Définitivement. Nous sommes sortis de cette attitude d'autoflagellation. Enfin ! Il existe aujourd'hui plus de sept cents associations civiques du même genre, qui s'occupent des églises, des châteaux, des bibliothèques.

L'événement le plus spectaculaire à ce jour, dans cette nouvelle vague de restauration, est la reconstruction de la Frauenkirche à Dresde. Pendant dix ans, les citoyens de la ville avaient fait des collectes, travaillé et rêvé, jusqu'à ce que le monde étonné voie de nouveau se dresser devant lui ce joyau baroque du sens commun protestant.

Coïncidences étonnantes : peu après l'inauguration solennelle de la nouvelle église, la chaîne de télévision allemande *ZDF* diffusait un téléfilm spectaculaire en deux parties, *Dresde*, où l'on a pu revoir l'incendie de Dresde pilonnée par les bombes britanniques. Et toute cette horreur a finalement donné naissance à une splendeur. Un grand processus de guérison a commencé après la chute du Mur. Ainsi se referme une blessure que la partition du pays avait artificiellement maintenue à vif.

Jadis, la grand-mère de ma femme a passé deux jours et deux nuits ensevelie sous les gravats, à Erfurt. Aujourd'hui encore, elle est incapable de dormir portes fermées. Lorsqu'elle est entrée dans l'église de Dresde reconstruite, elle a pleuré. C'était la fin d'un traumatisme.

Les anciennes associations de défense des années 1970 et 1980, celle de Brokdorf par exemple, voulaient épargner à la génération des petits-enfants la lourde charge des déchets nucléaires. Aujourd'hui, ces associations civiques, au sens propre, se préoccupent de transmettre aux générations futures une idée de la beauté et de les protéger des radiations d'une société vulgarisée. Lorsque les habitants de la cité hanséatique collectent cinquante millions d'euros en l'espace d'une semaine pour créer une salle de concert dans le port – un fier vaisseau sonore surplombant l'Elbe –, on ne trouve pas seulement parmi eux de riches mécènes, mais aussi un très grand nombre de petits donateurs. La fierté artistique et l'esprit bourgeois. Quelque chose se passe en Allemagne.

Nous savons tous aujourd'hui combien la beauté peut aider l'âme à guérir et combien c'est nécessaire. Qui le saurait mieux que les Allemands ?

Mozart, par exemple. Quelques mesures suffisent pour comprendre, comme une évidence, pourquoi le taux de criminalité diminue dans les stations de métro londoniennes où l'on diffuse sa musique. Mozart est comme ça. Il désarme. On croit bien volontiers que les sons de cette musique ouvrent les oreilles des fœtus dans le ventre de leur mère. Et que la *Petite musique de nuit* augmente la production de lait des vaches. Ou encore que le « Credo » de la *Missa solemnis* est capable de restituer même aux plus endurcis la foi dans le bon Dieu, et même la foi en sa bonté.

La musique de Mozart est belle et souvent toute simple. Autant dire qu'elle constitue une épouvantable provocation pour tous ceux qui ont des problèmes avec la beauté et la simplicité. Cela représente un bon paquet de personnes aujourd'hui, et on aurait mauvaise grâce à les blâmer. Bien sûr, à l'ère des explosions de bombes, célébrer l'ingénuité relève de la folie pure. Bien entendu, en ces temps de radicalisation, il est difficile de faire comprendre que l'on cherche « le juste milieu ». Il est vraisemblablement idiot, face aux victimes des terroristes, de chanter : « Rien n'est aussi lai-aid que la vengean-an-ce ! »

Or tout cela est justement devenu plus important qu'avant. Si ce que nous voulons défendre est un canon de l'identité culturelle, ne choisissons pas, s'il vous plaît, la composition de la chambre basse allemande, mais *La Flûte enchantée*, son engagement envers la sagesse, la beauté de sa réconciliation.

Cela étant dit, pour Mozart, l'identité nationale était extraordinairement importante. Il ne se lassait pas de se dire Allemand, de s'en vanter et de se démarquer des Français (calculateurs et dénués d'esprit musical) et des Anglais (calculateurs et laids). Dans ses lettres, il ne cesse de répéter qu'il est « un véritable Allemand » ou, au choix, un « Allemand habile ». Selon le musicologue Ulrich Konrad, son sentiment « d'appartenir au Saint Empire romain germanique » était « constant ».

Mozart est sans aucun doute le plus grand cadeau que la culture allemande ait fait au monde. Avec Bach. Avec Beethoven.

Avec Brahms. Aucun peuple de la terre n'a produit pareille pléthore de génies musicaux. S'il existe une bonne raison d'aimer les Allemands, elle tient à cette succession de noms, que l'on pourrait encore prolonger longtemps.

Ces noms-là, on les invoque dans toutes les langues du monde, comme des dieux ou des anges gardiens, et nombreux sont ceux qui ont fait le voyage en Allemagne à cause d'eux. C'est le cas d'Anatoli Ougorski, le Russe. J'ai fait sa connaissance chez l'écrivain Irene Dische, juive new-yorkaise, petite-fille d'un homme qui avait émigré dans son enfance, et revenue s'installer à Berlin. Je me suis senti incroyablement privilégié le jour où elle organisa dans son gigantesque vieil appartement berlinois une soirée « *Welcome home* », à laquelle elle invita mes amis et les siens. On y trouvait un poète titulaire du prix Nobel, une comédienne merveilleusement frivole, le gendre d'un général allemand, des Hongrois, des Tchèques, des Américains, une foule de gens de lettres; c'est l'époux d'Irene, Nicolas, qui avait fait la cuisine pour une trentaine de personnes.

C'est cela, l'Allemagne, aujourd'hui. Des bourgeois cultivés, des gens joyeux, modernes, ouverts au monde. Ils entraient dans ce vieil appartement de Charlottenburg comme dans un refuge contre la vulgarisation qui faisait rage à l'extérieur, un campement de fortune dans la guerre contre l'invasion du laid et contre Big Brother. Ils n'avaient rien de ce snobisme hautain que j'ai rencontré à d'innombrables reprises à Londres: ils étaient détendus, philanthropes, assis à des tables courbes alignées les unes à côté des autres, dans un lieu où le bruit le disputait aux anecdotes et aux sottises bruyantes.

À côté, un piano dominait la pièce. C'est ici que, quinze ans plus tôt, j'avais rencontré l'émigré russe et pianiste Anatoli Ougorski, qui jouait avec les enfants d'Irene et faisait des pitreries au piano. C'était le temps des manifestes, la culture est-européenne affluait dans le salon d'Irene et Ougorski était fou de Jean-Sébastien Bach. Ce sont les Allemands qui ont inventé notre musique, disait-il. L'Allemagne a une richesse incroyable – il parlait tout autant de Bach que de l'aspirateur qu'on venait de lui présenter à l'entrée d'un grand magasin. Être Allemand : c'était la situation la plus enviable qu'il puisse imaginer.

Il enviait les nombreux théâtres, les opéras, les orchestres que s'offrait notre nation. Et c'est vrai, cela aussi est typiquement allemand : si nous avons un regard positif sur les centaines de principautés, d'évêchés et de cités libres qui composaient jadis le catastrophique patchwork allemand et ont été un tel obstacle pour la formation de la nation, c'est qu'ils nous ont tout de même laissé ce système de théâtres municipaux, le plus grandiose et le plus étendu au monde.

Après la guerre, le théâtre était le lieu où l'on pouvait parler, voir les œuvres et discuter librement. Dans ce pays où l'on continuait à jouer à la lumière des bougies pendant les pannes d'électricité, le théâtre était une institution morale et un confessionnal – ce théâtre-là concernait tout le monde, directement. On en était fou, du théâtre, on payait les billets avec des briquettes, des clous et des vivres, tout ce qui permettait à ceux d'en haut de l'estrade de jouer pour ceux d'en bas.

« On joue du théâtre dans près de deux cents lieux à Berlin », jubilait le légendaire critique berlinois Friedrich Luft sur les antennes de la *DIAS*, la radio à fil du secteur américain. « Quelle ville au monde possède encore cela ? »

Les cités allemandes étaient en ruines, mais l'Union des théâtres comptait quatre cent dix-neuf établissements, un de plus que dans le « Reich panallemand » de 1943. Ils employaient quelque trente-sept mille gens de théâtre, soit cinq cents de plus que pendant la saison 1943-1944. Les stars du théâtre allemand ? Certains, comme Gustav Knuth, réussirent sans peine le bond vers l'ère nouvelle ; d'autres, comme Viktor de Kowa, furent arrêtés en pleine scène. Les spectateurs prirent d'abord cet épisode pour une plaisanterie du metteur en scène et applaudirent.

De cet agrégat de fautes et d'expiations, de dépression et de volonté de renouveau, d'appétit artistique et de besoin maladif de distraction, est né le théâtre allemand de l'après-guerre. Et pour les autres, les réfugiés, les expulsés, les anciens combattants qui procurèrent aux caisses des théâtres environ quinze millions de nouveaux clients potentiels, c'est un homme répondant au nom de Beckmann qui s'exprima. Un homme dont les lunettes en nickel pendaient au bout d'un ruban de caoutchouc, malade et émacié sous son manteau de l'armée : le personnage principal dans la pièce de Borchert *Dehors devant la porte*, qui éclairait comme un éclair le destin des soldats au retour de la guerre. L'œuvre posait cette grande question : pourquoi ? « N'y a-t-il donc aucune, aucune réponse ? » Toutes ces questions, le théâtre les formulait pour nous. C'était ce qu'il fallait.

Les théâtres ont accompagné et modelé les sociétés de l'après-guerre, à l'Est comme à l'Ouest. Les artistes émigrés revenaient timidement dans leur ancienne patrie. Ils respectaient des paliers intermédiaires, pratiquaient de prudents sondages. De Zurich, ce sont Bertolt Brecht et le metteur en scène Wolfgang Langhoff qui revinrent à Berlin. Avec sa *Mère courage*, Brecht avait porté son théâtre épique à la perfection : une revue didactique sur la grande guerre, qui était ici la guerre de Trente ans – Helene Weigel, en vivandière, tirait sa charrette en planches sur une scène en rotation permanente et dénonçait le destin éternel des petits dans le combat pour le pouvoir auquel se livrent les grands.

À l'Ouest, on se consacrait aux paysages mentaux, existentiels. Sartre et Camus en fournirent les textes principaux, mais aussi Beckett, qui offrit au Schiller-Theater *le* texte de la modernité qu'est *En attendant Godot*. Aux comédiens, Stefan Wigger et Horst Bollman, il donna cette consigne : « On doit rire autant que possible. » Beckett savait à quel point les rires et la chute absurde d'une histoire peuvent faire se dresser les cheveux sur le crâne.

Les grands héros du théâtre mirent les grands textes en scène. Fritz Kortner monta *Le Marchand de Venise*. Rudolf Noelte donna *Le Misanthrope* de Molière. Gustaf Gründgens interpréta Méphisto, Will Quadflieg joua Faust. Avec une naïveté que les jeunes metteurs en scène, aujourd'hui, ne peuvent que considérer avec un sourire arrogant : on était à l'époque cultivé et respectueux des grands textes. On supposait qu'il fallait jouer *Les Brigands* de Schiller ou *Hamlet* de Shakespeare tels que les avaient écrits leurs auteurs, sans que le metteur en scène y intègre ses propres « améliorations ». On pensait en ce temps-là qu'il s'agissait de bonnes pièces et non d'un simple « matériau » réactionnaire qu'il fallait mettre en pièces et recomposer.

Mais au début des années soixante-dix, la première vague de destruction s'abattit sur les théâtres. Ses protagonistes connaissaient tout de même encore les textes qui les caressaient à rebrousse-poil. C'étaient des rebelles dotés du sens de l'art: Peter Zadek, Peter Stein, Hans Neuenfels, Claus Peymann. D'un seul coup, l'abonné devint un « ennemi »: c'est à l'orchestre qu'était assise la société d'après-guerre nageant dans le confort, ces « bourgeois de culture » qui incarnaient tout le mal existant et qu'il s'agissait désormais de secouer.

On y parvint, et à quel niveau! Comme elle était artistique, la mise en scène des *Brigands* par Zadek, devant l'affiche de Roy Lichtenstein. Ou encore celle du *Prinz von Homburg* (Prince de Homburg) par Stein. De *Catherine de Heilbronn* par Peymann. On n'oubliait jamais la beauté ni l'esprit des artistes. Quels enchantements inoubliables la Schaubühne de Berlin, pour ne parler que d'elle, a-t-elle déployé sous nos yeux dans cette étrange maison de la formation populaire. Il y avait les horizons infinis dans l'épopée d'Ibsen *Peer Gynt*. Les pavés parisiens dans *La Cagnotte* de Labiche. Et les bouleaux des *Estivants* de Gorki. Avec des amis, nous nous étions procuré le texte de la pièce et nous rejouions cette représentation, la plus belle de toute ma vie, nous voulions aussi être des estivants dans la vie réelle, nous voulions à tout prix nous reconnaître dans cette méditation bourgeoise et dans les « élans révolutionnaires » étouffés des années soixante-dix. Comme il était beau et important pour nous, le théâtre!

Avec les *Theatertreffen*, les Rencontres théâtrales berlinoises, qui invitaient chaque année les dix meilleures mises en scène de langue allemande, ces coups de génie disposaient d'une vitrine régulière. C'étaient les Oscars des professions sémantiques allemandes. Le théâtre était contesté et courtisé, il faisait des expériences, il suscitait l'étonnement, c'était le centre du discours public. Ce dont on traitait au théâtre concernait tout le monde.

Mais dès le milieu des années quatre-vingt, on sentit que le théâtre était en train de se briser de l'intérieur. Tout était possible et l'on essayait tout. Des moniteurs vidéo surveillaient les monologues d'Hamlet, Aïda, la fille du roi, était une femme de ménage, et les tragédiennes antiques prenaient les escaliers roulants pour accéder à l'Olympe.

On peut seulement espérer un nouveau changement. Au théâtre, le bourgeois de culture allemand est constamment sur la défensive. Il a mauvaise conscience de ne pas suffisamment se soucier de l'injustice qui obsède justement le metteur en scène du moment. De ne pas habiter dans son esprit. De vouloir assister à la pièce de Horváth *Hôtel Belle Vue*, bien assez sarcastique, poétique et colérique par elle-même, plutôt que de s'occuper de la guerre civile en Yougoslavie.

Récemment, à l'occasion d'une représentation d'O'Neill, le jeune directeur du théâtre de la Schaubühne de Berlin, Thomas Ostermeier, constatait avec inquiétude que « la famille bourgeoise était responsable de beaucoup de nos problèmes », et fêtait le « retour à une situation primitive et joyeuse ». Étrange jugement en ces temps de désagrégation. La position révolutionnaire, dans notre cas, ne serait-elle pas justement de s'engager pour la famille diffamée plutôt que de célébrer le tout-venant, l'absence de famille et l'antibourgeoisie ?

À titre de référence pour la planète théâtrale, très loin de nous, je citerai simplement quelques souvenirs de mon propre enfer familial, auquel je dois mon intérêt bourgeois pour le théâtre, la littérature et la musique.

Je me rappelle bien cette situation de ma toute jeune enfance : Maman est assise sur le rebord de l'un des lits superposés, dans la chambre des enfants. Le plafonnier, chapeauté d'un abat-jour rouge en forme d'assiette, moulé dans le plastique cannelé des années cinquante, est ramené très bas. Le visage de ma mère brille à cette lumière chaleureuse. Elle porte une jupe large, quelque chose de vert avec un imprimé de plantes et de fleurs rouges. Elle a posé le livre sur ses jambes. Depuis le lit d'en haut, les deux plus grands enfants lisent par-dessus son épaule ; au niveau inférieur, les trois cadets sont blottis contre elle.

C'était une bonne liseuse. Elle était capable de donner à sa voix des nuances graves dramatiques et de la transformer pour tenir des rôles différents. Mais pour moi, le secret de cette soirée était la manière dont elle savait nous tranquilliser, nous faire comprendre que tout allait bien, ce qui, pour ces histoires agitées, augmentait encore, bien entendu, le plaisir que nous procurait notre propre épouvante, produisant une sorte de frisson agréable, dans le lit, le pyjama, le peignoir, la chambre chaude des enfants.

Nous étions nombreux. Nous avions l'amour. Nous étions protégés. Nous jouions de la musique, certains plutôt bien, d'autres, moi par exemple, plutôt mal, mais nous nous tirions fort bien d'affaire lorsqu'il s'agissait de jouer le *largo* du *Xerxes* de Haendel pour l'anniversaire de Maman et pour d'autres grandes journées de fête. À Pâques, nous défilions avec des bougies et le goupillon pour bénir l'appartement. Nous jouions à la messe. Nous jouions au football. Nous organisions des jeux olympiques du conte. Il nous arrivait aussi – nous étions cinq frères – de nous coller de sacrées rossées, mais au total, dans notre enfer bourgeois, nous avons vécu une enfance à laquelle je repense volontiers.

L'enfance, c'étaient surtout les livres, les jeux, le théâtre. Les livres étaient comme des boîtes à magie d'où sortaient des personnages, des aventures, de la peur et du bonheur. Le deuxième modèle de lecture, après ma mère, c'était mon père. J'ai rapidement compris que lui savait tout et que la plus grande partie de ce savoir était issu des livres. Je ne pouvais pas l'imaginer sans un livre. Il arrivait à la maison, mangeait avec nous, puis s'installait au salon de lecture – qu'on appelait en allemand la « chambre des messieurs » –, sous la lueur d'un lampadaire, et lisait.

L'homme et son livre, entouré de ce cercle de lumière jaune. Il lisait en silence. Il avait le plus souvent un crayon noir à la main. Mon père lisait des biographies, beaucoup de textes philosophiques, mais aussi et avec un grand plaisir les romans russes sur les profondeurs de l'âme, Dostoïevski, Soljenitsyne, de gros volumes qui imposaient le respect et qu'on avait recouverts de papier journal pour que la couverture ne s'abîme pas.

Mon père, c'est ce que je comprenais, lisait des idées et en soulignait les principales. J'en retrouvais une bonne partie plus tard, lorsqu'il sortait les livres des étagères et en lisait les passages ainsi mis en relief. Cela se produisait à l'occasion des « lectures de textes » pour lesquelles on nous rassemblait en début de soirée au salon de lecture. Il lisait à voix haute Martin Buber ou Carl Jaspers, et nous en discutions, même si nous n'avions pas toujours tout compris.

Il pouvait arriver que mon père éclate de rire sous son lampadaire. Par exemple lorsqu'il lisait la description de Koutousov, le général rusé et paresseux de *Guerre et Paix*, celui qui recule, tergiverse et qui parvient ainsi à vaincre Napoléon. Il aimait aussi l'ironie de Thomas Mann. Il tentait alors de nous lire ces passages-là, mais y parvenait rarement: la montée du rire l'empêchait d'aller au-delà des phrases qu'il avait préparées. Il ne restait plus au bout du compte qu'un rire rauque et guttural dans lequel la citation se perdait presque totalement. Nous n'avions qu'une vague idée du véritable piquant de l'histoire. Cette technique était cependant idéale pour le chapitre du *Docteur Faustus* consacré à la conférence du bègue.

Si j'ai continué à lire, plus tard, dans mon appartement communautaire très, très à gauche (parti communiste marxiste-léniniste d'Allemagne), au cœur d'un monde de lecture et de débat, je le dois à mon enfer familial bourgeois. Je lisais pour pouvoir réfuter la bourgeoisie, certes, mais je lisais tout de même et mon père m'en fut constamment reconnaissant, lui avec qui je pouvais discuter sans problème du *Que faire?* de Lénine, parce qu'il l'avait lu aussi. Lui se moquait du reste complètement de savoir si nous faisions carrière, si nous accumulions titres ou richesses: la seule chose qui lui importait était l'esprit des gens. Et lui avait acquis une culture. En lisant.

Je lisais pour me forger les meilleurs arguments dans le jeu de cris et d'injures auquel nous nous livrions, cette compétition pour l'explication du monde. Et malgré toutes les idioties, toutes les entreprises d'évasion, toutes les rébellions et les ivresses, ce reste de bourgeoisie cultivée est resté, au point que lors des heures ineptes que je passais, de nuit, à exercer je ne sais quel petit boulot pour étudiant, je m'exerçais à apprendre par cœur les *Sonnets à Orphée* de Rilke.

Si je raconte tout cela, c'est pour faire comprendre à quoi ressemble l'enfer dans cette « famille bourgeoise » qu'il est indispensable de combattre, si possible en prononçant le slogan « Le ventre est encore fécond d'où la bête est sortie », ma citation brechtienne d'entre les citations brechtiennes, peinte sur n'importe quelle banderole débile de n'importe quelle manifestation crétine.

Mais pour le reste – et à présent, nos amis britanniques peuvent rallumer le poste et tendre l'oreille – nous sommes une nation culturelle, nous le sommes toujours, et une nation assez *cool* par-dessus le marché.

Dans quel autre pays peut-on imaginer un animateur de shows télévisés comme Harald Schmidt faisant à son public la lecture de Beckett et de Goethe ? Dans quel autre pays trouve-t-on une femme comme Elke Heidenreich, qui ordonne joyeusement à ses téléspectateurs « Lisez ! », un commandement que je connais fort bien pour l'avoir entendu à d'innombrables reprises de la bouche de mon père. Et où trouve-t-on un Marcel Reich-Ranicki, lequel non seulement connaît chaque livre publié dans le monde, mais sait également s'il est bon ou mauvais et peut en donner le motif avec des justifications qui sont souvent plus originales que le livre en question. Faim de culture, faim de lecture !

Tout cela, je le sais pour être allé le vérifier, on ne le trouve ni à la *BBC*, ni dans l'un des grands réseaux américains, ni au *Globo-TV* brésilien, la plus grande chaîne de l'Amérique latine. Mais on le trouve sur les programmes des chaînes publiques allemandes !

On assiste aujourd'hui à une renaissance du bourgeois de culture. Il n'a pas eu la tâche facile au cours des dernières décennies, et l'un des principaux arguments contre lui a été le fait qu'il n'a pas empêché Hitler. Je ne crois pourtant pas qu'il ait été réfuté par l'hitlérie, ou par les quatuors à corde qu'on interprétait au camp de concentration de Theresienstadt. Que les assassins aient souhaité écouter du Beethoven pendant leurs pauses ne plaide pas contre Beethoven, et certaines des personnes torturées qui l'ont joué et entendu dans cet enfer ont pu, si l'on en croit les notes qu'ils ont laissées, y trouver une consolation et tenir un jour de plus.

Le grand malentendu du courant de gauche qui suivit 1968 a été sa tendance à rendre la bourgeoisie de culture responsable des crimes nazis. La fameuse phrase d'Adorno, prononcée avec bienveillance mais fausse tout de même, selon laquelle il n'est plus possible d'écrire des poèmes après Auschwitz, fut utilisée pour arrêter tout effort culturel. On préféra alors se consacrer à un esprit terre à terre et satisfait et l'on s'attacha plus à avoir une opinion conforme qu'à lire des poèmes de Goethe.

Mais tout cela revient. À l'heure où j'écris ces lignes, le jeune écrivain Daniel Kehlmann a écrit avec *Les Arpenteurs du monde*[26] un roman de culture foisonnant de réflexion sur deux génies et originaux du classicisme allemand, et son livre a dépassé les romans de *fantasy* à quatre sous de *Harry Potter* pour se hisser à la première place de la liste des *best-sellers*. Je dirais : encore une victoire de la bourgeoisie de culture, et une victoire considérable. Un roman sur l'explorateur Alexander von Humboldt et le génie des mathématiques Friedrich Gauss ! Un livre sur deux héros allemands en redingote, à la grande époque de la bourgeoisie de culture… Les lecteurs allemands en achètent des milliers chaque jour, et les lecteurs européens le dévorent !

Les biographies de Schiller sont elles aussi capables de devenir des *best-sellers*, et à qui s'adressent-elles, sinon aux bourgeois de culture allemands ? Prenez ce live qui s'appelle *Gedichte fürs Gedächtnis* (Poèmes pour la mémoire[27]) et dont on tire ces temps-ci la dix-huitième édition. Il s'agit de poésie allemande qui mérite d'être apprise par cœur, d'un canon, une sorte de ration de survie pour les temps vraisemblablement sombres et babyloniens qui nous attendent. Il s'agit de la mémoire culturelle d'un peuple, recueillie dans la couverture cartonnée d'un livre.

Le choix de ces textes a été effectué par la poétesse Ulla Hahn, qui propose pour chacun des poèmes des notes sur l'auteur et la

26. Traduit de l'allemand par Juliette Aubert, Actes Sud, 2007. [N.D.T.]
27. *Gedichte fürs Gedächtnis. Zum Inwendig-Lernen und Auswendig-Sagen*, Ulla Hahn (éd.), DVA, 2000. [N.D.T.]

date de rédaction. Son époux, Klaus von Dohnanyi, a pourvu le livre d'une postface. Il s'y remémore une anthologie qu'il avait achetée en 1947, un recueil de poèmes imprimé sur papier fin et relié en cuir vert, qu'il a porté pendant toute sa vie.

« On a peine à croire qu'à l'époque, au cœur des années de famine, juste avant la réforme monétaire de 1948, on ait pu fabriquer quelque chose d'aussi beau. »

J'ai fait la connaissance d'Ulla Hahn et Klaus von Dohnanyi lors d'une petite fête que donnaient nos bons vieux amis, l'éditrice Annette Kusch et son époux Jan Fleischhauer, sur la terrasse située sur le toit de leur appartement à Charlottenburg. Fleischhauer, un collègue et grand lecteur de la rédaction berlinoise du *Spiegel*, avait acquis une agilité considérable dans le maniement du grill au cours de ses longues années d'activité comme correspondant à White Plains, dans l'État de New York.

La bourgeoisie de culture de dispose pas nécessairement de ses propres villas avec domestiques. Non, la bourgeoisie cultivée moderne peut avoir l'air très modeste. Elle est fière de sa noblesse intérieure et ne fait pas étalage de sa richesse.

C'était le cas ce soir-là. Comme si souvent, Jan Fleischhauer se tenait, concentré, de toute la hauteur de sa frêle silhouette, devant le grill qui grésillait; pour ce genre d'occasions, il portait des vêtements adaptés, un tablier repassé et amidonné qui s'arrêtait exactement à deux doigts du bas de son short, lui aussi repassé. Outre ce tablier orné de motifs de légumes, qui le protégeait contre les projections de graisse, il avait des gants spéciaux pour grill, qui sortaient manifestement de l'une de ces boutiques où l'on vend ces accessoires à prix d'or.

« D'ailleurs, expliquait justement Dohnanyi, il est faux de dire que les Anglais ont la plus vieille démocratie d'Europe. » Je venais de lui rapporter la remarque dédaigneuse de dame Antonia Byatt sur les Allemands et leur prétendue brève expérience de la démocratie. Dohnanyi répondit: « Dans différentes villes allemandes, il y a eu des Parlements et des constitutions bien avant la révolution de Cromwell. »

Houlà! Nous sursautâmes: Fleischhauer avait soudain surgi à côté de nous en brandissant sa grande fourchette comme

Belzébuth sorti du sol. J'étais sur le qui-vive, car tout indiquait qu'il s'apprêtait à contredire Dohnanyi au moyen d'un argument réfléchi, tordu et irréfutable. Il demanda : « Vous voulez de la salade avec ? »

Nous hochâmes la tête avec soulagement et nous décidâmes, Dohnanyi et moi-même, de poursuivre notre conversation sur l'histoire allemande et sur le bourgeois de culture allemand dans la tranquillité de sa villa bourgeoise, au bord de l'Alster, à Hambourg.

8.

Décence et courage

Entretien avec Klaus von Dohnanyi[28] *sur la bourgeoisie allemande, la participation de sa famille à la résistance au nazisme et une mission confiée à notre nation.*

Matthias Matussek. — Il existe un mot allemand qu'on ne peut traduire dans une autre langue, le mot *Bildungsbürger* (le bourgeois de culture, ou bourgeois cultivé). Klaus von Dohnanyi, êtes-vous un *Bildungsbürger* ?

Klaus von Dohnanyi. — Je suis vraisemblablement les deux, un bourgeois et un bourgeois de culture. Historiquement, le terme *Bildungsbürger* signifie que chez nous, la bourgeoisie est née dans les principautés, les royaumes, etc., pour l'essentiel par le biais de la culture et des situations universitaires. Le bourgeois classique dans le sens occidental, le *citoyen*[29], est en revanche issu d'une catégorie de marchands qui ont voulu échapper à la surveillance excessive des autorités. En Allemagne, par contre, les *Bürger* étaient plutôt des fonctionnaires d'État qui se passionnaient pour la culture.

M. M. — Le bourgeois de culture n'était-il pas aussi l'incarnation d'une position de combat, d'une idéologie agressive dirigée contre l'aristocratie ?

28. Homme politique allemand (social-démocrate), il a été ministre des Affaires étrangères et maire de Hambourg. [N.D.T.]
29. En français dans le texte. [N.D.T.]

K. v. D. — La bourgeoisie proche de l'État, c'est de l'histoire allemande. Cette « fonctionnarisation » a même concerné les arts. Il est vrai que partout dans le monde, les artistes étaient officiellement subventionnés par les princes, les rois ou même l'empereur. Mais chez nous, ils devenaient aussi professeurs, etc. L'histoire de notre bourgeoisie n'est donc pas la même que dans les pays anglo-saxons, où le bourgeois s'est pour l'essentiel émancipé par sa richesse personnelle, ses activités commerciales, bref: par son pouvoir.

M. M. — Le bourgeois de culture obtient son statut par la culture et peut ensuite accéder par mariage à la noblesse.

K. v. D. — C'est exact. Il devient aussi assez facilement un snob, parce qu'il se sent toujours supérieur aux gens qui ne sortent pas de l'Université. Je suis issu d'une famille qui a été formée dans l'esprit de la bourgeoisie de culture, mais aussi d'une famille qui concevait le statut de bourgeois comme une résistance à l'autorité. Dans la génération de mes arrière-arrière-grands-pères, mon arrière-arrière-grand-père lui-même et le frère d'un autre arrière-arrière-grand-père, c'est-à-dire deux familles totalement différentes, se sont retrouvés en prison en même temps. Ils ont été arrêtés au même moment, en 1831, pour activités subversives.

M. M. — Vous êtes l'exemple même de la famille d'élite allemande. Vous avez des révolutionnaires nationalistes, des agitateurs, des compositeurs, des hommes politiques, des martyrs dans la résistance aux nazis, des chefs d'orchestre. D'où vient le *von* dans votre nom ?

K. v. D. — Cela remonte à la monarchie austro-hongroise. Notre lettre d'ennoblissement a été signée et scellée par l'empereur Leopold II. Elle remonte à la guerre contre les Turcs – ce document se trouve du reste aujourd'hui à Hambourg. On dit que des ancêtres à moi ont sauvé une ville assiégée en y apportant des vivres en quantité suffisante. Ils en ont sans doute aussi tiré un bon bénéfice. C'est ce qui leur a valu leur particule.

M. M. — Dites-moi en quoi votre jeunesse a été celle de la bourgeoisie de culture. On jouait de la musique, on se lisait des livres ?

K. v. D. — On se faisait la lecture, on incitait à lire, on accordait de l'importance aux connaissances historiques. On écoutait de la musique, on peignait, on bricolait, évidemment, et on jouait de la musique.

M. M. — Ce qui était aussi une caractéristique familiale, avec votre grand-père compositeur.

K. v. D. — Oui, mais aussi avec ma grand-mère paternelle, avec mon père, et avec Dietrich Bonhoeffer, le frère de ma mère et le parrain de mon frère. Enfant, il avait déjà une très belle voix. Il chantait, Dietrich jouait du piano, c'était une partie de notre musique à domicile. Moi, j'ai joué du violoncelle un certain temps, mais ça n'a pas été très convaincant. J'ai plutôt fait de la peinture, il est vrai qu'il coule plus de sang de peintre dans les veines de ma famille que de sang de musicien.

M. M. — L'art, pour les bourgeois de culture en ces temps de raison, était un succédané à la religion. L'art remplaçait la Bible. Ce n'était plus la grâce de Dieu qui élevait l'esprit de l'homme, mais l'art, et avant tout la musique.

K. v. D. — Peut-être. On dit que l'artiste a pris la place du prophète. L'idéalisation de l'artiste au XIXe siècle a certainement un rapport avec la dimension prophétique que l'on prêtait à l'artiste.

M. M. — Le bourgeois de culture est-il quelque chose de spécifiquement allemand, dans la mesure où il n'explore pas forcément la culture pour servir des objectifs précis ou pour trouver des possibilités de gagner sa vie, mais comme une fin en soi, et où, respectant l'idéal humaniste de la culture, il cherche à s'accomplir en tant qu'être humain ?

K. v. D. — Les Allemands aiment bien commencer par chercher le principe en toute chose. Raison pour laquelle les grandes découvertes pratiques des Temps Modernes ont été plus britanniques et américaines qu'allemandes.

M. M. — Ce qui veut dire qu'aux XVIIIe et XIXe siècles, les Anglais tenaient le rôle des Romains et les Allemands celui des Grecs ? Les Anglais se soucient de la domination mondiale et des affaires, les Allemands réfléchissent et organisent dans leurs cités-États le championnat du monde de la culture ?

K. v. D. — Les petits États allemands ont été pour l'essentiel le fruit de la politique française, puis britannique. Si nous n'avons pas pu nous unir pour former une nation, nous, les Allemands, c'est parce que les puissances qui nous entouraient l'ont empêché pendant longtemps.

M. M. — Nous avons fait de misère vertu...

K. v. D. — Le cœur du traité de Westphalie, en 1648, c'était la possibilité, pour les petits États allemands, de s'allier les uns contre les autres, et donc avec n'importe quelle puissance étrangère, mais pas les uns avec les autres contre l'empereur. Il était donc impossible de constituer une unité allemande. Avoir une myriade de petits États allemands était dans l'intérêt de nos voisins. Lorsqu'on lui a demandé pourquoi elle était opposée à l'unité allemande, Mme Thatcher a donné, dans une interview au *Spiegel*, cette réponse classique – la seule qui convienne du point de vue britannique : « Il y a trop d'Allemands. »

M. M. — C'était très pragmatique. Mais pas très gentil.

K. v. D. — Jusqu'à l'unification, on a toujours eu deux Allemagne qu'on pouvait faire jouer l'une contre l'autre. Mais un géant comme ça, avec quatre-vingts millions d'habitants, ça n'allait pas, face aux soixante millions de la Grande-Bretagne. On ne voulait pas de ça, on ne voulait pas d'un partenaire grand et fort sur le continent.

M. M. — La tragédie de la bourgeoisie allemande de 1848, l'échec de la Révolution, n'était pas uniquement due à une défaillance interne : c'est aussi l'entourage de l'Allemagne qui avait tenté de bloquer son unité ?

K. v. D. — Oui, c'était bien cela. Pendant les débats de l'église Saint-Paul, en 1848, Bismarck s'est dit : si la gauche parvient à construire un système panallemand, c'est-à-dire à réunir la Prusse et l'Autriche, il y aura une grande guerre en Europe. Il y était donc opposé. Et ça avait déjà été le cas en 1815, après la victoire allemande sur Napoléon, une victoire que les Britanniques revendiquent mais qui a, au bout du compte, été acquise par les Allemands. À l'époque aussi, on a tout fait pour ne pas laisser s'instaurer un Reich allemand fort et unifié.

M. M. — En réalité, il a fallu attendre 1989 pour qu'on apporte une réponse à la question posée par Ardnt dans son poème, « *Was ist des Deutschen Vaterland?* » (Qu'est-ce que la patrie de l'Allemand ?).

K. v. D. — Exactement. C'est la première fois qu'on a répondu à cette question en établissant des frontières claires et incontestées. Les Allemands se sont comportés de manière exemplaire à cette occasion : modestes, raisonnables, sans esprit de vengeance. Comme cela avait déjà été le cas à la fin de la Première Guerre mondiale, où nous avons payé pour un conflit dont tous étaient responsables. Il faut se demander quel autre peuple aurait toléré aussi tranquillement que nous, sous la République de Weimar, pareille entaille dans son territoire. Les Britanniques ne sont même pas en mesure de restituer l'Irlande du Nord à l'Irlande. Mais dans le cas de la Prusse et de l'Allemagne, on considérait qu'il fallait accepter tout naturellement qu'on leur enlève la Haute-Silésie, qu'on ouvre le corridor de Dantzig, et ainsi de suite.

M. M. — Vous êtes né en 1928, votre enfance s'est déroulée dans les années trente. Quel est votre tout premier souvenir allemand ? Quand avez-vous eu ce sentiment pour la première fois : « Youpi ! je suis Allemand » ?

K. v. D. — Je vais inverser la question : je n'ai jamais eu de doutes sur le fait que j'étais Allemand. J'ai toujours été Allemand. J'ai grandi comme cela et cela reste pour moi une évidence.

M. M. — « Allemand », à l'époque, c'était déjà un terme utilisé par la propagande nationaliste ?

K. v. D. — Non, non. Mon père refusait formellement cet amalgame. Lui était Allemand. Dietrich Bonhoeffer était Allemand. Et ma mère se sentait Allemande, mais tous auraient protesté si l'on avait entendu le mot « allemand » comme un slogan, dans le sens « ethnique » du terme.

M M. — Manifestement, la culture n'a pas préservé les Allemands de la barbarie.

K. v. D. — Elle n'a pas non plus dissuadé les Anglais de pratiquer le commerce des esclaves. Ils ont vendu je ne sais combien de millions d'esclaves, et se sont servi des bénéfices pour construire leurs beaux châteaux. Prenez l'Amérique, les habitants des États du Sud. Ils regardaient ceux du Nord avec dédain, ils les considéraient comme de vulgaires parvenus de l'industrie. Eux-mêmes avaient des esclaves, ils les maltraitaient, ils sont allés jusqu'à faire une guerre, en 1862, pour maintenir l'esclavage.

M. M. — La culture et la chute dans la brutalité peuvent très bien aller de pair ?

K. v. D. — Manifestement. Les éléments extérieurs de la culture ne protègent contre rien du tout. Ce sont les intériorités qui peuvent le faire. Cela signifie qu'il ne suffit pas de pouvoir réciter un poème ou, simplement, de le connaître. Ce qui nous protège de la chute dans la barbarie, je crois, c'est de comprendre que la source de l'art réside dans l'humanité, dans la compréhension et dans la compassion envers le destin de l'homme.

M. M. — Est-ce l'enseignement que vous a légué votre père, qui a été exécuté peu avant la fin de la guerre, tout comme son beau-frère Dietrich Bonhoeffer, pour avoir résisté à Hitler ?

K. v. D. — C'est très difficile à dire. Je crois que les derniers mots qu'il a voulu dire à ma mère étaient : « Dietrich et moi, nous n'avons pas agi en politiques, nous avons simplement suivi le chemin normal d'un honnête homme. » Et ce sentiment de l'honnêteté, notamment à l'égard des plus faibles, est vraisemblablement le message le plus important que j'aie reçu de mes deux parents.

M. M. — Vous étiez adolescent lorsque votre père a été arrêté. Connaissiez-vous ses activités ?

K. v. D. — Je savais que nous étions contre les nazis. Et je savais que nous faisions des choses qui n'étaient pas autorisées, par exemple écouter les informations à la radio anglaise. Et je sais que de temps en temps certaines personnes venaient chez nous, que ce soient les Moltke ou Dietrich Bonhoeffer, qui a lui aussi beaucoup logé à la maison. Dans ces cas-là, on fermait les portes et l'on parlait alors ouvertement de choses secrètes. Dans cette mesure, son arrestation n'a pas été une surprise.

M. M. — On vous a prévenu ?

K. v. D. — Oui, bien entendu. Mon père a été arrêté à son bureau, Bonhoeffer dans son appartement, ma mère chez nous, à la maison.

M. M. — Comment avez-vous réagi en apprenant que votre père avait été exécuté ?

K. v. D. — Pendant longtemps nous ne l'avons pas su. Dans un premier temps, le bruit a couru que les Russes l'avaient sorti du camp de concentration de Sachsenhausen et l'avaient emmené pour l'utiliser à leurs propres fins. Nous n'étions donc pas certains de ce qui lui était arrivé. Et puis il était très malade. En fait, il semble qu'il ait été exécuté au même moment que Dietrich Bonhoeffer, au camp de concentration de Flossenbürg.

M. M. — Vous avez dit un jour que vous aviez eu une vie correcte, mais pas significative, et que cela ne valait donc pas la peine de prendre la plume pour la raconter. À l'aune de l'existence héroïque qu'a menée votre père, c'est naturellement exact, mais ça ressemble tout de même à de la fausse modestie, de la part d'un homme qui a été ministre et maire.

K. v. D. — Non, non, je maintiens ce que j'ai dit. Ce qui serait intéressant, ce serait d'écrire l'histoire de ma famille, pas la mienne. Je n'ai été ni chancelier, ni président de la République.

M. M. — Ça a été votre ambition, à un moment ?

K. v. D. — Non. J'ai su trop tôt ce que je devrais faire pour y parvenir, c'est-à-dire devenir un véritable homme de parti. Ces gens-là ne peuvent pratiquement plus rien lire, en tout cas plus de belle littérature. Ils ne peuvent plus aller au musée ni se rendre au concert. En tout cas lorsqu'ils sont membres du SPD : toujours au service du parti. Ça n'est pas mon genre.

M. M. — Pour ma génération, il a été très surprenant d'entendre, en 1989, des hommes en manteaux d'hiver sombre chanter, ailleurs que dans un stade, l'hymne national. « Allemagne », « Unité allemande », « Nous sommes le peuple », etc. C'était toujours proscrit chez nous. Nous préférions être Européens. Et nous voici à présent face à cette lame de fond nationaliste, y compris dans les autres pays européens. Tous commencent par instaurer leur propre canon culturel. Quelle est cette situation étrange dans laquelle nous nous trouvons actuellement ?

K. v. D. — Ce qui s'installe à l'heure actuelle, ce ne sont pas seulement des liens nationaux mais aussi et à nouveau, en dessous du niveau de la nation, des liaisons régionales. Être liés à une communauté familiale, avec ou sans argent, ne suffit pas aux citoyens. Cela peut passer par les villes, par les provinces, les régions, mais aussi par l'espace linguistique. Je crois que l'espace germanophone (c'est-à-dire un espace qui va au-delà de l'Allemagne, intègre l'Autriche, certaines parties de la Suisse, mais aussi de l'Alsace-Lorraine), que cet espace linguistique, donc, sera peut-être un jour plus important que nos frontières nationales. Mais je crois aussi que l'Union européenne continuera à se développer et à se stabiliser.

M. M. — L'identité européenne peut-elle être un succédané d'identité à l'identité allemande ?

K. v. D. — Non, je ne le crois pas. Il y aura peut-être des identités multiples. Nous sommes Hambourgeois, mais nous avons toujours aussi été Allemands.

M. M. — Vous parlez d'identités multiples en cours de constitution. Nous, en Allemagne, notre problème est de définir ce qui est allemand.

K. v. D. — Ce problème, les Italiens l'ont aussi, comme les Espagnols et les Français. Alors nous y sommes confrontés comme les autres.

M. M. — Il s'agit tout de même d'affirmer sa propre identité culturelle. Il y a vingt ans, Jack Lang exigeait déjà que les stations de radio diffusent plus de chanson française.

K. v. D. — La destruction de notre propre langue, notamment par le biais de l'impérialisme américain hégémonique dans le secteur des médias, cette destruction, donc, doit être combattue.

M. M. — Est-ce notre souci à propos du passé qui nous empêche, nous, les Allemands, d'affronter le futur ?

K. v. D. — J'adopterais un autre point de vue pour répondre à votre question. Je crois que les communautés ont un problème avec leur identité, c'est-à-dire avec leur conscience, avec leur Soi – et qu'elles perdent aussi, alors, une partie de leurs forces – lorsqu'elles ne voient plus de mission à remplir. Autrefois, bien sûr, ces missions étaient en tout premier lieu expansionnistes, et ce dans tous les domaines. Le Danemark avait commencé par occuper les environs de Hambourg, les Suédois avaient envahi la Poméranie, les Français voulaient toujours posséder les rives du Rhin et au-delà, les Anglais voulaient dominer le monde, d'abord militairement, puis économiquement. Et les Russes voulaient entrer dans les Balkans. Chacun avait ses objectifs, y compris les Allemands, bien entendu. Ils ne voulaient pas rester tout seuls en arrière de la mêlée ; ils ont donc imaginé leur histoire de place au soleil, ça leur a donné des ailes. Et ça les a sans doute précipités dans le malheur.

Le seul peuple à s'être découvert une mission dépourvue de tout esprit hégémonique a été la Suisse. C'est la raison pour laquelle j'ai une telle admiration pour ce pays, qui n'est pas seulement l'État fondateur de la Croix rouge, mais a aussi accueilli la première Société des nations, l'ancêtre des Nations unies. Je crois que l'Allemagne doit se donner une mission qui corresponde aux possibilités européennes.

M. M. — À quoi pourrait ressembler cette mission ?

K. v. D. — Nous sommes un peuple installé au cœur de l'Europe. Nous avons neuf voisins parlant six langues différentes. L'Allemagne est le plus grand espace linguistique. Nous, les Allemands, nous sommes par nature le facteur d'intégration de l'Europe. Si nous ne prenons pas cela en main, personne ne le fera. C'est cette mission que nous devons nous fixer, nous devons considérer qu'elle est de notre responsabilité. Et ça n'a rien à voir avec de la mégalomanie, du chauvinisme ou des prétentions hégémoniques. C'est une conséquence de notre taille et de notre situation géographique.

M. M. — Joschka Fischer dit qu'« Auschwitz est la pierre angulaire de l'Allemagne ». Qu'en pensez-vous ?

K. v. D. — Je considère cela comme une erreur dangereuse. Auschwitz est certainement une part tout à fait considérable de la mémoire allemande. Mais j'estime qu'il est vraiment absurde d'affirmer qu'Auschwitz, c'est-à-dire la Shoah, est constitutif de la République fédérale d'Allemagne. Bien entendu, nous n'oublierons jamais. Bien entendu, nous nous comporterons à l'égard d'Israël d'une autre manière que la France, par exemple. Mais l'Allemagne existait avant Auschwitz, et l'Allemagne est plus que l'histoire du IIIe Reich.

M. M. — Citez-moi trois Allemands dont vous êtes particulièrement fier.

K. v. D. — Il y a d'abord Luther, considéré comme le grand réformateur qui a restitué au christianisme l'intériorité et la liberté de la foi. Malgré son côté tragique, il a eu et a encore une grande importance pour le monde.

Et puis bien entendu, il y a Beethoven. N'est-il pas étonnant qu'après la Seconde Guerre mondiale, l'hymne de l'Europe, mais aussi à présent l'hymne de l'Onu, soit composé de la musique d'un compositeur allemand et des vers d'un poète allemand ? Il faut réfléchir à cela. Schiller, d'ailleurs, qui avait écrit son *Ode à la joie* sous le coup de l'enthousiasme que lui inspirait la Révolution française, a dit plus tard que c'était un mauvais poème, après avoir pris ses distances avec la Révolution et ses horreurs.

En troisième, je citerais Stresemann[30], parce que c'était un géant du dépassement de soi. En 1917 encore, cet homme prônait la paix par la victoire. Ensuite, il a été le maître d'œuvre de la « politique d'exécution des traités[31] ». Cette forme de compréhension de réalités changeantes, ce courage de prendre du recul sur ses propos passés, c'est exemplaire pour un homme politique.

M. M. — Vous venez de citer un théologien, un artiste et un homme politique de l'époque de la capitulation. Pas de général, pas de vainqueur resplendissant. Et Frédéric le Grand, qu'en faites-vous ?

K. v. D. — Frédéric le Grand est naturellement, dans la critique publique à la mode, un homme très sous-estimé. Il a été le premier prince européen à abolir la torture. Il a vraisemblable-

30. Gustav Stresemann (1878-1929), homme politique allemand, chancelier puis ministre des Affaires étrangères après la Première Guerre mondiale, a joué un rôle essentiel dans le retour de l'Allemagne sur la scène internationale. [N.D.T.]

31. Notamment le traité de Versailles. [N.D.T.]

ment été l'un des souverains les plus importants du XVIIIe siècle, justement parce qu'il était vraiment un homme d'esprit et d'art, mais aussi un homme d'État à succès. Mais quel message peut-il nous transmettre aujourd'hui ?

M. M. — Et Bismarck ?

K. v. D. — C'était bien sûr un très grand homme. La manière dont on en parle aujourd'hui est souvent grotesque. Il a été le chancelier de la paix de la seconde moitié du XIXe siècle. S'il n'avait pas été là, la grande guerre européenne aurait éclaté beaucoup plus tôt. Il a toujours assuré l'équilibre. S'il était resté plus longtemps au pouvoir, il n'y aurait sans doute pas eu de Première Guerre mondiale.

M. M. — Et il a obtenu la paix sociale en « corrompant » la classe ouvrière, comme le disaient les communistes : en créant une assurance sociale et en élevant son niveau de vie.

K. v. D. — Je n'emploierais pas ici le terme « corrompre ». Un jour, à la Chambre des Seigneurs prussienne, on a demandé à Bismarck pourquoi le roi avait puisé dans sa caisse personnelle de l'argent destiné à permettre à des tisserands silésiens de fonder une coopérative : c'était, ajouta-t-on, une association socialiste. Et Bismarck répondit : « Les rois de Prusse ont toujours été les rois des pauvres. » L'histoire de la Prusse est effectivement fortement marquée par les considérations sociales. Le sentiment communautaire des Allemands était particulièrement ancré dans l'esprit prussien. Ce n'est donc pas seulement par habileté tactique que Bismarck a mis en œuvre sa conception de l'assurance sociale : il a aussi vu que dans une société moderne, une certaine dose d'équité constitue le ciment de la société. Nous pourrions aujourd'hui reprendre à notre compte de manière très productive ces attitudes prussiennes, nous en servir pour instaurer une nouvelle idée de « l'Allemagne ».

M. M. — À quelle période environ l'Allemagne a-t-elle été le pays le plus magnifique de la terre ? Entre 1790 et 1800 ? Vers 1300 ? En 1989 ? Dans les années 1920 ? Quand ?

K. v. D. — Je n'utiliserais pas tout à fait les mêmes périodes. Je crois que 1790 n'a pas été une bonne époque d'un point de vue politique, c'était celle de la déchéance de la Prusse et la fin du Saint Empire romain germanique était pratiquement déjà une certitude.

M. M. — C'était tout de même l'époque du classicisme de Weimar.

K. v. D. — Oui, si votre question concerne la culture… ! Du point de vue politique, je citerais les années qui suivent 1812, 1813, 1814, 1815, enfin, après la défaite de Napoléon. Je crois que cela a été une période importante pour l'Allemagne. L'époque des réformes politiques, le temps du baron von Stein, des frères Humboldt. Cette évolution est allée jusqu'à la fin du XIXe siècle. Le XIXe siècle a été le plus grand siècle de l'Allemagne.

M. M. — Vos plus beaux souvenirs d'enfance allemande ?

K. v. D. — Si vous y tenez… C'étaient les soirées de la Saint-Sylvestre dans la maison de mes grands-parents à Berlin.

M. M. — Peut-on faire la publicité d'une nation comme celle d'une voiture ?

K. v. D. — Non.

M. M. — Pourquoi les chansons traditionnelles allemandes sont-elles aussi tristes ?

K. v. D. — Elles ne sont pas tristes ! Je connais une foule de chansons populaires allemandes qui sont aussi amusantes et que nous chantions autrefois. « Le mois de mai est arrivé », par exemple, ça n'est pas triste. Je trouve plutôt que ce sont les variétés allemandes d'aujourd'hui qui sont généralement pitoyables. On n'arrête pas de s'y lamenter : « Tu n'es pas là. » « Je ne suis pas là. » « Quand me reviendras-tu ? » Et toute cette sorte de choses.

M. M. — Quand avez-vous éprouvé pour la dernière fois un sentiment patriotique ?

K. v. D. — En réalité, j'ai toujours un sentiment de responsabilité patriotique. Je l'ai tout particulièrement ressenti, bien entendu, la nuit de la chute du Mur. Je me suis dit : « Dieu soit loué, nous allons pouvoir achever dans toute l'Allemagne la mission qui nous est incombée après 1945. » Pour moi, la patrie est importante. Je tiens au pays dans lequel je vis et au profit duquel j'ai essayé de travailler. Je serais incapable de faire mon travail si je n'étais pas animé par ce sentiment.

M. M. — Quelle ville en dehors de l'Allemagne ferait-elle du bien à l'Allemagne ?

K. v. D. — Londres.

M. M. — Pourquoi ?

K. v. D. — Parce que c'est une ville ouverte au monde, insolente, animée et créative. Et parce que la ville, dans son secteur culturel, n'est pas ambitieuse au point que l'État doive tout assumer et qu'il existe un grand nombre de petites initiatives privées et créatives. Je me trompe ?

M. M. — Pas du tout. Dites-moi à présent les derniers mots que vous prononcerez sur Hitler.

K. v. D. — Je dirais : son ombre se dissipera si nous nous décidons enfin à mieux éclairer notre futur. Si nous comprenons notre mission, si nous savons ce que nous voulons, l'ombre disparaîtra elle aussi. C'est du reste la raison pour laquelle, en Amérique, l'ombre de l'esclavage s'estompe si facilement, alors que ce pourrait être une zone d'obscurité épouvantable. Même en Allemagne, les Juifs, dans les toutes premières années du nazisme, avaient une meilleure situation que la plupart des Noirs dans le Sud américain. Mais en Amérique, parce que le pays est tourné vers l'avenir, les ombres du passé se dissipent.

M. M. — Quelles bêtises ne voulez-vous vraiment plus entendre à propos de l'Allemagne ?

K. v. D. — Je ne veux pas entendre d'autres peuples dire que les Allemands avaient le national-socialisme dans le sang dès le XIXe siècle. Je considère que c'est une absurdité, et qu'on peut démontrer son caractère inepte. Sans cela, je devrais dire que les Anglais ont toujours eu l'esclavage dans le sang. Et je n'ai pas non plus envie de dire cela.

M. M. — Dites-moi à présent quelque chose de détendu sur l'Allemagne.

K. v. D. — Nous sommes meilleurs que nous ne le pensons nous-mêmes.

M. M. — Quel pays a de votre point de vue un rapport exemplaire avec sa nation ?

K. v. D. — La Suisse.

M. M. — Dans les années soixante, l'idée de bourgeoisie était une notion qui suscitait la haine, il fallait s'y confronter. Aujourd'hui, on semble plutôt pouvoir s'en accommoder: s'accommoder de vertus bourgeoises comme le devoir accompli, l'éducation, la valeur de la famille, etc.

K. v. D. — Si, par « bourgeoisie », vous entendez tout cela, je vous dirais que cela va vraisemblablement revenir parce que les conditions sociales et sociologiques exigent un resserrement des communautés. Dans cette mesure, je crois aussi qu'en Allemagne, nous aurons vraisemblablement plus d'enfants à l'avenir.

M. M. — Que dites-vous de notre théâtre ? Est-il devenu une sorte de décharge historique de la bourgeoisie de culture allemande ? On met les restes à la poubelle...

K. v. D. — Il y a peut-être quelque chose de vrai là-dedans. Le théâtre est fait, en bonne partie, de restes d'agression cynique. Il m'est arrivé de protester, en tant que maire, contre cette situation, et ils ont dit: « Nous voilà presque revenus au nazisme. Le maire s'immisce dans la vie artistique ! » Le fait qu'un maire s'exprime n'est tout de même pas une censure ! Au contraire: c'est une bonne chose qu'il s'intéresse à l'art.

M. M. — De quelle prestation culturelle pouvons-nous être particulièrement fiers aujourd'hui, nous, les Allemands, à l'échelle mondiale ?

K. v. D. — La seule chose dont nous puissions encore être fiers, c'est sans doute la multiplicité de nos institutions culturelles, le paysage culturel, les opéras, les philharmonies, les musées. Il faut que nous les préservions. Nous n'avons pas le droit de les détruire.

M. M. — Et qu'en est-il de la capacité de reconstruire qui caractérisait les Allemands de l'après-guerre, que deviennent notre sentiment national presque improvisé, notre faculté d'adaptation ?

K. v. D. — Nous avons bien sûr fait preuve d'une grande énergie au cours de ces deux étapes, qui ont été très différentes. D'abord la reconstruction à l'Ouest, après 1945, puis l'unification, avec ses conséquences qui continuent à peser lourd sur l'Allemagne, après 1989-1990. Nous avons... comment diraient les Américains ? [...] fait preuve d'*endurance*, enfin, de coriacité.

M. M. — Dernières questions : pour quelles raisons les autres devraient-ils nous apprécier ?

K. v. D. — Vous voulez dire : nous aimer ? Je pense qu'il s'agit juste d'instaurer l'égalité de traitement. Aujourd'hui, un jeune Allemand est tout autant ou tout aussi peu nazi qu'un jeune Anglais ou Français. Il faudrait le comprendre ; c'est comme cela qu'on devrait « nous apprécier » et nous laisser tranquilles.

9.

Discours à la patrie

Pourquoi nous devrions, comme n'importe quel pays raisonnable, nous permettre d'avoir non seulement des sociaux-démocrates, mais aussi des conservateurs – mais pas Paul Nolte[32].

J'avais fait naître ce personnage de néoconservateur par nécessité absolue. Lorsque le chancelier Schröder eut jeté l'éponge et convoqué de nouvelles élections, j'attendais le programme conservateur que l'on proposerait en alternance à celui des verts et des sociaux-démocrates. Comme ce qui venait de se produire était bien plus qu'une rupture d'alliance gouvernementale, me disais-je, et comme tout le monde parlait de la fin des soixante-huitards, du départ en retraite d'une génération et des débris d'une idéologie, il fallait que ce nouveau départ soit clairement formulé, y compris d'un point de vue idéologique. Il fallait qu'un candidat se présente avec un projet nouveau, original et inédit. Or de tout cela, nous ne vîmes rien, si ce n'est un obscur membre du CDU venu parler d'aide personnalisée au logement.

Ça n'ira pas comme ça, me dis-je. Il faut une révolution, une nouvelle image de l'homme, c'est bien le moins. L'histoire ne nous accorde jamais que quelques moments où les mots coïncident parfaitement avec la volonté de changement d'une

32. Paul Nolte, né en 1963, essayiste et analyste, est l'un des précurseurs des idées contemporaines de réforme sociale en Allemagne. [N.D.T.]

société et provoquent ce changement. Saint-Just au convent national, à Paris : « Citoyens, si vous voulez vous élever à la hauteur de votre destin… » Alors commença la modernité. Ou bien le futur écrivain Peter Schneider, dans l'Audimax de l'Université libre de Berlin : « C'est la raison pour laquelle nous nous asseyons à présent ! » Le premier *sit-in*. Le début de la fin de l'État autoritaire. Mon candidat, me disais-je, devait parler de liberté, de responsabilité individuelle et de la méfiance à l'égard d'une raison qui peut basculer dans la terreur. Il devait avoir une idée du motif pour lequel, à une époque tristement obsédée par l'économie, les biographies de Schiller et les essais du pape prenaient d'assaut les listes de *best-sellers*.

J'inventai un conservateur aussi impulsif et imprudent que l'avait sans doute été mon père dans son rôle d'élu municipal, lorsqu'il en appelait à la conscience de ses députés, lorsqu'il se battait, au temps du « miracle économique », pour l'interdiction des voitures au centre-ville, ou lorsqu'il créa les journées d'action en faveur du « bon livre ». J'étais trop petit à l'époque, et trop éloigné de la politique, pour comprendre le brio enflammé de mon père. Mais celui qui lui succéda dans ses fonctions m'a écrit récemment une lettre émouvante dans laquelle il le décrivait comme une tête brûlée et un homme impétueux.

Mon candidat devait être sincère jusqu'à la brusquerie. La sincérité, dans les élections post-démocratiques modernes, est normalement la voie de la défaite. L'important est de ne pas commettre d'erreurs, raison pour laquelle on laisse tout dans le vague. Aux dernières élections britanniques, on a demandé aux électeurs d'attribuer certains slogans à tel ou tel parti : le droit à la sécurité. La démocratie pour tous. Le taux de bonnes réponses était faible. Les slogans n'avaient aucune signification, ils étaient parfaitement interchangeables et il était impossible de les attribuer à l'un ou à l'autre. Cela vaut du reste tout autant pour la critique de la politique. Qu'est devenu le conservateur prometteur qu'était Paul Nolte ? Une machine à faire des phrases dépourvues du moindre risque !

Mon père, jadis, commit l'erreur de ne pas mâcher ses mots. La flamme avec laquelle il défendait ce qu'il jugeait bon lui a fait perdre son élection décisive. Il était favorable aux hôpitaux offrant les mêmes prestations à tous, aux centres-villes piétonniers, aux journées sans télévision, bref : à tous ces péchés mortels nés du refus de la société de l'économie et de la consommation, dans cette époque de prospérité que fut la fin des années soixante.

Même le CDU actuel a failli sortir de la route lorsque, dans un accès de courage, le parti envoya dans l'arène, peu avant les élections, une authentique tête brûlée conservatrice, le professeur Kirchhof. Il s'en fallut de très peu pour que cela ne lui coûte la victoire.

Je m'imaginais un candidat fluet, en costume noir, col blanc si possible ouvert, nerveux comme un homme qui, ayant gardé le respect de soi, se moque bien du fait qu'il va jouer sa tête.

« Mesdames et Messieurs », commencerait-il – et jamais : « Mes chers compatriotes », ou encore moins : « Mes chers amis. » Un révolutionnaire conservateur n'a pas d'amis, en tout cas pas d'amis fréquentant les réunions électorales.

« Le simple fait que vous soyez venus ici, que vous leviez les yeux vers moi et que vous attendiez de moi une solution à vos problèmes est lamentable. La solution, c'est à vous de la trouver. Tout ce que je peux faire, c'est vous ôter votre esprit de moutons et vous rendre la fierté que vous avez perdue.

Je vous annonce solennellement que nous ne vous embarquerons plus. Il y a plus de vingt ans, nous vous avons promis un "tournant dans la morale intellectuelle". Puis nous sommes restés assis sur les bancs, les bras croisés.

Le tournant, ce sont d'autres que nous qui l'ont négocié. Aux États-Unis, sous Reagan, en Grande-Bretagne, sous Thatcher. Reagan a baissé les impôts, démantelé la bureaucratie et occupé Grenade. Maggie Thatcher a baissé les impôts, démantelé la bureaucratie et reconquis les îles Falkland. Et nous ? Nous avons fait gonfler la bureaucratie et nous n'avons même pas été capables de défendre Majorque contre les touristes britanniques.

Il faut à présent nous rattraper. Les sacrifices matériels que vous allez devoir faire, Mesdames et Messieurs, on en parle depuis des années. Aujourd'hui, n'importe quelle personne capable de compter sait qu'il n'y a plus d'alternatives.

Nous allons privatiser l'assurance vieillesse et démanteler l'État partout où ce sera possible.

Nous allons supprimer les protections contre les licenciements, et travailler de plus en plus. Beaucoup d'entre vous travailleront pour des salaires de misère, ce qui est toujours plus digne que de végéter sans travailler du tout en profitant des avantages de l'État social. »

Le silence est désormais total dans la salle. Les applaudissements du début se sont tus depuis longtemps, les auditeurs ne savent pas si ce qu'ils entendent est du lard ou du cochon.

« Nous allons allonger la durée légale du travail. Si Beethoven avait respecté les normes de l'Union européenne, il ne serait jamais allé jusqu'à la *Neuvième symphonie*. Travailler est un plaisir, sauf pour les Français, qui préfèrent sacrifier l'Europe plutôt que de travailler longtemps, une position impressionnante, bien sûr, dans son genre. »

Rires désemparés.

« Nous, en revanche, nous travaillons.

Les progrès de la médecine nous permettent aujourd'hui de relever l'âge limite de la retraite. Qu'est-ce qui vous force à tout quitter dès 65 ans pour aller attendre la mort à Majorque ? Il y a toujours quelque chose à faire. Même les ambassadeurs en fin de parcours peuvent encore être utilisés pour le piquage des asperges ! »

Quelques applaudissements cyniques. « Bravo ! » D'autres murmurent.

« Tout cela, Mesdames et Messieurs, ce sont des banalités, des évidences. Nous devons à présent descendre dans les strates profondes, nous approcher des fondations et en extraire des vérités ensevelies.

Par exemple le fait que les hommes ne sont pas égaux. Ils ne l'ont jamais été. Et puisque nous sommes un parti chrétien, je vais vous parler de la Bible. La Bible est une illustration de l'inégalité. Dieu aime les uns, pas les autres. La Justice ? On la promet pour le Jugement dernier, pas moyen de l'obtenir avant.

N'écoutez pas les membres de la Commission sociale de notre parti : leur lecture de la Bible est un contresens grotesque.

La Bible n'est qu'un long texte de combat contre l'État interventionniste. Mieux, elle commence par cela : l'expulsion de l'État social, l'expulsion du paradis. Les hommes sont livrés à eux-mêmes. La manne que Dieu fait ensuite tomber du ciel reste une exception, et il ne tarde pas à la regretter.

La Bible protège explicitement la propriété privée – elle le fait déjà dans les Dix Commandements. Mais le Nouveau Testament fait lui aussi la paix avec le système. Jésus loue l'investisseur intelligent qui multiplie son argent, et il dénonce l'économe frileux qui l'enterre. Dans le Nouveau Testament, les impôts n'apparaissent pas comme un instrument de répartition, mais comme un devoir pesant ("Rendez à César ce qui lui appartient"). Du point de vue économique, la Bible est donc du thatchérisme à l'état pur. »

Interjection : « Relisez le Sermon sur la montagne ! »

Un mince sourire se dessine sur les lèvres de l'orateur : « L'amour du prochain, le Sermon sur la montagne ? Allons, cher ami, l'amour du prochain ne consiste pas à traîner dans les *talk-shows*, à injurier son adversaire politique ou le Vatican, mais à éplucher des pommes de terre dans une soupe populaire. Jésus n'en a pas appelé à l'État, il s'est agenouillé devant ses apôtres et leur a lavé les pieds.

Vous trouvez scandaleuse l'inégalité de notre monde, Mesdames et Messieurs ? Mais vous êtes des menteurs ! Vous l'aimez, l'inégalité, lorsque vous en êtes les bénéficiaires. Vous l'aimez à chaque fois que vous allez faire de la plongée en Thaïlande. Vous l'aimez à chaque fois que vous "prenez des vacances à bon marché dans la misère des autres", comme l'a dit un jour l'excellent critique social qu'était Johnny Roten, des Sex Pistols. »

Ici, le candidat aurait l'occasion d'avaler une gorgée d'eau, car la rumeur enfle dans la salle.

« Vous allez devoir vous habituer aux inégalités, et vous devrez le faire sans jalousie, sous peine de tomber malades. » Le candidat parle à présent d'une voix plus basse et plus triste. « La Passion de notre époque est déjà écrite. La pièce s'appelle

Mort d'un commis voyageur. Elle se déroule dans une période de dépression, l'après-guerre du siècle dernier, elle parle du chômage, de la fin des certitudes et de la mort.

La crise qui s'annonce nous frappera avec des effets encore plus dévastateurs, et nous ne pouvons plus construire de murs pour nous en protéger. Mais nous nous reconnaîtrons mieux dans ce genre de théâtre, un théâtre philanthropique qui nous parle plutôt que de se moquer de nous, comme on le fait couramment sur scène aujourd'hui.

Regardez-la, cette pièce. Elle recèle un miracle. Son centre est une famille protectrice et aimante, même si elle est presque déchirée par ses mensonges.

Certains d'entre vous désespéreront des temps nouveaux, comme Willy Loman, le petit représentant de commerce. Seuls, vous ne résisterez pas à cette pression. Et comme nous réduirons au maximum l'influence des syndicats, il vous faudra aller chercher la solidarité ailleurs. Dans les tempêtes glacées qui nous attendent, c'est à la famille qu'il reviendra de former le cercle des chariots.

C'est dans le domaine de la famille que la génération de soixante-huit a sans doute fait les pires ravages. Elle a encouragé le mépris entre les sexes et les générations. Elle a placé le plaisir au-dessus de tous les devoirs. Chaque nouveau retournement amoureux de ce théâtre de la découverte de soi a produit un reste de famille démembrée ; l'État a récupéré et alimenté les débris.

Nous ferons tout pour animer la famille, ce germe de société sombré dans l'oubli. La famille, à nos yeux, est plus qu'un groupe de personnes partageant le même réfrigérateur, pour reprendre la définition que m'en avait donnée il y a un certain temps une politicienne sociale-démocrate dans une discussion.

Non, Mesdames et Messieurs, pour nous la famille est sacrée, et nous serons les premiers à redonner toute sa valeur au rôle de la femme. Oui, nous allons remettre à l'honneur ces femmes que les féministes méprisent : les mères et les femmes au foyer. Elles sont des héroïnes au cœur de notre catastrophe démographique et pédagogique. Elles incarnent la compassion, l'esprit de sacrifice, le don de soi, dans un monde de plus en plus brutal et primitif. C'est elles qui assurent l'éducation et donnent ainsi forme à notre avenir. »

Des voix de femmes s'élèvent dans la salle. « Néandertal ! », « Va voir Magda Goebbels ! », « C'est toi que ta mère aurait dû avorter ! » Une tomate s'écrase sur la scène. Mais dans le même temps, les manifestations d'approbation se multiplient, d'abord timides, puis plus bruyantes.

Et le candidat se lâche totalement et crie dans le brouhaha : « Nous allons couvrir d'allocations familiales les mères de ce pays, nous leur dresserons des monuments. Mais nous renforcerons aussi le rôle des pères, et nous encouragerons les parents à rester ensemble. Nous leur écrirons des hymnes, nous leur chanterons des chansons. Nous, les Allemands, nous sommes un peuple en voie d'extinction. Notre destin est entre nos mains.

Notre révolution n'est pas seulement un nouveau calcul économique. Il s'agit aussi d'une guerre de civilisation. De nouveaux idéaux. De nouveaux principes. Nous aurons recours à ce que Botho Strauss appelle "le particulier". Et donc à tout ce qui nous manque : la cohésion intérieure, le feu patriotique, la vision commune, tout ce qui porte d'autres nations en temps de crise.

Nous avons échappé aux atrocités du passé en nous réfugiant dans une identité européenne sous laquelle nous ne pouvions commettre aucune erreur. Nous sommes des Européens par nécessité. Par intelligence, par pusillanimité, par honte. Il n'y a rien de plus petit-bourgeois que nos élites, qui sont fières lorsqu'on ne remarque pas, à New York, qu'elles viennent d'Allemagne. Chez les Français en revanche, même l'anglais sonne encore français. Mais nous poussons un soupir de soulagement devant les bienfaits de la globalisation, qui ne divisent plus le monde qu'entre producteurs et consommateurs.

Nous avons vu cette Allemagne magique, réunifiée, un très bref instant, dans cette nuit de bonheur où l'on dansait des deux côtés du Mur ouvert. Mais juste après, nous nous sommes de nouveau décomposés en particules incompatibles. Là où il aurait fallu cet appel patriotique que Bush et Blair utilisent aussi bien aujourd'hui que jadis Thatcher, Mitterrand et Reagan, nous restons de ce point de vue totalement coincés.

Lorsque le cardinal Ratzinger a été élu pape, par exemple, notre président de la République a dit que l'Allemagne était "*ein wenig stolz*" (un peu fière). Un peu fière. Ces mots-là ne sont même pas traduisibles en anglais. Et encore moins en français.

Madame Merkel, elle sera peut-être "un peu plus fière". Après tout, elle vient de cette moitié du pays qui a accueilli l'Allemagne avec bien plus de fièvre que sa partie occidentale rassasiée. Elle sait combien les visions sont importantes en périodes de vaches maigres.

Sans fierté, nos voisins français, anglais et polonais le savent depuis longtemps, une nation ne pourra pas s'imposer dans les tourbillons qui agitent le monde. Nous aurions pourtant le talent nécessaire pour cela, car nous disposons d'une qualité qu'aucune autre nation ne détient dans cette proportion : la capacité de rêver. Je ne parle pas de l'ivresse nationale. L'histoire nous a appris dans quels gouffres atroces cette ivresse-là peut nous plonger.

Je veux parler du rêve qui anime. Pendant des siècles, l'Allemagne n'a existé qu'à travers ses poésies, ses chants, ses rêves. Friedrich Schiller était persuadé que notre seul esprit nous permet de triompher même d'un corps malade, et que nous pouvons le laisser nous guider.

Cet idéalisme-là est allemand.

"Qu'il parte en quête du plus haut", lance Schiller à l'Allemand. Ce qui signifie : "Mesdames et Messieurs, rêvons ensemble." »

Alors, épuisé, tremblant de tout son corps, le néoconservateur arrête son discours, une ovation s'élève, les chapeaux volent, les spectateurs s'embrassent, le visage baigné de larmes, ils soulèvent de l'estrade notre jeune homme romantique et en nage, puis le portent en triomphe dans la petite ville.

Et tout cela parce qu'il n'a pas parlé de la réforme du forfait kilométrique !

Bien entendu, une bonne partie de ce qu'il a dit était totalement inachevé et naïf. Il a apostrophé son public au lieu de le courtiser. Il a paru à la fois malhabile et roué comme un vieux briscard.

Des questions politiques réellement importantes aujourd'hui, c'est-à-dire celles de l'emploi, des impôts et de la politique financière, il a parlé en termes extrêmement concis, comme s'il était impatient ou ne s'y intéressait que modérément. Il n'a pris aucune position sur la politique étrangère. Il s'est en revanche perdu dans des questions concernant le théâtre et dans des appels exaltés à la patrie.

Tout son discours au peuple allemand en panne de batterie semblait revenir à ceci : je sais que deux et deux font quatre. Mais nous pourrions essayer de voir si nous ne pourrions pas tout de même en tirer un cinq.

10.

Bredouillage national avec Maischberger

À propos de Joschka Fischer et des raisons pour lesquelles le pasteur Fliege, Heiner Geissler et moi-même ne sommes pas sur la même longueur d'ondes.

Il a présenté les choses comme il le fallait, notre jeune conservateur; j'ai reçu du courrier de gens qui disaient vouloir voter pour lui. Mais il y en a eu d'autres pour écrire qu'ils le rosseraient de bon cœur et que son patriotisme et son libéralisme, il pouvait se les coller quelque part. Quelques semaines plus tard, la rédaction de la journaliste Sandra Maischberger, qui n'appartient rigoureusement à aucun camp et dont la seule préoccupation est de compter les coups de poing, me passait un coup de fil.

Je fus flatté et heureux d'apprendre que Heiner Geissler était lui aussi invité. Je voulais faire sa connaissance. Geissler m'avait impressionné avec son escalade et tapé sur les nerfs avec sa critique populiste du pape, notamment en affirmant qu'il savait « ce que Jésus dirait aujourd'hui », pour reprendre le titre de son *best-seller*[33].

Mon jeune conservateur et lui avaient des conceptions totalement différentes de la Bible. S'il y avait eu une provocation dans mon texte, elle tenait justement à la compréhension de Dieu. Il

33. *Was würde Jesus heute sagen?*, Rowohlt, 2003. [N.D.T.]

disait: « La Bible est une illustration de l'inégalité. Dieu aime les uns, pas les autres. » D'ailleurs, ça n'était pas non plus mon opinion. Ou pas toujours. Celle-là était trop américaine, trop biblique, trop fondamentaliste pour moi.

Mais cette phrase, personne ne l'a remarquée. Ce qui a suscité l'émoi, c'est la partie du discours du conservateur consacré à « l'image de la femme » et aux sottises antiféministes semblables à celles qu'on entend, en plus dur et plus drôle, dans les émissions de variétés du samedi soir. Certains se sont aussi amusés de son exaltation patriotique. Un lecteur rappelle les guerres mondiales et écrit, sans rire: « Le ventre est encore fécond d'où la bête est sortie. »

Geissler, au moins lui, ne pouvait que me tomber dessus, me dis-je. Lui, au moins lui, devait forcément faire tonner les foudres de la théologie puisque j'avais affirmé que la Bible était une illustration de l'injustice. Pour lui en effet, Jésus était un social-révolutionnaire, et uniquement cela. Geissler, c'était l'Église d'en bas. Son néomarxisme théologique, selon lequel on devait donner à tous selon des proportions égales, lui valait une immense attention. Son jeune adversaire, lui, se plaçait sans réserve dans l'autre camp: il affirmait la responsabilité personnelle devant Dieu et estimait que s'il existait un paradis, ce serait seulement dans l'au-delà. Pour la période qui le précédait, il recommandait la rigueur, les règles, les hiérarchies, le cérémonial, Rome.

À ma grande déception, on parla à peine de l'Église ce soir-là, mais de tout ce qui nous passait par la tête. Je tentai de provoquer Geissler en affirmant qu'il voulait mettre Jésus à son service et que lui-même n'était pas l'original de son propre personnage, mais une des treize copies: je venais de voir les douze autres dans des *talk-shows* sur d'autres chaînes. Il me lança un regard désemparé. Il ne voyait absolument pas ce que je voulais dire.

En réalité, chacun débitait ses histoires dans son coin, et l'animatrice, Maischberger, ne savait pas par quel bout les prendre. Mme Dahn, la politicienne du PDS néocommuniste, vanta le capitalisme brutal de la Chine comme un socialisme à visage humain, le pasteur Fliege s'enthousiasma à propos de je ne sais quelle Église californienne de l'argent. L'humoriste Bruno Jonas était enrhumé. Heiner Geissler exigeait un gouvernement mondial. Quant à moi, j'étais avant tout... gras.

Telle est la triste vérité à la télévision. Je pouvais dire ce que je voulais, j'étais gros : j'avais pris un sacré poids au cours des mois précédent. Affalé avec ma panse sur le canapé, je racontais que les gens devaient à présent se serrer la ceinture en Allemagne, ha haha ! Bref : à l'extérieur du studio, dans le pays, les gens n'avaient pas de mal à me comprendre, mais une certaine difficulté à me trouver sympathique, ce qui allait encore s'exprimer des semaines durant dans des lettres haineuses.

Le problème de compréhension, c'est Sandra Maischberger qui l'avait : l'animatrice était bien sûr plus mince de moi, et elle avait belle allure, avec ses yeux de vache. Dès le début, elle estima que je ne devais pas m'énerver autant, ça me donnait l'air encore plus enflé... Et à un moment, vers la fin de cette émission, la plus chaotique à laquelle j'aie jamais participé, elle dit : « Vous écrivez dans votre article qu'un peuple sans sentiment national aura aussi, au bout du compte, une famille éclatée... Expliquez-moi où est le lien entre le sentiment national et le fait de faire des enfants ? »

Elle avait bien évidemment un peu mélangé les choses ; ou alors les jeunes gars décontractés de sa rédaction avaient mal rédigé ses fiches ; ou bien je ne sais quoi.

Bonne question, donc. Aurais-je posé la même ? Je pris mon souffle, ce qui me donna bien sûr une nouvelle fois l'air de me remplir comme une baudruche, mais le pasteur Fliege avait déjà profité de mon instant de silence et démarra au quart de tour en espérant qu'une idée quelconque lui viendrait dans son élan. Tel ne fut pas le cas.

À présent, après coup, je me demande s'il n'existe vraiment aucun lien entre le sentiment national et le fait d'avoir des enfants, un lien dépassant la simple constatation du fait qu'un peuple qui ne met plus d'enfants au monde aimerait manifestement cesser d'exister en tant que nation. Il est peut-être possible de considérer le lien à la nation, et les espoirs qu'on y rattache, comme un encouragement à prendre le risque de fonder une famille ?

Et puis est-il tellement aberrant de supposer qu'en période de désintégration familiale, d'isolation et de décomposition de la société, la nation et ce qu'elle propose puissent servir de point d'identification et de chaleur collective ? En Amérique, même dans les écoles les plus miteuses de Harlem, il y a une phrase que j'ai entendue un peu partout : « *I am proud to be American* » (Je suis fier d'être Américain). Comme s'ils disaient : « Nous avons tout de même ça. » Ce qui ne suffit pas, bien entendu. Mais manifestement, ça peut aider les gens. Illusion ? Pour nous, d'accord. Pas pour eux.

Pour ce qui concerne l'Allemagne : la génération qui quitte aujourd'hui la scène est celle qui a été arrosée, dans sa jeunesse, de haine contre « l'État salaud » et des slogans du type « Plus jamais l'Allemagne ». Nous avons subi un véritable entraînement en haine de nous-mêmes. Sur le principe, rien ne s'oppose à la haine de soi. N'importe quel névrosé digne de ce nom se déteste. La haine de soi fait ressortir le meilleur d'un être humain ou d'une nation.

Toute la littérature juive est animée par la haine de soi. J'ai passé jadis une soirée fantastique à Moscou avec celui qui était à l'époque le rédacteur en chef des *Izvestia*, qui m'a raconté à la chaîne des plaisanteries haineuses sur les Russes. Les Anglais, c'est ce que dit Jeremy Paxman dans son livre *The English*[34], ne supportent personne, et surtout pas eux-mêmes. En fait, seuls les Écossais exècrent plus l'Angleterre que ne le font les Anglais.

Mais la haine nationale de soi qu'entretenaient les soixante-huitards n'a rien à voir avec cela. Elle était et demeure exclusivement l'expression d'une immense arrogance. Elle dit en effet : les petits-bourgeois et les réactionnaires, ce sont les autres. Elle dit : ce pays, c'est de la merde, et ma beauté personnelle en est d'autant plus radieuse. Le passé allemand n'a pas été digéré, mais moi, moi seul, je suis immunisé.

Cette haine de soi n'a rien de mobile ou d'ironique : on s'en sert avec gravité et ravissement comme instrument d'enrichisse-

34. *Op. cit.* [N.D.T.]

ment politique. En se démarquant de l'abominable Allemagne, on engrange du capital personnel. Les privilégiés, en particulier, ont toujours plutôt vu dans l'Allemagne le méchant petit canard que l'oisillon dont on tombe amoureux. Le plus souvent, ce sont les Allemands qui haïssent l'Allemagne.

J'en ai vu un exemple extrême voici quelques années, à l'étranger, après la *party* d'un haut fonctionnaire du secteur politique qui, au bout de la soirée, épuisé, affirma en cercle restreint: « Les Allemands sont un peuple de merde. »

Cet homme avait organisé sa fête en l'honneur d'un homme politique allemand qui parlait très mal l'anglais. Et puis on avait parlé de la Shoah. Cela lui était désagréable, mais il ne précisa pas ce qui l'avait le plus agacé: c'étaient les deux éléments qui avaient pourri l'ambiance.

« Tes Allemands de merde te paient tout de même ton style de vie », répondis-je.

Et ce n'était pas rien. Cet homme venait de la petite bourgeoisie; grâce aux fonds publics, il disposait à présent d'un hôtel particulier. Son épouse, issue d'un milieu encore plus modeste, était une véritable caricature de la *grande dame*. Elle pouvait désormais commander à des domestiques, ce qu'elle faisait en permanence et de bon cœur. Ces deux-là étaient des idiots boursouflés, totalement antipatriotiques et inutiles, censés représenter un peuple allemand qu'ils prenaient de haut.

Se faire remarquer en se démarquant des autres, voilà une méthode qui fonctionne particulièrement bien lorsqu'il s'agit de l'histoire allemande. Un exemple simple. Le rédacteur en chef des pages culturelles de l'hebdomadaire *Die Zeit*, Jens Jessen, écrit à propos de la journée nationale de commémoration d'Auschwitz: « On ne peut pas faire confiance aux Allemands. » C'est bien entendu une phrase illogique, puisque lui-même est Allemand, et il se fait sans doute tout à fait confiance.

C'est donc des autres Allemands qu'il parle. Non pas qu'il les croie capable de commettre tout de suite un nouveau génocide. Mais il discerne « l'héritage national-socialiste... dans le cœur excité de la société ». Il le voit chez le « voisin qui contrôle que la corvée tournante de nettoyage de l'immeuble a bien été accomplie, le passant qui va dénoncer un automobiliste mal garé ». Il le voit même « chez la mère de famille qui fait des remontrances aux autres mères sur le terrain de jeu ». L'héritage nazi incarné par les mères devant le bac à sable. Aurait-il grillé un fusible ? Ce que dit Jessen, en clair : les autres sont des assassins, pas moi.

Cette haine de son propre peuple, portée à un niveau dramatique, est fréquente dans ma génération. Nous n'avons voulu laisser personne nous surpasser dans notre mépris de l'Allemagne, parce que nous voulions qu'on nous aime. Nous avons haï notre pays à titre de réparation pour le génocide. On peut haïr son pays pour toutes sortes de raisons. Pour les méandres absurdes de l'administration, pour le climat, la mauvaise nourriture, la manie qu'ont les femmes de se faire tatouer des ramures sur la peau des fesses. On peut le haïr pour n'importe quoi, sauf pour le génocide.

Face à la Shoah – et aux montagnes de cadavres du siècle dernier –, comment peut-on ressentir autre chose qu'une tristesse muette et infinie en constatant ce que les gens sont capables de se faire les uns aux autres ? Et que c'est une partie des Allemands qui a fait cela à une autre partie de notre peuple ?

Chez nous, après une phase paralysante de refoulement larvé, la Shoah s'est intégrée à une phraséologie irréfléchie, intarissable, de plus en plus polie et ciselée, fondée sur l'auto-dénonciation, le mépris des autres et de soi-même. Un discours dans lequel l'idée qu'il est possible d'en tirer un profit politique n'est jamais absente.

La seule attitude possible face à la Shoah était celle de Willy Brandt, le chancelier allemand qui tomba à genoux sans rien dire devant le monument du ghetto de Varsovie. Aucun de ces bavards ne lui arriva jamais à la cheville – mais ils le soupçonnèrent, plus tard, d'être un nationaliste parce qu'il saluait l'unité allemande.

La haine de soi allemande m'a toujours paru singulièrement insupportable lorsqu'elle se donnait un air respectable et profond. Au début des années quatre-vingt-dix, alors que j'étais correspondant à New York, je suis resté effaré devant mon poste en voyant Günter Grass expliquer au public américain, dans l'émission de Charlie Rose, que l'unité allemande était un malheur, que la partition de l'Allemagne était la juste punition pour Auschwitz, et qu'il valait mieux que cette sanction ne prenne jamais de fin.

Charlie Rose était du reste tout aussi stupéfait que moi.

Stupéfait par cette haine allemande de soi qui refusait la constitution d'une nation commune. À l'époque, c'est ce que racontaient tous ceux qui pensaient donner le ton, qui se jugeaient cosmopolites et *cools*, beaucoup plus *cools* que Willy Brandt chantant l'hymne national devant la porte de Brandebourg.

Cette espèce de petit-bourgeois, sans rêves mais sachant se donner l'air mondain, a envahi au cours des trente dernières années les salles de rédaction, les stations de radio, les maisons d'édition, les Parlements et les tribunaux, et elle reste lourdement active. Christine Hohmann-Dennhardt, élue sur proposition des sociaux-démocrates à la Première Chambre du Tribunal constitutionnel allemand, a récemment affirmé que « l'histoire spécifique et souvent sombre de l'Allemagne » ne lui permet guère « d'invoquer la nation ou le national comme planche de salut ». Cela signifie sans doute en clair que rien ne peut plus sauver la nation.

L'invocation de la nation, selon Mme Dennhardt, reste toujours « le lot de ceux qui continuent de rêver du Reich et de sa race des seigneurs ». Ce qui me permettrait de porter plainte pour diffamation contre cette juge : comme Willy Brandt, l'idole de ma jeunesse, je continue imperturbablement à invoquer la nation, comme sur toutes les pages de ce livre, et je suis pourtant très loin de rêver de la race des seigneurs.

Admettons : ces paroles sont prononcées par une juge dont les connaissances historiques sont si faibles qu'elle entend « IIIe Reich » dès que l'on prononce le mot « Reich ». Le Ier Reich, le Saint Empire romain germanique, est pourtant d'un millénaire plus âgé que l'hitlérie ; il a connu de grands empereurs, des artistes et des canailles, des périodes de floraison et de déclin, il a pris forme aussi bien dans la cathédrale de

Speyer que dans la Bible de Gutenberg et dans le *Requiem* de Mozart. À quoi pense cette dame lorsqu'elle regarde la cathédrale de Naumburg ? À Hitler ?

Mais la politique active, elle aussi, était encore il y a peu pleine d'activistes sautillants du « J'ai honte pour l'Allemagne ». Prenons-en un au hasard, à titre d'illustration. Tiens, pourquoi pas Joschka Fischer !

Joschka Fischer a été, ces dernières années, l'homme politique le plus apprécié des Allemands. C'est le sort que connaissent tous les ministres des Affaires étrangères. Mais avant que Joschka Fischer ne prenne ses fonctions d'homme politique allemand le plus populaire, il a eu une biographie agitée, dans laquelle – qui peut en dire autant ? –, il s'est toujours trouvé du côté du bien.

Pendant qu'il occupait son fauteuil ministériel de la popularité politique, Fischer a dit toutes sortes de choses sur la culpabilité allemande : « Les nazis ont détruit l'âme de notre pays. »

« Nous sommes tous profondément traumatisés. »

« Toutes les démocraties ont une base, une première pierre. Pour la France, c'est 1789 ; pour l'Allemagne, c'est Auschwitz. »

« L'indispensable combat contre les sionistes... » Ah non, ça, c'est un extrait des résolutions de la conférence de l'OLP à Alger, en 1969, à laquelle Fischer participa lorsqu'il n'était pas encore aussi traumatisé.

Auschwitz comme première pierre, tous traumatisés, l'âme détruite ? Il n'est pas difficile de prouver que Fischer a raconté de sérieuses crétineries. Je ne suis pas profondément traumatisé, parce que je ne pense pas souvent à la culpabilité allemande et à la Shoah, et lorsque je le fais, je suis triste. Et je fais pourtant partie de ce « nous », de cette collectivité des Allemands que Fischer invoque si couramment.

Je me suis souvent demandé si Fischer, né en 1948, estimait que lui, au moins, avait été profondément traumatisé et l'était resté, mais j'avais du mal à me l'imaginer, en étudiant sa carrière fulgurante, depuis les émeutes de Francfort jusqu'à la tête du parti des verts allemands, en observant son agenda de ministre, débordant de mariages, de marathons, de divorces, d'insultes aux journalistes et de voyages destinés à sauver le monde.

Alors je me suis dit: si, malgré toute la culpabilité allemande, le personnage satisfait et même parfois autosatisfait de Joschka Fischer, autodidacte et combattant des rues, devait reconnaître une véritable culpabilité, il serait bon que ce fût en rapport avec un crime qu'il aurait véritablement commis.

Par exemple cette vieille histoire, le jour où il envoya un coup de pied dans les parties génitales du policier allongé dans la rue, devant lui ?

Et nous nous trouvons ici devant une vérité toute simple. Il ne fait aucun doute que les aveux de culpabilité peuvent faire des miracles. Mais n'importe quelle culpabilité ne s'y prête pas.

Un exemple: on ferait difficilement des miracles avec le véritable aveu de culpabilité personnelle de l'ancien émeutier. Que l'on imagine un banquet de gala, smokings, toast, discours significatifs, où le ministre des Affaires étrangères allemand prendrait la parole et terminerait son *speech* par ces mots significatifs: « Alors, le *keuf*, je lui ai mis un pain dans les couilles. » Ça n'est pas bien, tout le monde le comprend tout de suite. Mais dire: « On n'effacera jamais la culpabilité allemande », ou ce genre de choses, voilà qui garantit des applaudissements compassés. L'homme de gauche allemand, avec sa fierté de pécheur, tient son sujet et ne le lâche pas si volontiers, du moins tant qu'il permet d'encaisser des points politiques.

On n'en a jamais fini. Comme le constate Andreas Krause Landt dans un judicieux essai publié dans la revue *Merkur*, il est « facile d'aligner une défaillance après l'autre, de faire suivre [...] une "deuxième faute[35]" d'une "troisième faute" consistant à ne pas avoir assumé la deuxième, et ainsi de suite ». La vérité, du reste, c'est que cette génération prétendument contestataire ne s'est pas du tout préoccupée, dans un premier temps,

35. Allusion au livre de Ralph Giordano, *Die zweite Schuld oder Von der Last, Deutscher zu sein*, Rasch und Röhring, 1987, et aux débats portant sur la « troisième faute », liée, celle-là, à la RDA. [N.D.T.]

de l'expiation des crimes nazis, mais du socialisme, du renversement de l'ordre établi, de la liberté à l'égard du pouvoir et du rock'n'roll : il suffit de lire les manifestes et les proclamations des *sit-ins* pour comprendre que chez les soixante-huitards, la Shoah jouait un rôle totalement secondaire. Le fascisme, à leurs yeux, était une version exacerbée de l'impérialisme, et le génocide n'y occupait qu'une place subalterne.

Peu à peu, cependant, on s'est emparé de ce sujet. Et l'on a compris que la faute collective des pères était une arme incroyablement efficace dans la confrontation politique – une arme que l'on n'a plus lâchée des mains. Une fois solidement empoignée cette massue morale, même une fois que les pères eurent été évacués et qu'ils eurent cessé de barrer le chemin des carrières, on n'a plus voulu la rendre : elle était tellement utile. Elle procurait la certitude constante et intarissable de faire partie des autres Allemands, les bons, les meilleurs.

Pour Fischer et beaucoup de membres de sa génération – qui est tout de même au bout du compte une génération phénoménalement antipathique de je-sais-tout historique, l'histoire allemande, et en particulier l'histoire de l'État nation allemand, n'est que la préhistoire de la Shoah. Cette génération-là réagit de manière fort disgracieuse lorsqu'on remet en cause le monopole historique du péché. Quand, par exemple, l'historien Niall Ferguson exprime des doutes sur le fait que les Allemands aient été les seuls coupables. Pour Fischer et les siens, il est avéré que l'Allemand, du point de vue historique, n'a jamais fait que s'entraîner en vue du grand massacre.

Au fond, jusqu'à la génération de Joschka Fischer, l'Allemand n'a jamais été qu'une vaine tentative menée par les Germains pour s'humaniser. Seuls les hommes comme Fischer, qui reconnaissent au premier coup d'œil une bonne faute et une bonne bouteille de vin, sont parvenus à franchir ce nouveau cap dans la civilisation.

La génération de Fischer est composée de prophètes tournés vers le passé. Ils font volontiers comme si les Allemands des années trente avaient élu Hitler en ayant pleinement conscience qu'il allait orchestrer une guerre mondiale qui ferait plus de cinquante-cinq millions de morts, et l'assassinat de six millions de juifs.

J'aurais aimé provoquer un jour une rencontre entre Joschka Fischer et mon père, l'aîné des huit enfants d'un petit tailleur catholique de Moabit. Mère décédée de bonne heure. Militant de la Jeunesse pastorale, il a participé à des bagarres de préau contre les Jeunesses hitlériennes dans les années trente. Ensuite, il a été envoyé à la guerre avec ces mêmes Jeunesses hitlériennes, et la majorité d'entre eux y sont restés.

Où est sa faute ?

Après la guerre, cet homme à l'esprit ardent et missionnaire n'est pourtant pas devenu prêtre : il était tombé amoureux de ma mère. Il est entré en politique, et a cité Lénine aussi souvent que saint Augustin, ce qui n'était pas la meilleure manière de faire carrière pour un politicien chrétien-démocrate. Pour Noël, il allait dans la rue inviter des clochards à partager notre sapin ; il jouait au football avec ses cinq fils, discutait avec eux de Jaspers ou de Marx, et leur a appris que l'important n'est jamais ce que d'autres disent, mais uniquement la manière dont on se présente devant le bon Dieu.

Pendant des décennies, il a porté le même gilet de tricot rouge que ma mère détestait. Il aimait le pot-au-feu. Il lui est arrivé, dans des assemblées où l'esprit était plutôt à la rigolade, d'entraîner les gens dans des discussions sur le *Manifeste du parti communiste* ou sur Martin Buber. L'un de mes frères, devenu plus tard diplomate, mourait régulièrement de honte quand il se trouvait devant des amis en sa compagnie.

Et pourtant, lui et ma mère ont célébré leurs noces d'or et leurs cinq fils ont pleuré ce jour-là comme des gamins. Pendant ce temps-là, nous avons laissé à Joschka Fischer le soin d'établir l'expertise sur « l'âme détruite du pays ». Nous avions suffisamment à faire avec la nôtre.

Personne ne l'aura sans doute remarqué, alors je vais dire les choses clairement : je n'aime pas particulièrement les hommes du genre de Fischer, ce pédagogue qui s'exprime toujours au nom de tout le monde. Je me rappelle encore sa dernière apparition au bal de la presse à Berlin, lorsque nous l'avons vu nager dans un cordon de douze « Monsieur muscle » qui lui ouvraient le chemin comme des bulldozers, un homme grognon, nonchalant, despotique par lassitude, tenant sa Minu à la main, tel qu'on imagine un parrain de la mafia avec sa donzelle du moment.

« Bof », ai-je dit à mon épouse. « Bof », a-t-elle répondu.

Aujourd'hui, Joschka Fischer est un type très relax qui arrose ses fleurs sur le gazon et n'a de réactions ronchonnes, dans le pire des cas, que lorsque Minu a une fois de plus déplacé la télécommande en même temps que le programme télé. De temps en temps, il se glisse encore dans son smoking et distribue des prix à Bob Geldof ou à Bono lors de galas télévisés.

Il a du reste aussi écrit un gros livre qui prouve que l'histoire allemande fonçait tout droit vers la dictature, depuis l'empereur Otto jusqu'à Luther et Bismarck. Et la seule consolation est de se dire que le destin a été suffisamment clément envers les Allemands pour que l'esprit du monde s'élève au-dessus de tous ces obstacles, avance de plus en plus loin, et n'ait pas trouvé en l'autodidacte qu'est Joschka Fischer sa forme définitive.

Non, l'âme du monde est déjà bien au-dessus de lui et des balbutiements sur la « première pierre », au-dessus de lui et de tous les autres braves Allemands qui devraient pourtant nous aimer.

Il y a un homme qui a travaillé avec plus de sérieux que quiconque sur les hauts et les bas de l'histoire allemande : c'est l'historien Hagen Schulze. J'ai fait sa connaissance dans une petite fête que donnait Joachim Fest à Londres. Schulze, aujourd'hui professeur titulaire à l'Université libre de Berlin, dirigeait le German Historical Institute, près du Bloomsbury Square. Il est l'auteur de l'ouvrage de référence *État et Nation dans l'histoire de l'Europe*, et l'on ne peut que recommander, en guise d'introduction dotée d'un style brillant, son petit essai intitulé *Gibt es überhaupt eine deutsche Geschichte?* (L'histoire allemande existe-t-elle[36] ?).

36. Hagen Schulze, *État et Nation dans l'histoire de l'Europe*, traduit de l'allemand par Denis-Armand Canal, Le Seuil, 1996, et *Gibt es überhaupt eine deutsche Geschichte?*, Berlin, 1989. [N.D.T.]

11.

Enfin au but !

Un entretien avec l'historien Hagen Schulze
à propos des triomphes et des échecs allemands,
et du rôle que joue la fierté nationale pour un peuple.

Matthias Matussek. — Vous avez passé toute une vie d'érudit à vous confronter au concept de nation. Quel rôle joue pour un peuple le sentiment national, la fierté nationale ?

Hagen Schulze. — Une nation donne à l'individu la sécurité et le sentiment que son action en faveur de ce groupe confère un sens à son existence. Il existe certes toutes sortes de groupes, de la famille à l'humanité en passant par l'Europe, mais la force intégrante de la nation s'est révélée particulièrement puissante, d'un point de vue politique, au fil des siècles passés.

M. M. — Les conservateurs ont-ils plus de facilités à manier le terme de nation ?

H. S. — Cela ne me paraît pas du tout une certitude. Lorsque nous remontons l'histoire de la nation, nous rencontrons des défenseurs de cette idée qui sont résolument de gauche, depuis les sans-culottes de la Révolution française jusqu'à la plupart des députés de l'église Saint-Paul et aux socialistes majoritaires de la Première Guerre mondiale. Il est vrai à l'inverse que contrairement à l'Angleterre, par exemple, il n'existe guère en Allemagne de conservatisme fonctionnel d'un point de vue politique. Si un homme politique peut avec succès en appeler à la fierté nationale, c'est que la fierté en question s'est constituée très longtemps auparavant.

M. M. — Pourquoi les Allemands ont-ils des problèmes avec la nation ?

H. S. — L'Allemagne a toujours été le pays du centre de l'Europe. Ce centre, les pays ou États voisins ont toujours tenté de le contrôler. Ils craignaient que ce pouvoir médian, dès qu'il prendrait conscience de lui-même et se constituerait en État, ne mette en péril l'équilibre européen. Et c'est bien ce qui s'est passé.

M. M. — Ce qui signifierait que l'on a beaucoup compliqué la tâche des Allemands lorsqu'ils ont voulu conquérir la démocratie et l'État nation ?

H. S. — C'est un fait. Ce que nous négligeons souvent lorsque nous étudions la Révolution de 1848, c'est que les nations voisines de l'Allemagne, notamment les Anglais, les Français, mais aussi les Russes, se sont donné le plus grand mal pour faire pression sur les États allemands, notamment la Prusse, et pour les maintenir à l'écart du processus de constitution de l'État nation allemand.

M. M. — Le mot « allemand » ne désignait pas un territoire, mais une langue…

H. S. — Le mot *thiutisk*, à l'origine de l'allemand *deutsch*, signifie tout simplement « langue du peuple » ; sa première apparition n'a même pas lieu sur le territoire de ce qui sera plus tard l'Allemagne ou encore le Reich, mais en Angleterre. Ce terme désigne la langue du peuple par opposition à celle du clergé. Fait notable, ce qui est allemand n'est donc dans un premier temps reconnaissable et viable que lorsqu'il se réfère au langage, au rhétorique, au mental. Pendant longtemps, il n'est pas question de nation, dans le sens d'un État nation concret.

M. M. — Mais le sentiment de l'appartenance à une communauté a existé de très bonne heure ?

H. S. — Sans aucun doute. Il existe déjà au Moyen Âge. Johann von Würzburg, par exemple, écrit une sorte de manuel pour pèlerins en Terre Sainte et explique que ce sont surtout les Allemands, les chevaliers teutoniques qui ont conquis Jérusalem à la force de leur épée, en montrant un courage extraordinaire. Une fois leurs exploits accomplis, ils sont, dit le texte, revenus heureux en Allemagne ; mais les Français, qui leur succédèrent, ont profité de leur absence pour chiper la couronne de Jérusalem et détruire les tombes allemandes. Le récit du chapelain français Odo de Deuil présente cette histoire sous un tout autre jour : les Allemands, écrit-il, sont des gens insupportables. Ils sont d'une crasse telle qu'il est impossible de partager leur campement, et ils parlent une langue que personne ne connaît.

M. M. — Remontons encore plus loin : les Allemands, comme les Français, considèrent Charlemagne comme l'ancêtre de la nation.

H. S. — La cathédrale d'Aix-la-Chapelle et Charlemagne sont certainement l'un des grands lieux de mémoire du peuple allemand comme du peuple français. L'existence d'une nation est aussi consolidée par le fait qu'il existe une grande quantité d'objets de nature intellectuelle ou matérielle sur lesquels se cristallise la conscience nationale.

M. M. — Et les guerres ?

H. S. — Elles sont très importantes pour la constitution du sentiment national. Toutes les nations célèbrent leurs victoires, à l'exception des Allemands. Lorsqu'on invoque l'idée de la nation, il faut prendre conscience du fait qu'une face obscure et violente entre toujours aussi en jeu.

M. M. — Nous, les Allemands, nous avons à deux reprises mis le feu au monde entier. Il vaut mieux, dans ces conditions, célébrer les Allemands dans leur rôle de savants et d'artistes.

H. S. — Wilhelm von Humboldt a expliqué qu'il existait deux grandes nations culturelles en Europe : les Français, qui descendent des Romains, et les Allemands, dont les racines se trouvent en Grèce. On lit partout que les Allemands sont comme les Grecs antiques dispersés et impuissants, mais qu'ils ont la supériorité que donne le statut de nation culturelle.

M. M. — Pourquoi les Allemands sont-ils aussi méfiants dans leur rapport avec leur histoire ?

H. S. — L'angoisse généralisée à l'idée d'entrer en contact avec l'histoire est certainement liée au traumatisme du national-socialisme et de la Shoah. Cela contamine rétroactivement toute l'histoire allemande. Dans les années vingt, et plus encore au XIXe siècle, aucune autre nation ne pouvait rivaliser avec l'Allemagne pour la production de grands *best-sellers* historiques. Mais le rocher historique du national-socialisme barre la voie à tout cela.

M. M. — Avons-nous une possibilité de contourner ce rocher historique ?

H. S. — On peut sans doute considérer que les générations ultérieures percevront l'époque national-socialiste dans des cadres plus larges que nous ne le faisons. La génération de ceux qui ont vécu tout cela et de ceux qui en ont été témoins était encore totalement centrée sur elle-même et sur sa propre responsabilité, sur la question de la faute et de l'expiation. Cela change aujourd'hui.

M. M. — Existe-t-il dans l'histoire allemande une guerre qui se soit prêtée aux célébrations ?

H. S. — S'il y en avait, ce seraient sans doute de préférence les guerres de libération menées contre Napoléon entre 1809 et 1814. Les « guerres de la liberté », comme préférait les appeler le roi de Prusse, sont restées un sanctuaire collectif jusqu'à une date avancée du IIIe Reich. Il s'agit, je crois, de la dernière guerre au cours de laquelle se soit déroulé quelque chose qui puisse susciter l'approbation en Allemagne et en faveur de l'Allemagne. Tout ce qui a suivi se trouve déjà dans l'ombre des événements futurs.

M. M. — Tous les Européens remontent dans leur histoire nationale jusqu'à la nuit des temps mythiques. Leurs identités nationales sont donc ancrées bien plus profondément que dans ce que l'on appelle l'identité européenne, que personne n'invoque autant que les Allemands. N'est-ce pas une identité de refuge ?

H. S. — Il n'existe pas un seul pays dans toute l'Union européenne où l'on ne considère pas que pour être un bon Européen, il faut être aussi un bon citoyen de son propre pays, de sa propre nation.

M. M. — Qu'est-ce qui est Allemand, à vos yeux ?

H. S. — Nous sommes grands lorsqu'il est question d'aspects liés à la culture nationale. Sur ce point, un grand expert en la matière, Johann Wolfgang Goethe, s'est exprimé à peu près en ces termes : l'Allemand n'a pas de culture nationale, il a une culture mondiale.

M. M. — Existe-t-il quelque chose comme le caractère national ?

H. S. — Après huit années de séjour en Angleterre, je n'en doute pas.

M. M. — Y a-t-il selon vous un personnage historique qui incarne de manière exemplaire ce qui est allemand ?

H. S. — Le baron von Stein, par exemple. C'était l'un de ces hommes qui se trouvent entre hier et demain, il avait dans sa ligne de mire à la fois le grand passé et le grand avenir. Il a uni les idées de réformes françaises et anglaises, libéré les paysans, fait avancer l'autogestion municipale, résisté à Napoléon et à son propre roi. C'était un praticien et un visionnaire – quel personnage !

M. M. — Depuis la chute du Mur, on a apporté une réponse sans ambiguïté à la vieille question du poète Ernst Moritz Arndt, « Qu'est-ce que la patrie de l'Allemand ? ». Il n'existe pas de territoires dont on devrait encore rêver ou porter le deuil. Du point de vue historique, nous sommes enfin au but, et c'est bien la première fois. N'avons-nous pas tiré bien peu de cette situation ?

H. S. — Nous en avons tiré beaucoup trop peu. Pour la première fois de leur histoire, les Allemands ne se sont pas rassemblés contre leurs voisins, mais avec leur approbation. L'Allemagne unifiée n'est plus considérée comme un trouble-fête en Europe. Cela, c'est une histoire de succès allemand, telle qu'aucun autre pays européen n'en connaît de semblable. La quête d'identité à laquelle se livraient les Allemands depuis des générations est arrivée à son terme.

M. M. — Les conservateurs marquent une certaine hésitation lorsqu'il s'agit de prononcer des mots comme « patriotisme ». N'y a-t-il donc plus de discours national ?

H. S. — Il n'existe plus depuis longtemps. La dernière fois qu'on l'a entendu, c'était pendant la Révolution de 1848, à l'église Saint-Paul de Francfort. On y a encore vu se produire les grands hommes politiques, le plus souvent formés sur le modèle français. Bien sûr, d'autres grands orateurs ont suivi, comme

Bismarck, Ludwig Bamberger, Gustav Stresemann ou Carlo Schmid. Mais c'étaient des exceptions. Au total, leur nombre n'a cessé de décliner, sans doute au fur et à mesure que l'État nation se consolidait.

M. M. — Vous vous considérez comme un conservateur ?

H. S. — J'ignore si je suis ou non un conservateur. Je crois qu'en Allemagne, nous n'avons plus de conservatisme susceptible d'agir. Il y a eu jadis le conservatisme rhénan, au temps d'Adenauer, mais celui-là s'est tout simplement éteint. Le dernier grand conservateur, le dernier à avoir indubitablement mérité ce nom, a été Ernst Jünger. Et aujourd'hui, on considère qu'il est accepté en Allemagne. Les Français, eux, l'ont toujours admiré.

M. M. — Qu'est-ce qui est conservateur ?

H. S. — La faculté de donner forme au présent à partir du passé, et de le transformer. Après 1945, chez nous, seuls les sociaux-démocrates et, à la rigueur, les libéraux, ont eu un milieu intellectuel. Ce serait une bonne chose que Mme Merkel pense à embarquer des provisions intellectuelles à bord. Nous avons avant tout besoin de gens qui regardent en arrière et qui, à partir de ce qu'ils voient derrière eux, sont capables de contribuer à décider de l'avenir. Notre force de production, c'est l'esprit.

M. M. — La principale mission que se donne aujourd'hui la politique, c'est d'équiper le pays pour la mondialisation. L'État nation n'est-il pas un obstacle gênant sur cette voie ?

H. S. — Non, dire cela, c'est méconnaître totalement la fonction de l'État nation. Le point décisif, c'est que l'État nation fonctionne comme un filtre permettant d'opérer dans un cadre mondial sans sacrifier sa propre identité. Je veux dire par là que chaque individu, mais aussi toute entité collective, depuis la famille jusqu'à l'État, doit être en mesure d'assurer sa propre identité, de la représenter à l'extérieur et de s'y faire percevoir. Cette garantie d'identité est au bout du compte l'une des fonctions principales de l'État nation. On pourrait même dire, vraisemblablement, qu'une nation consciente d'elle-même peut être plus généreuse dans son rapport avec les autres, plus tolérante envers l'étranger.

12.

Cours d'histoire

À propos de l'histoire des Allemands,
de l'âge de pierre à nos jours, et sur quelques faiblesses
de scénario gênantes dans la saga des Nibelungen.

On a peine à y croire, mais l'histoire allemande n'a pas commencé avec l'époque nazie. Elle a eu ses moments de bonheur et ses tragédies, elle est émouvante, héroïque et cruelle, elle est tout cela à la fois – sauf pour les cinéastes allemands.

Ce sont les Américains et les Anglais qui s'approprient nos grands personnages, nos mythes et nos légendes pour en faire le matériau de leurs épopées cinématographiques. Que ce soit, comme tout récemment, le cerveau imaginatif des *Monty Python,* Terry Gilliam, qui se penche sur *Les Frères Grimm* ou Joseph Fiennes qui interprète *Luther* dans une grande production internationale. L'histoire contemporaine ? C'est Steven Spielberg qui considère comme un excellent sujet de film l'attentat terroriste contre le village olympique de Munich, en 1972.

S'il n'y a pas d'Allemands derrière ce type de projets, ce n'est pas que nous n'ayons pas de bons réalisateurs ou d'auteurs talentueux. Cela tient au fait qu'ils continuent à être totalement obnubilés par le nazisme. Dans ce domaine, leurs résultats sont impressionnants. Les douze années de la grande faute sont aussi des années de grands scénarios. *Le Pont, Le Tambour, Jacob le Menteur, Le Bateau, Hitlerjunge Salomon* (Salomon le Jeune Hitlérien) / *Europa, Europa, Nowhere in Africa, La Chute.* Et bien entendu *Sophie Scholl, les derniers jours, Napola,*

Comedian Harmonists, *Stalingrad*, *Edelweiss Pirates* (Les pirates de l'Edelweiss) – on pourrait prolonger cette liste à l'infini.

La *BBC*, elle aussi, tourne des séries interminables sur l'hitlérie ou sur son écrasement par les Britanniques. Mais elle réalise aussi de grandes séries sur les rois et les familles princières de l'île, en remontant jusqu'à l'orée des temps. La saga du roi Arthur apparaît par exemple dans les films britanniques comme un spectacle patriotique, un mythe fondateur collectif : voilà comment nous sommes, nous, nobles chevaliers ! L'île vit ces derniers temps un véritable festival d'appels collectifs, d'élévations mythologiques, d'autocélébrations nationales. Les Américains ? C'est pratiquement leur seul centre d'intérêt. Et nous ? Pas de chevaliers, pas de héros, pas de rêves !

Roland Emmerich brosse un portrait émouvant du patriote de la guerre civile américaine. Mais pourquoi ne pas raconter aussi l'histoire des héros de nos propres guerres de libération ? Blücher, un stratège génial, soit dit en passant, a évité aux Anglais une catastrophe à Waterloo. C'est lui, en réalité, qui a vaincu Napoléon. Un scénario sensationnel, non ? Ou bien tout cela est-il tabou depuis que Goebbels a fait tourner des films de propagande en costumes, comme *Kolberg* ?

Dans l'après-guerre, il n'y a eu pour l'essentiel qu'une seule tentative de descendre dans la cave aux mythes allemands : ce fut, dans les années 1960, l'adaptation des *Nibelungen* avec le lanceur de marteau Uwe Beyer dans le rôle de Siegfried. Mais le film a rapidement été retiré du circuit, vraisemblablement pour cause de dopage.

Nous devons donc retourner tout en bas, jeter un coup d'œil au fond, avec amour mais sans arrogance à l'égard de ceux auxquels le destin a accordé moins de bienfaits (Angleterre / Groënland). C'est vraisemblablement le meilleur moment pour le faire, puisque tout plaide en faveur de l'idée que nous, les Allemands, sommes en voie de vieillissement généralisé et d'extinction : il est donc temps de raconter notre histoire à nos enfants – enfin, aux rares enfants qui nous restent.

Nous pouvons passer sur les premières centaines de millions d'années. Il n'y a pas grand-chose à dire là-dessus. Pluie, chaleur torride, collisions avec des comètes, les dinosaures arrivent et repartent, le tout-venant. Et puis, il y a deux millions et demi d'années, ces concentrations d'hominidés en Afrique et en Asie, d'où partent soudain sur la carte géographique de gigantesques flèches rouges qui désignent l'Europe. Le long de ces flèches, des espèces encore dotées de fort peu de moyens avancent en tâtonnant jusqu'à Heidelberg. Et c'est ici que s'impose, il y a 600 000 ans, une branche à l'identité particulièrement affirmée : l'*homo heidelbergensis*.

Il n'est pas encore question à l'époque de Londoniens ou de Parisiens. Mais de Heidelbergiens, si. Ils apportent à l'espèce humaine la technique civilisatrice consistant à moudre avec une grosse pierre sur une autre grosse pierre. Il faudra quelques centaines de milliers d'années avant que tout le monde ne l'ait compris, même au dernier rang (Groënland / Angleterre).

À l'âge de pierre, les hommes s'appellent des Germains. Ils savent poser de grandes pierres l'une sur l'autre et font parler d'eux en peignant sur les parois des grottes des bandes dessinées incroyablement palpitantes. Il y a aussi des gens qui s'appellent « Égyptiens » ou « Grecs », mais ils écrivent dans des langues que personne ne comprend (hiéroglyphes) ou alors des textes beaucoup trop longs *(L'Iliade)* et ne tardent pas à disparaître de nouveau dans la cuvette, tandis que les Germains jettent les chênes par la fenêtre, se maintiennent en forme et s'entraînent au cas où un problème se présenterait. Les problèmes arrivent avec les Romains.

Juste une brève explication : les Germains s'appellent ainsi parce qu'ils portent un javelot *(Ger)* et que leurs hommes sont très virils *(Manen)*. Les femmes sont blondes, ont les yeux bleus et sont très jolies. On ne leur laisse pas dire grand-chose, sans cela nos ancêtres ne se seraient pas appelés les Germains, mais les Gerfaimes. Les Romains s'appellent ainsi parce que le mot « Grecs » a déjà été attribué. Les Grecs, peuple de la culture, seront quant à eux remplacés mille huit cents années plus tard par les classiques allemands, ce qui referme la boucle.

Nous voici à la croisée des époques. Les Romains et leurs troupes, dirigées par des généraux comme César, ont traversé assez rapidement la France. Le fait qu'un petit village gaulois ait résisté à l'envahisseur n'est pas attesté, c'est même assez invraisemblable, car d'une manière générale les seuls à résister sont les Germains. Même l'invasion de la Grande-Bretagne a été une promenade de santé pour les troupes romaines. Elle était à l'époque peuplée de Celtes qui avaient certes appris chez les Germains à poser de grosses pierres les unes sur les autres *(Stonehenge),* mais ne savaient pas très bien manier le javelot *(Ger).*

Les Romains ont cependant toujours échoué contre la Germanie, qui se situe au-delà du Rhin et qu'habitent des peuples comme les Cimbres, les Teutons et les Ambrones. Leur historien, Tacite, nous les décrit comme un amas de puissants guerriers qui se moquent pas mal de l'hygiène mais craignent Dieu. Nos maisons n'étaient pas construites les unes contre les autres, comme à Rome, elles étaient isolées parce que les animaux domestiques étaient logés à l'intérieur, un usage qui s'est perpétué à Berlin jusqu'à nos jours.

Nous autres, les Germains, nous étions des guerriers réputés. Beaucoup d'entre nous arrondissaient leurs fins de mois en jouant les mercenaires chez les Romains. L'un d'eux s'est tout particulièrement distingué : Arminius. Lui avait la citoyenneté romaine. C'était l'homme des gros coups. Avec quelques-uns de ses bataillons chérusques, Arminius s'est vaillamment battu dans les Balkans pour le compte des Romains. Mais lorsqu'il est revenu en Germanie après quatre années de combats victorieux, il s'est rendu compte que les Romains s'apprêtaient à franchir le Rhin et à entamer une expansion vers l'est, c'est-à-dire à pénétrer sur sa terre natale. Les Romains étaient comme ça.

Arminius trouva alors qu'on changeait de registre. Il se transforma en patriote, en premier Allemand, si j'ose dire. Désormais, il ne se battit plus seulement pour lui, mais pour toute sa tribu, toute sa horde, tout son peuple, et même si ses papiers d'identité disaient le contraire, il ne s'agissait pas du peuple romain, mais du peuple germanique. Parfaitement irrationnel ? C'est le lot de tous les sentiments d'appartenance : ils sont irrationnels mais ont un sens tout de même.

Arminius est sans doute resté un certain temps à traîner dans la forêt, parce que le sentiment qu'il éprouvait alors était pratiquement inconnu à cette date, et qu'il ne savait pas encore tout à fait par quel bout le prendre. Mais ensuite, l'affaire fut entendue : désormais, les Romains étaient ses ennemis. Il se garda tout de même, dans un premier temps, de les en informer, car il devait avant toute chose remonter et rassembler discrètement contre l'ennemi commun les Chérusques et les Marses, les Chattes et les Bructères, en un mot : toutes les tribus germaniques qui ne pouvaient pas se voir.

En l'an IX après J.-C., c'est chose faite. Il transmet à ses maîtres des rumeurs d'insurrections à l'est qu'il faudrait mater au plus vite. Il part au combat en compagnie du général roman Varus. Cela signifie qu'il le mène dans les profondeurs de la sombre forêt de Teutoburg. Le terrain est marécageux. D'étroits sentiers de terre tassée forcent les cohortes à avancer en longues files. Il n'est pas question d'avancer selon les règles des formations de combat rodées avec lesquelles les Romains ont remporté tant de victoires.

Sous un prétexte quelconque, Arminius quitte Varus pour avancer dans les buissons. C'est alors que commencent les attaques. Sous une pluie battante, les guerriers germains s'abattent sur les Romains qui pataugent dans les marais. D'abord des flèches et des lances, puis le corps à corps. J'imagine Russel Crowe dans une production de Ridley Scott à cent cinquante millions de dollars, je vois à l'œuvre des spécialistes des effets spéciaux pour qui *Le Seigneur des anneaux* n'aura été qu'un amuse-gueule, je vois les Oscars qui pleuvent à leur tour sur le film.

Au fil de cette boucherie, la guérilla meurtrière anéantit trois légions d'élite romaines, trois sections de cavalerie, six cohortes de réserve. On dit qu'aucun des vingt mille soldats romains n'a survécu. Lorsque la fin approche, Varus se précipite sur une épée, comme le veut la coutume, ce qui n'adoucit en rien l'humeur de l'empereur Auguste, dans la lointaine Rome. Il s'exclame, furibond : « Varus, Varus, rends-moi mes légions ! »

Arminius avait tout juste vingt-cinq ans lorsqu'il mit l'empire romain à genoux. Quel scénario ! Et il recèle encore bien d'autres cruautés, intrigues, ruses et actes de bravoure : après sa victoire, Arminius tente de maintenir ses tribus unies au sein d'une coalition. Il n'y arrive qu'au coup par coup et à grand-peine.

Une nouvelle bataille, quelques années plus tard, vaut d'énormes pertes aux deux camps. Le Romain Germanicus arrive à capturer la Thusnelda d'Arminius et à la ramener comme butin à Rome, où il l'expose pendant son triomphe. En captivité, elle mettra au monde le fils d'Arminius, Thumelicus, qui recevra une formation de gladiateur à Ravenne et mourra dans l'arène avant d'atteindre trente ans.

Et Arminius, le héros ? Celui qui a envoyé l'empire romain dans les cordes ? Il a été assassiné par des envieux au sein de sa propre famille. Du grand cinéma ! Batailles, amour, héroïsme, fierté, trahison… Rien d'étonnant à ce que tout cela ait séduit l'étudiant Heinrich Heine. Et puis c'est ainsi que commence l'histoire allemande !

Enfin, peut-être pas vraiment l'histoire allemande, mais au moins le rêve rétrograde que nous en faisons. Le personnage d'Arminius hante en permanence la mémoire collective ; on le revendique alternativement à droite et à gauche, dans un joyeux jeu de ping-pong idéologique.

Luther, qui était *à la fois* de gauche et de droite, avait traduit le prénom romain d'Arminius en un « Hermann » germanique. Les actes héroïques d'Hermann le Chérusque allaient plus tard alimenter la fierté et l'exaltation de têtes brûlées allemandes, comme le philosophe Fichte au début du XIXe siècle. C'était une exaltation de gauche, une fierté de la rébellion, car l'Allemagne était alors occupée par les armées de Napoléon, et de la même manière qu'Hermann avait uni ses tribus dans le combat contre l'*imperator* romain, les activistes allemands comptaient réaliser l'unité dans le combat contre l'*imperator* français, qui se fit effectivement couronner dans les fastes de Rome.

Heinrich von Kleist, le plus excentrique et le plus dangereux de nos classiques, fouettait à l'époque les nerfs de son public avec le drame *La Bataille d'Arminius*, en 1808, qui présentait nos ancêtres germaniques comme des pratiquants de la guerre totale auxquels même les victimes civiles ne faisaient pas peur lorsqu'il s'agissait de se battre pour la libération.

Quelque soixante années plus tard, le culte d'Hermann était passé à droite. Le héros avait été coulé dans le bronze et posé comme un presse-papiers géant dans la forêt de Teutoburg, ornement de table pour le Reich tout juste fondé, qui était à l'époque la nation industrielle la plus avancée sous le soleil, mais allait chercher ses rêves de héros dans le passé le plus éloigné.

Un siècle après l'empereur Guillaume, Hermann fut récupéré par la gauche, et par rien de moins que Claus Peymann, le guerrier le plus blond et doté des yeux les plus bleus du théâtre allemand. Il a réanimé *La Bataille d'Arminius* de Kleist à Bochum. J'en ai discuté avec lui, à l'époque. Il a brièvement parlé des guerres de libération allemandes, et longuement de Franz Fanon et des guérillas contre l'oppression dans le tiers-monde. Hermann le Chérusque finit par devenir Hermann « Che Guevara ». Mais d'une certaine manière le cri de guerre n'avait pas changé : *Patria o muerte !*

N'est-il pas étonnant que même les plus internationaux des internationalistes de l'Internationale socialiste n'aient jamais voulu renoncer à la patrie quand ils allaient au fond des choses ? S'il n'avait été qu'un combattant de l'Internationale socialiste, Staline n'aurait jamais pu envoyer ses millions de soldats à la mort. En tant que sauveur de la patrie, en revanche, il y est parvenu.

Aujourd'hui, Arminius serait un personnage intéressant. Serait-il membre d'Attac ? Siégerait-il au Parlement européen ? Le verrait-on à Davos ? Ou bien dirigerait-il un groupe séparatiste ? Peut-être suffit-il de savoir qu'il n'était pas le pire des commencements.

Au cours des siècles qui suivirent Arminius, le rapport de forces évolue sur le *limes*, la frontière de l'empire, et sur la zone de froissement qu'est le Rhin. Ce sont les Romains, désormais, qui cherchent à entraver les idées belliqueuses des Germains. Cela n'empêche pourtant pas un riche échange culturel, un mélange grandiose, si bien qu'à la fin personne ne sait plus vraiment s'il est Romain ou Germain, une situation que l'on désignera plus tard par le terme de crise d'identité ou de sentiment allemand.

Tandis que Rome se décompose, la Germanie devient le point de départ et le corridor des grandes migrations. On peut le dire : c'est de l'Allemagne que partent les impulsions. Par exemple, les Saxons occupent le sud de l'Angleterre et font en sorte, avec les Anglais qui s'y ajoutent depuis le Schleswig, que les habitants de l'île reçoivent un vrai nom qu'ils puissent conserver : ils s'appelleront les « Anglo-Saxons ».

Les Vandales, qui se mettent en marche un peu plus tard, peuvent être considérés comme le parfait exemple d'une société mobile précoce cherchant constamment de nouveaux défis dans les zones méditerranéennes. Ils avancent en formant un grand nœud coulant autour de tout ce qui se trouve sur leur chemin, passant par la France, l'Espagne et l'Afrique du Nord pour atteindre Rome où ils se conduisent, dit-on, comme des vandales, ce que l'on peut cependant considérer comme de la pure propagande ennemie. L'encyclopédie *Wikipedia* écrit à ce propos : « Leur pillage de Rome, effectué sans destructions ni massacres, est un modèle d'organisation : les Vandales passent un accord avec le pape Léon Ier, afin de récupérer les richesses de la ville sans violence. Ils divisent Rome, à cet effet, en îlots qui sont visités successivement, et dont les objets de valeur sont systématiquement emportés. »

Systématiquement emportés : c'est *cela*, la différence.

Les grandes migrations ont notamment été déclenchées par les Huns, ces armées de cavaliers venus de l'est. Depuis les Balkans, Théodoric et ses Goths se mettent eux aussi en marche. Les Goths et les Huns forment le fond historique d'une autre légende des Allemands, *la* légende s'il en est, celle qui a inspiré d'innombrables artistes : la légende des Nibelungen.

L'époque : la fin de l'Antiquité.

Le lieu : Worms-sur-le-Rhin, capitale des Burgondes.

L'histoire : confuse.

Siegfried, qui a ravi aux méchants Nibelungen l'or d'un trésor légendaire, mais trois fois maudit, épouse la belle Kriemhilde. Le frère de Kriemhilde, Gunther, est fou de la princesse islandaise Brunehilde, mais beaucoup trop faible pour s'imposer dans les disciplines indispensables à qui veut prendre épouse: lancement de pierres et d'arbres, combats à en perdre connaissance. Gunther demande de l'aide à Siegfried (sans conteste un rôle pour Brad Pitt); camouflé par une cape qui le rend invisible, il aide son ami à remporter le combat et lui rapporte son épouse. Gunther la ramène fièrement à la cour de Worms.

Hélas, Brunehilde apprend qu'elle a été abusée lors de cette parade amoureuse. Pendant la nuit de noces, au moment où Gunther voudrait prendre ce qui, comme dit le poète, « est son droit en tant qu'homme », Brunehilde le ligote, le bâillonne, lui fait passer la nuit suspendu à un crochet et se moque vraisemblablement de lui en islandais. Lorsque Siegfried apprend cette infamie, il est hors de lui. Il remet sa cape d'invisibilité et obtient pour son compte personnel la relation sexuelle qui revenait au Burgonde. Il ôte en outre du doigt de Brunehilde une bague d'une singulière beauté.

Dix ans plus tard se déroule une scène peu ragoûtante devant la cathédrale. Brunehilde et Kriemhilde veulent y entrer en même temps. « Je suis celle qui a le plus haut rang, dit cette pimbêche de Brunehilde, car mon mari est le roi, et pas le tien, qui n'est que son employé. »

« C'est pas vrai! répond Kriemhilde, encore plus chipie que l'autre. Mon mari n'est l'employé de personne. Nous avons notre joli royaume à nous à Xanten, dans le Bas-Rhin. D'ailleurs je te signale que c'est Siegfried, mon guerrier blond, qui t'a forcée, et pas Gunther, qui est un peu faiblard. » Et pour prouver la véracité de ses dires, elle montre à Brunehilde la bague qu'il lui a ôtée au cours de cette nuit tempétueuse, dix ans plus tôt.

Brunehilde pleure, Brunehilde est furieuse. Elle jure que sa vengeance sanglante, cruelle et éternelle le poursuivra à tout jamais, et va chercher conseil auprès du sombre Hagen von Tronje, qui porte un bandeau sur l'œil afin qu'il soit plus facile de l'identifier comme un méchant. Tronje est tout dévoué à Brunehilde et prêt à commettre n'importe quelle ignominie. Il prépare un plan. Il fait croire que les Danois ont déclaré la guerre et rassemble une armée. Notre blond Siegfried se porte volontaire. Il se sait invulnérable, car jadis, lorsqu'il a abattu le dragon pour parvenir jusqu'au cœur du royaume des Nibelungen, il s'est baigné dans le sang de l'animal, qui le protège depuis comme une cuirasse.

Mais un petit endroit est resté vulnérable, quelque part sur le dos, à cause d'une feuille de tilleul idiote tombée de l'arbre au mauvais moment. Et le méchant Bandeau-sur-l'œil veut s'en servir. Il convainc Kriemhilde (blonde, très blonde) qu'il serait bon d'indiquer par une marque l'endroit en question, afin que « ... Euh... enfin, comment dire, pour pouvoir faire, attention, pendant le combat... euh... à ne pas soi-même, par méprise... ho ho! ... enfoncer une arme à cet endroit-là. »

« Une idée magnifique! s'exclame Kriemhilde. Hagen, tu es un chou. » Et la voilà qui brode en fredonnant sur le vêtement de son époux une croix qui, même de loin, fait une belle cible. Cette incroyable faiblesse de scénario dans la légende des Nibelungen revient du reste dans toutes les adaptations ultérieures, alors que les meilleurs spécialistes ont traité cette scène.

Mais revenons au sujet: les Danois, affirme Tronje, ont finalement et par surprise renoncé à cette guerre. Pourquoi n'irait-on pas plutôt à la chasse? Lorsque Siegfried, épuisé par une folle chevauchée, s'arrête sous un tilleul et se penche au-dessus d'une source pour boire, « Bandeau-sur-l'œil » lui enfonce sa propre lance dans le dos, à l'endroit précis où Kriemhilde a brodé la croix. Hélas, douleur, misère! Devant la dépouille, Kriemhilde, aussi blonde soit-elle, ne peut croire à l'accident de chasse et finit par avoir une certitude. Car lorsque Hagen von Tronje approche, les blessures du héros mort, Siegfried, se rouvrent tout d'un coup. Un signe indiscutable qui désigne le coupable, le genre de choses qu'on voit sans arrêt dans *Columbo*: à la fin de l'épisode tout le monde se retrouve dans la salle de billard, et il y en a un qui se met à saigner.

Kriemhilde porte le deuil. Treize années durant, elle ne connaît que tristesse et brimades. Lorsqu'elle se met à gratifier le pauvre peuple de petits cadeaux pris dans le trésor des Nibelungen, ce qui accroît sa popularité, Bandeau-sur-l'œil lui prend la cagnotte et la jette dans le Rhin. Pour Kriemhilde, ce sont ainsi treize longues années d'humiliation qui partent à l'eau. C'est alors que des messagers du roi Etzel, *alias* Attila le Hun, *alias* Yul Brynner viennent lui demander sa main. La blonde Kriemhilde hésite dans un premier temps. Mais treize ans, finit-elle par se dire, ça suffit. Elle le sait : elle ne rajeunit pas, elle non plus, et un jour ou l'autre elle n'intéressera même plus un Hun. Elle accepte.

Les années s'écoulent à la cour d'Etzel, et Kriemhilde en passe la plus grande partie en dépression. Un matin, sans que rien ne l'ait laissé prévoir, Kriemhilde demande à son époux : « Je suis seule, je vous en prie, laissez-moi inviter mon frère et sa cour. »

Treize ans d'épouse dépressive : pareil régime vient à bout de tout, même du plus coriace des Huns, et Etzel donnerait n'importe quoi pour voir sourire sa femme au moins une fois. Il approuve aussitôt (« c'est clair »). Et il ne faut pas attendre longtemps pour voir arriver la moitié de la population de la Burgonde, avec à sa tête Gunther et Bandeau-sur-l'œil.

Mais Théodoric, l'invité d'Etzel, celui que nous avions laissé tomber au début de notre récit, soupçonne quelque chose. Il ne fait pas confiance à Kriemhilde, cette blonde glaciale, va à la rencontre de Hagen von Tronje et l'implore de faire faire demi-tour à son équipage bourguignon, car, dit-il, « Kriemhilde pleure encore son Siegfried chaque matin ».

Mais Gunther et les siens ne se laissent pas prendre au piège. Ils continuent leur route et se retrouvent bientôt pour un banquet dans le château d'Etzel. À plusieurs reprises, Kriemhilde tente, à l'aide de soldats huns véreux, de massacrer les hommes qui entourent Bandeau-sur-l'œil ; mais ceux-ci sont toujours sur leurs gardes. Kriemhilde finit pourtant par gagner la confiance du frère d'Etzel, Blödelin.

Un temps d'arrêt : c'est son vrai nom, et il signifie à peu près « le crétin » ou « l'andouille » en allemand. Si, si. Bref : Blödelin, escorté de mille hommes, prend d'assaut la cabane où dort Hagen. On lui coupe aussitôt la tête – que pouvait-il lui arriver d'autre avec un nom pareil ?

À partir de ce moment-là, on se bat, on ferraille et l'on assassine. On prête des serments que l'on rompt, Théodoric s'en va et revient, le château brûle, on se bat encore. Et au bout du compte tout le monde est mort. Tout le monde ou presque. Hagen et Gunther, vaincus par Théodoric, croupissent à demi-fous dans une geôle, sous la bonne garde de Kriemhilde.

Celle-ci a tout de même dû promettre à Théodoric qu'elle ne toucherait pas un cheveu des deux prisonniers. Lui-même, Théodoric, doit partir quelques jours pour régler des affaires urgentes. Ce qui est évidemment une autre faille ahurissante dans le scénario, car nous avons vu Kriemhilde se comporter au cours des semaines précédentes comme une psychopathe sanguinaire, une folle assouvissant sans le moindre scrupule son besoin de vengeance. Que va-t-elle faire ? S'en tenir à sa promesse ? *Come on*, ô poète des Nibelungen !

Comme cela se passe souvent en prison, un clou chasse l'autre, les uns sont ligotés et sans défense, l'autre a en main une épée qui, coïncidence, était celle de Siegfried, et clic ! clac ! deux têtes roulent par terre.

On lit alors cette phrase : « *hie hât daz maere ein ende : da zist der Nibelunge liet* », dans une belle écriture du XIIIe siècle, ce qui signifie : « Ici s'arrête l'histoire. Voilà le Chant des Nibelungen. » C'est sans doute à l'évêché de Passau qu'il faut en chercher l'auteur : on trouve sur une facture datant de cette époque le nom de la star allemande de la poésie médiévale, Walther von der Vogelweide.

La légende des Nibelungen remonte à la grande époque de l'empire germanique, celle que l'on invoque régulièrement comme la plus heureuse de l'histoire allemande. Le mot « Kaiser », qui désigne l'empereur en allemand, est issu du nom « César ». Le Kaiser se concevait comme l'héritier de l'empire romain et comme le protecteur du pape, depuis que Charlemagne, qui avait uni l'Europe de l'Ouest et de l'Est, s'était fait couronner empereur le 25 décembre 800 à Rome. On considère que le premier empereur allemand a été Otton Ier, qui avait sa résidence dans la magnifique ville de Magdebourg. Il prit pour épouse Egdith, la fille du roi anglo-saxon Aetlestan, qui était bien entendu heureuse de quitter cette île pluvieuse jonchée de pierres empilées *(Stonehenge)* pour un château civilisé dans l'aimable pays de Saxe, et d'abandonner son prénom imprononçable pour le beau nom allemand d'« Edith ».

Elle était partie juste à temps. Cent ans environ après sa mort, il n'existait plus un seul roi anglo-saxon – la conquête normande avait fait de l'île une colonie française. Jusqu'au XIIIe siècle, les rois de l'île refusèrent de parler anglais, non que cette langue ait été trop difficile à apprendre – trois jours ! – mais parce qu'elle avait une sonorité épouvantable. « Il n'est pas croyable, écrirait plus tard Heinrich Heine, que le bon Dieu ait envoyé un Shakespeare aux Anglais. » On en resterait d'ailleurs à cet unique Shakespeare ; mais revenons à l'histoire héroïque allemande.

La troisième grande épopée des Allemands, qui est en vérité une épopée de la nostalgie, est l'histoire de l'empereur Barberousse. Sur le chemin de la Terre Sainte, où l'on allait plonger tous les incroyants dans l'angoisse et la terreur – tout ce que nous avons appris, nous les Allemands, depuis, dans ce domaine ! –, le cher régent se noya dans le fleuve Saleph, en Asie mineure.

Mais les rumeurs ne tardèrent pas à courir, donnant naissance à la légende selon laquelle il n'était pas mort et ne tarderait pas à revenir. On dit qu'il siégerait par magie avec toute sa cour, dans des cavernes du massif du Harz. Là, enfermé dans la montagne, l'empereur est assis, une couronne d'or sur la tête. La barbe de l'empereur a poussé et fait deux fois le tour de la table. L'heure venue, Barberousse sortira de la montagne et offrira à l'empire unifié une nouvelle floraison.

Après environ un siècle de prospérité et la mort du dernier empereur Hohenstaufen, Frédéric II, en 1250, l'empire allemand s'était démembré en une multitude de petits États aux intérêts parfois très divergents. La légende exprimait la nostalgie qu'inspirait au petit peuple l'idée d'un État unifié et d'un gouvernant sage et juste. Il s'est constamment trouvé de nouveaux auteurs pour animer cette histoire allemande ; quelques-uns étaient bons, d'autres furent catastrophiques.

Les empereurs allemands sont chez eux partout et nulle part, ils vagabondent sans répit à travers le Reich et aucun autre pays européen ne compte, au fil de son histoire, un plus grand nombre de brillantes capitales: Aix-la-Chapelle, Goslar, Francfort, Nuremberg, Prague, Vienne, Berlin, Bonn et de nouveau Berlin.

Le vieil empire est par conséquent assez faible, mais ses villes prospèrent, situées aux principales voies commerciales du continent. Les corporations s'enrichissent grâce à leurs arts, les universités forment leurs savants, Dürer, Gutenberg ou Luther. Même si ce sont les villes allemandes qui paient le prix des invasions et des pillages opérés par les grandes puissances pendant la guerre de Trente Ans, et des campagnes militaires qui suivent, moins chanceuses en cela que Londres et que Paris, elles représentent tout de même un patrimoine culturel incomparable.

L'empire se disloque sous les coups de marteau assénés par Napoléon. Au fil des siècles, il a toujours été plus une idée romantique qu'un pouvoir militaire. Mais il offre une histoire extraordinairement riche, emplie d'actes héroïques et de poésie, de légendes et de mythes dans lesquels Heinrich Heine et beaucoup d'autres poètes allemands ont puisé. Devrions-nous accepter qu'on nous barre le chemin qui mène à eux sous prétexte qu'un psychopathe autrichien a donné à ses campagnes démentes le nom d'« opération Barberousse », ou baptisé ses divisions SS « Hohenstaufen » ou « Nibelungen » ?

Nos historiens sont devenus prudents lorsqu'il s'agit de l'héritage du vieil empire, et se donnent bien du mal pour éviter tout ce qui pourrait rappeler la mégalomanie et la folie nationalistes ou fascistes. Cela les contraint à réduire le langage et à le crypter, au point qu'il ne reste pratiquement rien de l'admiration, de l'amour ou de l'étonnement qu'inspire ce bloc massif de l'identité historique allemande.

Traduit du néo-allemand politiquement correct, qui évite toute présentation trop positive du vieil empire, cela sonne ainsi: « Dans la nouvelle et vaste perspective européenne, nous ne considérons plus aujourd'hui l'empire médiéval avec le même regard national étriqué. Notre époque transforme au contraire la vision des historiennes et des historiens. L'empire devient pour nous un espace de rencontre, de communication, de vie, de pensée, d'art, de culture, de langage, de littérature, d'économie et de société, un système de signes, un espace d'imagination. »

On marche sur des œufs. Et pourtant tout est si simple. Nous pouvons être fiers de notre grande histoire, de l'histoire millénaire de l'ancien empire allemand, qui s'est achevée il y a deux siècles. Les lignes que nous venons de citer sont empruntées au catalogue *Heilig-Römisch-Deutsch* (saint romain germanique) qui accompagnera les expositions sur l'empire à Berlin et Magdebourg, et exprime notre dilemme. On veut à la fois célébrer et ne pas célébrer le vieil empire allemand. L'entreprise est ardue.

Il s'agit pourtant d'une entreprise intéressante, passionnante, sensationnelle, car elle nous raconte d'où nous venons. En d'autres termes : elle contient quelque chose comme notre propre test de naturalisation. Mais aussi toutes sortes d'idées de scénarios pour du vrai grand cinéma.

13.

Allemagne – un voyage d'été

Deuxième excursion auprès des Allemands qui ont du potentiel et se préparent très calmement à avancer, agrémentée d'un entretien avec Peter Sloterdijk.

Je venais de rentrer de Londres, j'étais content de retrouver l'Allemagne, content de parcourir la République, et j'avais dans mes bagages *Allemagne, un conte d'hiver* de Heine. Cent soixante années plus tôt, précisément, le poète avait quitté Paris afin de se rendre en calèche en Allemagne, le mal du pays lui étant devenu insupportable. Il écrivit alors :

> « Quand j'entendis la langue allemande
> Un étrange sentiment me vint
> Comme si tout d'un coup mon cœur
> Était pris d'un doux saignement. »

Tellement sentimental, tellement beau. Cela ne l'empêche pas du tout, par la suite, d'utiliser la même langue un peu plus tard pour régler ses comptes avec le grossier paysan allemand, avec les laquais, avec Hermann et Charlemagne. Mais ce polémiste efficace savait percevoir dans tout cela des nuances qui ne l'empêchaient pas d'aimer son pays.

Il y a cette amabilité et cette modestie provinciales allemandes, particulièrement sensibles lorsqu'on arrive de métropoles triomphalistes, comme New York ou Paris, ou bien de Londres, où l'on ne peut pas imaginer une discussion sans vilenies, ce qui finit par devenir fatigant. Ici, au contraire, on trouve à la fois le vrai sentiment et la voix fausse, comme le disait Heine :

> « Une petite harpiste chantait
> Son sentiment était si vrai,
> Sa voix si fausse, mais je fus
> Tellement ému par son jeu. »

À mon retour, j'avais entendu le président allemand exprimer dans un discours ce vrai sentiment d'une voix fausse, sans la moindre pompe, émouvant, dans le sens où l'entendait Heine.

Au cours des semaines précédentes, j'avais arpenté l'Angleterre pour chercher à comprendre comment on vivait dans le miracle économique britannique. Que ce soit au sud, dans les Cornouailles, au centre à Birmingham, ou dans la ville balnéaire de Blackpool, au nord, je n'avais pas rencontré une seule personne pour parler de son pays en termes aimables ni même pour faire l'éloge de son Premier ministre, Tony Blair. Pas une seule.

En revanche les gens se plaignaient des trains qui déraillaient souvent et n'étaient jamais à l'heure, des hôpitaux crasseux, des mauvaises écoles et des loyers élevés. Les récriminations n'en finissaient pas. Le ronchonnement et les jérémiades n'étaient-ils pas notre spécialité, mieux : un privilège allemand ? Comment était-ce possible ? Berlin paraissait tellement détendue et aimable à côté de tout cela ! Devant la cathédrale de Berlin, je ne sais quelle personnalité courait en portant une torche olympique conçue par Samsung, qui ressemblait à un grand briquet. Derrière, sur la portière d'une camionnette coincée dans les embouteillages, on lisait « Nous restons "les pieds par terre" – linoléums et parquets ». Tout cela avait l'air tellement pacifique, tellement éloigné des Jeux olympiques de 1936.

Peut-être, cet été-là, les Allemands étaient-ils un peu las de toutes les mauvaises nouvelles, des chiffres du chômage, des débats politiques à la télévision qui, depuis des années, dimanche après dimanche, s'interrogeaient sur le déclin allemand. Peut-être avaient-ils décidé de ne pas prendre les choses trop au sérieux au cours de ces mois-là.

Je me mis donc en route pour prendre le pouls d'une république au repos, une année avant la grande tempête politique que déclencheraient les élections législatives.

La capitale fêtait la fin de la saison politique dans les *partys* pour journalistes. À celle du ministère des Affaires étrangères, Joschka Fischer se montra tel qu'en lui-même. Il pria ses collaborateurs de bien vouloir l'excuser pour les insuffisances, les offenses et les injustices de l'année écoulée, en ajoutant : « Cela se reproduira certainement. » Le pouvoir riait et le chœur des fonctionnaires riait avec lui. « Encore ! », cria l'un des choristes. Et le pouvoir embraya aussitôt : « Je vois qu'il se trouve des masochistes parmi vous », gronda Fischer.

Je parvins jusqu'à lui. Quelle note s'attribuait-il à lui-même pour l'année qui s'achevait ? « Oh, vous savez, dit-il après une pause méfiante, coincé entre le bord du buffet et un haut-parleur, visiblement énervé, je n'ai jamais tellement apprécié les bulletins scolaires. »

Sous le puits de lumière du ministère des Affaires étrangères, deux funambules inversés, comme dans un miroir, sont debout sur une barre. Quand l'un est en haut, l'autre se retourne vers le bas. Et inversement. La politique est comme ça, la vie elle-même est ainsi, tout se transforme si vite. « L'année qui vient va être bien plus dure », dit Fischer, qui ne croit pas si bien dire.

Il n'y a que deux femmes dans cette fête-là : la nouvelle de Fischer et Claudia Roth. Ne serait-ce que pour cette raison, la fête organisée par l'adversaire est plus amusante. On y voit une quantité de blondes et la plupart ressemblent à Michelle Hunziker[37].

Le quotidien *Bild Zeitung* offre un spectacle parfaitement antinomique à celui du ministère des Affaires étrangères. La fête se déroule dans une arène, au pied du gratte-ciel *Springer*, avec écran géant pour matchs de football et cochon rôti. L'ambiance, tout en restant extrêmement soignée, ne tarde pas à basculer, car la Hollande est en train de perdre ce match de la coupe

37. Mannequin et animatrice très connue pour ses émissions de télévision en Allemagne et en Italie, et personnage de prédilection des pages « *people* » depuis son mariage et son divorce avec Eros Ramazzotti. [N.D.T.]

d'Europe. Même le directeur du groupe de presse Springer, Matthias Döpfner, affiche un sourire. Lever les yeux vers lui ne me dérange en rien. Tout le monde y est obligé. Parce qu'il est magistral, d'une part. Mais aussi et tout simplement parce qu'il est très grand. Il doit dépasser les deux mètres, et avec un rien de pectoraux en plus il aurait sa place dans la NBA.

Nous discutons du dérapage de Desmond Morris, le rédacteur en chef du *Daily Express* qui, fou de colère, a défilé dans le couloir de la direction du groupe au pas de l'oie et en criant « *Heil! Hitler* », parce que les propriétaires du *Daily Telegraph* avaient envisagé de vendre leur entreprise à Springer plutôt qu'à lui-même. « Un but contre son propre camp », dit Döpfner, ce qui nous ramène au football et à la victoire sur la Hollande. Tout le monde est à peu près d'accord sur un point: ce match ne suffira pas à garantir l'avenir de la nation et toutes les réformes qui nous attendent. Mais c'est déjà un bon début.

L'Allemagne va avoir besoin de courage, a dit le président allemand dans son discours. Comme le courage n'est pas une catégorie collective, mais individuelle, je pose la question autour de moi dans ce bal masqué de la république berlinoise. Quelle est la chose la plus courageuse que vous ayez accomplie dans votre vie ? Le patron de *Bild*, Kai Diekmann, évoque un voyage épouvantable en vélo tout-terrain à travers l'Amérique centrale; le secrétaire général du CDU, Laurenz Meyer, parle du jour où il s'est rallié à Angela Merkel, ce qui n'est pas une mince affaire. Puis il raconte une histoire obscène et Franz-Joseph Wagner, le Jacques Brel des éditorialistes allemands, l'homme qui allume chaque cigarette avec la précédente, embrase une nouvelle Gitane et éclate d'un rire qui donne l'impression qu'un baril est en train de dévaler la rue.

Voici Peter Gauweiler, l'un des derniers vrais conservateurs du pays. Un mélancolique qui méprise le système. Au sein de l'union chrétienne-démocrate, ce député de l'union chrétienne-sociale bavaroise est un solitaire. Il en va ainsi des conservateurs, ces temps-ci: leur seul objectif est de se montrer meilleurs gestionnaires que les autres. Le vrai conservateur est un subversif dans cette république de soixante-huitards. Un homme comme Gauweiler, justement.

Gauweiler grogne : « Les nôtres ne s'en sortent pas mieux que les autres. » Quand on lui parle de la situation générale, il répond : « Nous n'avons plus d'entrepreneurs, nous n'avons que des entrelâcheurs. » Puis il invoque une nouvelle époque d'essor généralisé à l'est, les trains à grande vitesse qui rejoindront Moscou, et finit par constater que plus personne ne l'écoute.

L'Allemagne est foutue, c'est le thème général de cette soirée, mais cela procure beaucoup de plaisir. Il y a un écran pour regarder le match, des cochonnailles sur le grill, et à la fin de la fête on remet à chacun des participants un pain de campagne berlinois. C'est la plaisanterie de César, la chute plébéienne de cette nuit dans la capitale : du pain et des jeux.

La richesse de l'Est

La grue montée pour l'inauguration du faîtage de la Frauenkirche à Dresde est encore dressée, vulgaire, comme si elle devait accueillir des adeptes du saut à l'élastique. Cela me paraît évident, ce soir d'été, sur le parvis de la cathédrale : la reconstruction a été un processus poétique. Tant que les Dresdois ont travaillé à ce projet, on a rêvé à un essor commun. Désormais, la dernière pierre du rêve est posée, et l'on a laissé disparaître au vu et au su de tous un témoin d'un crime de guerre perpétré contre les Allemands.

La place est désormais vide et propre ; de près, à côté de ces bâtiments recrépis à neuf, elle a l'air banale, la Frauenkirche. C'est sans doute le prix d'une reconstruction réussie, celle d'une église comme celles de tout le pays : la banalité. Un an plus tard, avec son inauguration, la première messe et la fierté de centaines de milliers de personnes, cette église retrouvera son aura – mais pour l'instant, elle n'est que pierre. Peut-elle faire revenir quelque chose de perdu ? A-t-elle une mémoire ?

Plus loin, devant, sur un réverbère en fonte, un couple d'adolescents lit un panonceau en carton : « Dresde telle qu'elle a été – Découvrez en quarante minutes la ville d'art de Dresde avant la destruction, dans des films sonores originaux des années trente. Au musée des Transports. Tous les jours sauf le lundi. »

« Allons voir ce qu'ils passent d'autre », dit la fille.

Il n'y a que deux heures entre Dresde et Hoyerswerda, et le bloc d'habitation n° 6 d'une rue pleine de blocs d'habitation, une rue qui s'appelait jadis « rue de l'Amitié-entre-les-peuples ».

Je crie vers les hauteurs:

« Nous allons tous avoir besoin de plus de courage!

— Qui c'est qui dit ça?

— Le nouveau président. »

L'homme en maillot de corps hoche la tête. Troisième étage, deuxième fenêtre à partir de la gauche. Béton précoulé, restauré. De la mauvaise herbe pousse dans les joints. L'homme regarde au loin, de l'autre côté, vers l'autre barre HLM. Puis il crie vers le bas, dans ma direction:

« On peut pas tous rester dans not' coin! »

Il travaille dans un entrepôt de meubles. Il s'y échine jusqu'au milieu de l'après-midi, mais c'est du travail tout de même, et il regarde par la fenêtre comme si quelqu'un l'avait oublié ici, dans le coin. C'est l'un des derniers à vivre dans le bloc. Celui d'en face est déjà vide. On va le raser. La population d'Hoyerswerda diminue, comme partout à l'Est; mais c'est d'ici que les habitants s'enfuient le plus vite. Avant la fin du régime, il y en avait plus de 70 000. Il en reste tout juste 44 000 aujourd'hui.

C'est dans des barres comme celle-ci que la haine s'est enflammée en 1991. Des Vietnamiens et des Mozambicains ont été chassés de la ville à coups de cocktails Molotov et de pierres. Des femmes en robe de chambre molletonnée se tenaient sur les maigres bandes de pelouse, des adolescents excités criaient « Regarde-moi tout ce qu'ils ont », et la plupart disaient « Ils nous prennent notre travail ». Aujourd'hui tout s'est calmé, dissipé comme un cauchemar.

« Je ne veux pas qu'on me rappelle 91 », dit le secrétaire de la section locale du PDS, Dietmar Jung. « Depuis, nous avons monté des projets exemplaires contre la xénophobie, des gens viennent voir ça de toute l'Allemagne. »

Mais en reste-t-il encore, des étrangers ? Marcel et deux filles, la quinzaine, debout devant une entrée d'immeuble, hochent la tête. Face aux sonnettes, les écriteaux sont vides ou recouverts par des étiquettes autocollantes où l'on peut lire des noms russes. L'une des filles, dont le tee-shirt est barré des mots « Miss Piggy », n'aime pas particulièrement les Turcs. Il y en a un, là, derrière, qui tient un kebab. C'est un crétin. D'accord, mais qu'est-ce qu'on deviendrait sans kebabs, pas vrai ? « C'est exact », dit Miss Piggy après avoir longuement réfléchi. Ils veulent partir d'ici, tous les trois. « Vers l'Italie, peut-être », dit Marcel. Ou bien à proximité de Nuremberg. La distance ne paraît pas moins grande.

Pendant l'entretien, Dietmar Jung a gardé le regard fixé vers le sol, l'air perplexe. Autrefois, dans une autre vie, il a été secrétaire de la Jeunesse allemande libre, l'organisation de jeunesse du régime est-allemand. À cette époque, il célébrait l'internationalisme dans ses allocutions. Autrefois, ici, il y avait la « Pompe noire », l'extraction de la houille, 18 000 personnes y travaillaient. Il n'en reste plus que mille aujourd'hui. Le taux de chômage a atteint les 25 %. Le socialisme a été un phénomène de l'ère industrielle, et il a disparu avec elle. Il demeure comme un souvenir rétif : le PDS, que l'on qualifierait en France de communiste rénovateur, recueille ici à peu près un tiers des suffrages.

Aujourd'hui, les fosses d'extraction sont comblées et boisées, comme si l'on avait tiré un drap dessus. On ne peut imaginer paysage plus florissant. Et pourtant ce coin de la république paraît enchanté. Il est réel, mais aussi lugubre qu'un souvenir. Et ce qui s'est déposé ici sur l'ancienne salle des machines de la RDA est comme le décor du *Truman Show*. Une seule chose est sûre : il est faux d'affirmer que 600 milliards d'euros ont été engloutis dans le plan de reconstruction de l'est du pays. Rien n'a été englouti du tout. Le moindre centime a produit des résultats visibles. Les rues d'Hoyerswerda sont neuves, tout comme le gigantesque centre commercial de Lausitz. Les anciennes régions minières de l'Angleterre envieraient l'infrastructure d'Hoyerswerda. Le seul problème, c'est qu'on voit surtout l'infrastructure, et très peu les gens.

Jung me montre le magasin que son épouse a ouvert dans le centre-ville historique : une boutique de cadeaux, fermée à cet instant précis. C'est l'une de ces vitrines contre lesquelles on restait le nez écrasé quand on était petit. Des lanternes chinoises en papier, une tour Eiffel en zinc, des masques de clown, des ballerines en porcelaine, des coffres en cuir, des nains qui jouent aux cartes.

Et des poètes, des penseurs, des compositeurs allemands en presse-papiers. En bustes de plâtre petit et grand format. Beethoven, Mozart, Goethe, Heine. Quelle richesse !

Le potentiel du Sud

Voilà à quoi ressemble la popote qui approvisionne les troupes pour la bataille qui déterminera le meilleur du monde : *Feinkost Käfer*, à côté du nouvel aéroport scintillant de Munich. On sert la soupe aux légumes dans un bocal à conserve d'après guerre, citation ironique des années de privation, des années de reconstruction, des années du « Nous y arriverons ensemble ». L'approvisionnement des troupes pour la génération du *iPod*. Ce genre de choses ne se voit qu'à Munich. Les patrons-guerriers qui atterrissent ici s'occupent de nanotechnologie, ou concluent des accords, ou viennent au moins déposer un brevet. Bref : c'est ici, précisément, que ceux dont a rêvé le président allemand dans son discours touchent la terre ferme.

À quelques minutes, entre des champs, sous un ciel bleu voilé de blanc, se trouvent les halls du centre de recherche de Garching, le réacteur de l'Université technique de Munich, le laboratoire de recherche de BMW et, depuis quelques semaines, le nouveau centre de recherche et de développement de la General Electric. L'entreprise qui fait les plus gros bénéfices de sa branche a choisi de s'installer en Allemagne, malgré le niveau élevé des charges salariales, et le directeur, Thomas Limberger, 38 ans, explique pourquoi : « Niveau de formation, logistique, infrastructure, on ne trouve pratiquement rien de mieux au monde. »

Limberger voit l'avenir du pays avec optimisme. Même l'équipe nationale allemande, dit-il, a du « *up-side-potential* ». Le mot « potenchial » est du reste son préféré. Un mot plein d'espérance. L'énergie éolienne, elle aussi, a du « potenchial ». Sans parler de l'hydrogène. « Arriver à faire fonctionner ça dans des voitures, c'est le prochain grand défi. » Il présente des prototypes, des scanners de cardiologie en 3D, des sas de sécurité, des carrosseries en carbone, et ce petit robot, le triton, qui fait siffler ses ultrasons contre les oléoducs pour vérifier la présence de fissures ou de failles. « Actuellement, entre l'invention et l'application, le transfert de technologie prend huit ans. Nous allons l'abaisser à trois ans. »

Un homme comme Limberger y arrivera. Des politiciens, il attend qu'ils fassent la promotion de l'Allemagne en tant que site industriel et ne lui mettent pas de bâtons dans les roues. Limberger ne peut pas encore savoir qu'une année plus tard environ, le pays sera dirigé par une physicienne qui, dénuée de toute passion, n'aura d'autre préoccupation que de réaliser le « potenchial ». Mais tout ce qu'il espère de la politique, ce matin-là, ressemble à une offre d'emploi taillée sur mesure pour la future chancelière.

De ses collaborateurs, Limberger attend qu'ils s'engagent, le week-end, pour des projets sociaux communs. « Au cours des dernières semaines, nous avons monté une crèche. Tout le monde a mis la main à la pâte. Ça nous a soudés. »

Quelle est la chose la plus courageuse qu'il ait faite ?

D'un homme comme Limberger, on s'attend à une réponse du genre : le saut à l'élastique, la chevauchée à dos de lion, l'ascension du Nanga Parbat. Il dit : « Fonder une famille. »

Je me rends en taxi au centre-ville, où le chancelier va tenir un discours au Deutsches Museum pour défendre ses réformes. Je l'aime bien, parce qu'il a montré son courage. Il n'a pas participé à la guerre d'Irak, et il a pratiqué dans le tissu social des coupes que Kohl et les homes du CDU n'ont pas osé risquer en seize années de pouvoir. Il a imposé cet agenda à son propre parti et à l'opinion publique. Cet été-là, le chancelier a au moins un solide système nerveux. Un an plus tard, il revêtira son costume de populiste pour aller à la pêche aux voix, mais pour l'heure il apparaît en réformiste inflexible. Le chancelier invoque les forces de l'Allemagne, l'avenir de l'Allemagne. Dans le poème de Heine, cela donne : « Je veux vous chanter une chanson nouvelle, une chanson meilleure... »

Et où ce chant serait-il mieux venu qu'ici, au Deutsches Museum, sous les bustes de grands inventeurs allemands, Röntgen, le père des rayons X, Daimler ou Max Planck ? L'Allemagne est toujours le deuxième pays après les États-Unis pour le nombre de brevets déposés. Dehors, de petits chefs d'entreprise et des bricoleurs comme Uli Sommer, qui cherche à fabriquer une voiture consommant un litre aux cent, protestent contre le monopole exercé sur les inventions par les géants dominant le marché ; à l'intérieur, le panthéon est orné d'une sentence de Confucius – mais on dirait du Gorbatchev : « L'essentiel, avec le savoir, c'est d'en tenir compte et de l'appliquer. » À l'intérieur, Schröder affirme qu'il s'en tiendra à son programme de réformes, quoi qu'il arrive, et le patron de Siemens, au premier rang, hoche la tête avec reconnaissance : il a lu comme tout le monde les derniers résultats du SPD dans les sondages, et ils sont au plus bas.

Après son discours, entre deux rouleaux de jambons et deux pointes d'asperges au buffet, je pose la même question au chancelier : qu'a-t-il fait de plus courageux au cours de sa vie ?

« À quel titre, privé ou politique ? », demande-t-il.

Privé, bien sûr, ce serait bien.

Il regarde autour de lui. Trois cent quatre-vingts caméras sont pointées dans sa direction. Il sourit et répond : « Politiquement, en tout cas, c'est ce que je fais ces temps-ci. »

Et déjà son escorte l'entraîne plus loin.

Munich a toujours été tellement à part que Heine la mentionne tout juste en passant dans son *Conte d'hiver*. Elle l'est restée. C'est la ville du plus grand mouvement technologique, mais aussi une ville de calme plat absolu. On y accueille avec une certaine mauvaise humeur les perturbations historiques du cours normal des choses, telle l'unification de l'Allemagne. On s'émeut beaucoup plus du fait que le fameux patron de bar Charles Schumann ait transféré son établissement de la Maximilanstrasse à l'Odeonsplatz.

C'est là, au *Schumanns*, que l'on trouve tous ceux qu'on souhaite rencontrer à Munich, et on les y rencontre tous à la fois, ce qui est bien pratique. Stefan Sattler, par exemple, rédacteur en chef des pages culturelles du magazine *Focus*, l'un des hommes les plus spirituels d'Allemagne. Son épouse est Rachel Salamander, de son état patronne des pages littéraires du journal *Die Welt,* et libraire. « C'est à Munich qu'on trouve le plus grand nombre de maisons d'édition, dit-elle, il y en a beaucoup plus qu'à Berlin. » Hum ! Quand on vient à Munich, il faut s'attendre à entendre les gens défendre la ville bavaroise contre Berlin, quel que soit le sujet. C'est un réflexe.

Plus tard, nous traversons Munich dans la nuit, la Leopoldstrasse, la Feldherrenhalle, les façades Jugendstil, la légèreté rococo, puis la Fürstenstrasse et le quartier italien, avec ses immeubles classiques ; et nous voici devant la librairie de Rachel, qui brille d'une clarté aussi orientale qu'un vers dans un poème d'Else Lasker-Schüler. Rachel n'a dans son fonds que des livres sur le judaïsme. Elle vend aussi des confettis de Hanoukka, des kipas, des menoras.

Elle ne comprend pas qu'on se désole de l'immense transfert de fonds en direction de l'est. Elle porte sur tout cet argent le regard le plus sensé, le plus dénué de jalousie et le plus désinvolte qui soit : « Ce sont des réparations versées pour une guerre d'agression qui a été perdue, dit-elle. Et en plus, c'est de l'argent que nous versons dans notre propre poche. Qu'est-ce que nous avons à nous lamenter ? »

Le capital de l'Ouest

Le polar économique allemand se déroule à Düsseldorf. Cela a toujours été le cas, car le capitalisme rhénan était le moteur du miracle économique allemand. Le voilà devant le tribunal, incarné par des hommes en costume sombre sur mesure entourés par des légions d'avocats payés à prix d'or : Ackermann, Zwickel, Esser, tous impliqués dans le scandale de la reprise du groupe industriel Mannesmann. Quel plaisir aurait pris Heinrich Heine, l'homme de Düsseldorf, l'étudiant en droit, en assistant à ce procès, face à tous ces accusés, tous ces avocats, tous ces représentants de l'État, tous ces observateurs, tous ces personnages à tête de patrons et voix enrouée par la bière !

Devant la salle d'audience L 111 du tribunal d'instance est accroché un triptyque censé s'adresser au sentiment religieux. Des légions célestes pour ceux qui seront sauvés, le Juge suprême au milieu, un diable sombre pour les damnés. Le sujet : c'est à la fin qu'on fait les comptes. Autrefois, l'idée d'une justice qui rééquilibrerait tout à la fin consolait les petits. Autrefois, elle faisait oublier le scandale de l'inégalité dans la répartition du bonheur.

Aujourd'hui, entre autres grâce à Heine, le ciel n'appartient plus qu'aux anges, aux moineaux et à la vulgarisation. « Nous voulons sur cette terre même / édifier le royaume des cieux. » Ce qui signifie, en termes triviaux : chacun veut avoir sa part. Chacun peut l'avoir. L'unique grande affaire aujourd'hui, c'est de rafler autant d'argent et de bonheur que possible. Voilà ce qu'il est resté de la sécularisation de Heine, de son combat contre les curés et de sa vision d'un paradis communiste : la pagaille capitaliste.

Ceux qui y sont parvenus sourient aux caméras et font le V de la victoire. Le triptyque reste là comme un gardien de boutique métaphysique et ignoré, ce matin-là, alors qu'on évoque le droit boursier et le capitalisme triomphant qui a permis une opération au cours de laquelle les accusés ont distribué des sommes de plusieurs dizaines de millions d'euros.

C'est l'époque où, en Allemagne, on a définitivement décidé la mise en œuvre du plan de réforme du marché de l'emploi, « Hartz IV », et donc le début du démantèlement de l'État providence allemand de l'après-guerre. Le pays débat à propos de sommes avoisinant les 345 euros. Et ici, à Düsseldorf, on évoque des honoraires s'élevant à 57 millions. La défense parle de

« gratification adaptée pour les dirigeants », et du fait qu'il existe entre le droit commercial et le droit pénal un « *no man's land* juridique ».

« Entre la transparence à l'intérieur de l'entreprise et le fait de tout annoncer sur le tableau d'affichage des syndicats, il y a sans doute une différence », dit l'avocat en savourant après coup sa formulation, comme s'il attendait une bourrade de reconnaissance de la part de Josef Ackermann : « Le tableau d'affichage des syndicats ! Elle est excellente ! »

Les protagonistes profitent, chacun à sa manière, de la suspension d'audience. Ackermann, le patron de la Deutsche Bank, papote sous le tableau du *Jugement dernier*, certains des spectateurs que leurs tenues classent dans la catégorie des altermondialistes sont passés aux toilettes, sans doute pour vomir ou pour bricoler des bombes. Quelques autres sont restés assis. Comme Christian B., vingt-deux ans, blazer bleu, qui estime qu'un acquittement serait parfaitement normal, et ne voit rien de choquant à ce que l'on verse des primes de plusieurs millions. La traque des chefs d'entreprise doit cesser, dit-il, sans quoi ils partiront tous à l'étranger. Son père à lui est chef d'entreprise. « Il se réveille le matin à cinq heures, il travaille dur pour gagner sa vie. » Voilà expédiée la question des trente-cinq heures.

Y a-t-il une Justice transcendante ? À mieux y regarder, il règne une certaine confusion sur le triptyque accroché à l'extérieur. Là où les Justes devraient partir pour le Ciel dans la béatitude, de pieuses femmes se tiennent la tête entre les mains, saint Pierre médite au-dessus du registre des péchés tandis que l'autre aile, la face de l'enfer, offre au moins une femme nue et donc un point de focalisation absolu. Au fond, le message de cette scène est le suivant : le ciel et l'enfer ne sont qu'une question d'interprétation, et depuis quand le plaisir est-il interdit ?

En dessous, sur une rambarde en pierre, devant le tribunal, Dennis, dix-sept ans, dégagé des obligations scolaires et chômeur, venu de Macédoine, attend son ami Mahmoud, jugé pour vol à l'étalage à quelques couloirs de distance du procès Mannesmann.

« 57 millions ? Eh ben ! », dit Dennis, admiratif. Il aime la libre entreprise. L'Allemagne, il la *kiffe*, et lui n'a aucune intention de délocaliser le siège de sa boîte. La chose la plus courageuse qu'il ait faite ? Il préfère ne pas en parler, tu vois ce que je veux dire, mec.

Son ami franchit le portail au même instant.

« Vingt heures de travail d'utilité publique », crie Mahmoud.

« Soixante-quinze millions », répond Dennis.

Je souhaite aux deux amis tous les millions du monde et je me promène à travers Düsseldorf, la ville natale de Heine, je redescends la Königsallee, je franchis la passerelle du capitalisme rhénan qui n'a jamais courbé l'échine aussi honteusement que le capitalisme souabe. Je m'arrête devant le fourreur Slupinski.

La vitrine de Slupinski est dominée par une nouvelle collection de chinchillas noirs agrémentée de boucles de ceinturons à brillants. Les fourrures ont l'air somptueuses, en tout cas elles sont chères. Le pardessus coûte 11 989 euros. Qui achète des choses pareilles ? Les gens ont-ils encore de l'argent pour cela ? Monsieur Slupinski se tient entre les capes et les manteaux, sous un éclairage indirect extrêmement avantageux, et affiche un sourire rose. Il dit : « Vous savez, dans le luxe, tout va bien. » Telle est la situation économique, qu'il résume à sa manière : « Le *high*, ça va, le *low*, ça va. C'est le milieu qui a des problèmes. »

Et c'est le milieu qui a peur de dévaler la pente.

Sur les sièges à coque dure, au premier étage de l'Agence pour l'emploi, à Düsseldorf, la classe moyenne est incarnée par Monika B., blonde, petit collier en or blanc. Autrefois elle assistait des organisateurs de salons. Aujourd'hui elle est mère célibataire et ne s'occupe plus de foires ni de salons, car elle ne parvient plus à placer dans son existence plus de trente-cinq heures de travail hebdomadaire.

Mais elle reçoit tout de même ses allocations et envisage une reconversion. « Dans ce pays, Dieu soit loué, personne n'est condamné à coucher dehors », dit-elle.

Plus loin, je vois le programmateur Jürgen F., trente-quatre ans, veste de cuir. Lui a dû déposer le bilan de son entreprise individuelle parce que quelques clients n'avaient pas réglé leurs dettes. Mais il a de nouveaux projets de société en vue. Il y a ensuite Abdullah M., cinquante-quatre ans, chemise blanche au col ouvert, au chômage depuis quinze ans parce qu'il a « des problèmes de dos et du mal à rester assis ou debout ». Ses enfants ont tous fait des études. Il y a enfin Srolek, un homme corpulent qu'Abdullah n'aime guère parce qu'il est israélien.

C'est dans ce cadre que se déroule tout d'un coup une tout autre discussion sur l'Allemagne considérée comme un site économique. Cette discussion-là est plus dure, tout le monde parle en même temps, et de plus en plus fort.

« L'Allemand a peur, c'est une sorte de trait de caractère.

— La peur ne nous sert à rien, il nous faut du courage, c'est aussi ce qu'a dit le chancelier.

— C'était le président.

— Quand on arrive ici, on n'a plus aucune chance.

— Beaucoup ne font que profiter de l'aubaine.

— C'est bien à toi de dire ça, toi un étranger. Chez vous, il n'y a rien du tout ! »

Une chargée de dossier furieuse a passé un coup de fil au patron pour lui signaler la présence perturbatrice du reporter. M. Jäger, le directeur de l'Agence, se dresse subitement devant moi. À cet instant seulement, je prends conscience de ma faute. Les autres regardent ailleurs. Quel est l'intitulé de mon crime ? Extorsion d'interviews d'administrés dans une administration sans autorisation des administrateurs, quelque chose comme ça ? Monsieur Jäger me prie de le suivre dans son bureau.

La route est longue. Les portes des bureaux ont des numéros à quatre chiffres. Ils sont environ sept cents à travailler à l'Agence pour l'emploi, depuis les psychologues jusqu'aux spécialistes des créations de sociétés installés devant leurs terminaux informatiques, et ils proposent toutes sortes de choses – mais rarement du travail. C'est précisément ce qui est censé changer avec le plan Hartz IV. C'est, me dit-il, l'objectif de tout cela : moins d'indemnités chômage, mais un délai plus court pour retrouver un *job*. Dans un premier temps, cependant, il faut imprimer quelques millions de formulaires.

C'est sans doute la manière fondamentalement allemande de mener des réformes : une très grande quantité de paperasse, mais très réfléchie. Parfois, c'est même tellement réfléchi que plus rien ne fonctionne, mais je ne le dis pas, M. Jäger semble le deviner lui-même, car lorsque nous avons enfin atteint son bureau et que M. Jäger s'installe dans son fauteuil, il y a un long moment de silence. Nous regardons tous les deux par la fenêtre, tant il est gênant de se retrouver subitement dans cette pièce et de savoir qu'en réalité, je n'avais aucune intention de lui demander une interview, que je voulais juste interroger les chômeurs dans le couloir.

Alors M. Jäger dit : « Nous n'avons pas de temps à perdre. » Derrière son bureau, une sérigraphie de Salvador Dalí, celle des horloges molles.

Le soir je me rends à la Comédie de Düsseldorf, qui se brise comme une vague blanche sur le blindage de verre du gratte-ciel *Thyssen*. Ce soir, on négocie ici le capitalisme rhénan. Ce soir, on rejoue le miracle économique allemand, on remonte le temps jusqu'au point zéro, jusqu'à la défaite, la honte, la faute.

On y joue le mélodrame de Rainer Werner Fassbinder *Le Mariage de Maria Braun*. L'Allemagne après l'écroulement, les déblayeuses de ruines qui, valises à la main, attendent leurs maris et dansent tristement avec des G.I.'s Maria Braun aime son mari, qui est en prison, et elle gravit les échelons en couchant avec d'autres hommes. « J'imagine une autre vie, dit Maria Braun, mais je ne l'ai pas. » C'est le réalisme de l'après-guerre. Maria y arrive en se niant, de la même manière qu'elle nie toute l'Allemagne. C'est sur ce terrain-là que nous avons tous appris à marcher.

Ce sol se brise de nouveau à la fin. Ce qu'on avait assemblé avec des gravats sur la scène géante se décompose en une vaste et lugubre pirouette. La fin montre aussi quel luxe s'attache à un monologue aussi mondain que celui du théâtre subventionné allemand. Aucune autre nation au monde ne se permet cela.

Maria Braun a de grands yeux sombres, une coupe à la garçonne, et porte, à la ville, le nom de Bettina Engelhardt. Je la retrouve après la représentation au restaurant du théâtre. Elle vient de Thuringe, c'est-à-dire de l'Est, et sort par conséquent du point de vue biographique, si j'ose dire, d'un autre tas de ruines allemand, d'un autre monde brisé. L'Allemagne est un pays de points zéros et de biographies allemandes racontées depuis leur recommencement. Qui affirme que les Allemands sont un peuple qui redoute le risque ? Paul Nolte, le professeur de politique ? Qu'y a-t-il de risqué à occuper une chaire ? Ce qu'accomplit ce peuple en recommencement permanent est tout à fait considérable.

Tandis que j'écoute le bavardage plein d'entrain de la comédienne, sa vie depuis Erfurt à Berlin, où elle s'est mise en couple, et maintenant à Essen, où ils vont former toute une compagnie épatante, je la crois sur parole lorsqu'elle me dit qu'elle n'a aucune peur de l'avenir. C'est une belle personne, pragmatique et admirable. Des femmes comme Bettina Engelhardt, on n'en trouve qu'en Allemagne, et dans ce pays, on n'en trouve vraisemblablement qu'à l'Est.

Nous faisons un dernier saut à la cantine, où la troupe fête la dernière représentation avant la pause estivale. Le directeur de scène me remet une pile de programmes. Ce que Bettina Engelhardt apprécie le plus, chez le public allemand, c'est qu'il aime le théâtre, notamment les classiques. Son petit garçon dort contre une table ronde. Je ne peux m'empêcher de penser à *Wilhelm Meister*, à Mignon et aux gens du voyage ! Tant de poésie à la lumière maussade d'une cantine ! Ils lèvent leurs verres, ils chantent, on dirait une chanson d'étudiants, et pour un moment on pourrait penser que Heine se serait lui aussi amusé dans ces lieux. Il pensait certainement aussi à Bettina Engelhardt et à son petit garçon en écrivant les derniers vers du *Conte d'hiver* si beaux et si prometteurs :

> « Une nouvelle lignée apparaît
> Sans fard et sans péchés
> Libres pensées libre plaisir
> C'est à elle que je porte mon message. »

Le lendemain je repars pour Bocholt. Je la connais bien, cette région, j'ai grandi non loin de là, dans la Ruhr. Je la connais depuis l'époque des mines et des cheminées. À l'époque, toutes les bourgades étaient pareilles, toutes grises. Mais les visages des gens brillaient. Raison pour laquelle tous les gars de la Ruhr me sont restés en mémoire comme des gens au cœur d'or. Je ne pouvais pas m'expliquer autrement, à l'époque, la joie et le rayonnement.

Aujourd'hui il n'y a plus de cheminées et la Ruhr n'est plus grise, mais elle me donne toujours l'impression de briller. Bocholt abrite le café *Dragone*, huit salles de cinéma et la petite filiale de Siemens que l'Allemagne a sauvée en faisant une croix sur la semaine de trente-cinq heures. C'est en tout cas ce qu'on lit dans le journal *Die Zeit* : le personnel de Siemens à Bocholt a lancé la réforme de l'Allemagne en se déclarant prêt à travailler plus longtemps.

Il pleut sur la route qui me mène chez Siemens. Il pleut sur toute la Ruhr, et j'entends à la radio du taxi que la semaine de quarante heures est elle aussi dépassée : le président de l'Union du patronat allemand, Michael Rogowski, explique que l'on peut tout à fait travailler cinquante heures. « Moi, en tout cas, j'en fais soixante », dit la conductrice du taxi. Manifestement, cette région est engagée dans une mutation à vous couper le souffle. Ils travaillent tous comme des fous, ici. Que voulez-vous faire d'autre avec ce temps-là ?

Cela dit, dans l'usine de Bocholt, où l'on assemble depuis longtemps des téléphones portables sur des chaînes automatisées, on ne voit pratiquement plus de travailleurs. De temps en temps, une blouse blanche qui actionne un curseur. « Mécatronicien, dit l'homme qui me guide dans l'entreprise. C'est le nouveau métier. » Les machines qui se trouvent ici peuvent fonctionner vingt-quatre heures sur vingt-quatre. On ne leur laisse de répit que le dimanche midi. Pas à cause de la messe, mais parce qu'il faut les nettoyer.

Le président du Conseil d'entreprise, Michael Stahl, quarante-deux ans et une fine moustache au-dessus de la lèvre, « croule sous les demandes de passage télé ». Tout le monde rêve de l'entendre expliquer qu'on travaille plus longtemps à Bocholt. Il a tout refusé. Il est furieux, car les bosseurs de Bocholt n'ont pas agi par esprit civique, mais parce qu'on les faisait chanter. Le patron du groupe, dit Stahl, a joué sa partie avec un sang-froid absolu. « Ils ont menacé de délocaliser l'usine en Hongrie. » Au bout du compte, le personnel n'a accepté la mesure que sous la menace monstrueuse d'une perte de 25 % du salaire. Stahl commente : « Nous étions le dos au mur. »

Depuis cinquante ans, dit-il, Siemens a tout apporté ici. Et les voilà qui menacent de s'en aller. Bien entendu, ajoute-t-il à voix basse, dans toute cette histoire il a aussi pensé à son propre emploi. Si les portes de l'entreprise fermaient, il ne saurait pas où aller. Qui recrute un syndicaliste actif ? Stahl a trois enfants. Il s'apprête à partir en vacances avec eux, en camping-car, en Croatie. Emportera-t-il un livre avec lui ? Peut-être celui de Walter Riester *Mund zur Wirklichkeit* (Le courage de regarder la réalité[38]). On le lui a offert. L'auteur le lui a dédicacé. Mais il n'a pas encore eu envie de le lire. Il préfère se détendre avec ses chiens, à qui il apprend à rapporter. « Eux, au moins, ils m'écoutent », dit-il.

La magie du Centre

Dans le train qui me conduit à Wolfsburg, je lis tout ce que je peux lire sur Peter Hartz sans m'endormir. C'est difficile. Le dossier laisse apparaître un homme aimable et grisonnant, tellement brave, juste et lisse qu'aucune phrase des nombreuses interviews qu'il a données ne s'accroche à ma mémoire. Si j'avais su que le même Peter Hartz serait un an plus tard impliqué dans un scandale où il serait question de prostituées, de petits arrangements et de voyages à Rio, mes paupières se seraient sans doute moins fermées.

Mais en cet été 2004, on ne connaît Peter Hartz qu'en tant qu'ami du chancelier et chef du personnel du groupe Volkswagen, père de famille compétent, miracle du consensus, un

38. Walter Riester, *Mund zur Wirklichkeit*, Droste, 2004. Walter Riester a été ministre du Travail dans le gouvernement Schröder jusqu'en 2002. [N.D.T.]

réformiste qui, normalement, ne provoque pas de blessures ; et pourtant, il a donné son nom à ce que l'on considère comme l'une des coupes les plus douloureuses jamais pratiquées dans les acquis sociaux en Allemagne depuis la fin de la guerre. Le début de la pauvreté, disent les gens, c'est la réforme Hartz IV. On m'a laissé entrevoir la possibilité de prendre un *lunch* avec lui.

Je vois défiler par la fenêtre du train à grande vitesse le paysage de la Ruhr ; plus tard, au loin, j'aperçois le massif du Harz, que Heine a aussi parcouru. Des champs couverts de maïs, des cours d'école, un terrain de football avec quatre hommes en maillot rouge qui ressemblent tous à Gerhard Schröder, un soleil au ras du sol. L'ICE, le TGV allemand, ronfle si doucement que la surface du café ne bouge même pas dans la tasse. Nulle part au monde on n'est ainsi bercé vers le sommeil. Dans mes écouteurs, la voix de Peter Sloterdijk, une conférence du philosophe, la dernière avant la pause de l'été. Il évoque les fantasmes du point zéro et des recommencements.

Je lui avais rendu visite la veille, et j'avais discuté avec lui de l'avenir du capitalisme.

« Alors, comment obtenir le zéro en politique ? », demande Sloterdijk. Marmonnement incompréhensible dans l'auditoire. « Exact, dit-il de sa voix douce, par le massacre. Et quoi d'autre ? »

La voix murmure, des draps blancs dansent sur les cordes, des visages romantiques sortis du voyage de Heine apparaissent dans la profondeur des puits, mon portable sonne et j'entends l'écrivain Joachim Lottmann dire qu'il n'y a plus de générations, plus de différences entre les gens qui ont vingt ans et ceux qui en ont soixante, que tout est resté accroché au sillon de la jeunesse, et à Berlin, on l'entend dans le téléphone, un orage tonne.

C'est une tendre soirée d'été sur Wolfsburg. Le train s'arrête pratiquement dans la zone industrielle. Un *dragon boat* chinois descend le canal du Centre en passant devant la centrale. Un joueur de tambour est assis à la proue. L'équipe d'entreprise de Volkswagen s'entraîne à la course en canoë à tête de dragon.

Ensuite tombe sur Wolfsburg et sur l'Allemagne une nuit qu'on ne pourrait imaginer plus surréaliste. Le lac a des reflets bleus, les pavillons sont d'un vert vénéneux et dans les tours rondes en verre ambré, les voitures prêtes pour la livraison ressemblent à des insectes coulés dans la résine.

Allemagne, un songe d'une nuit d'été. On dirait la désagrégation d'un cauchemar sur le mode majeur.

Wolfsburg, la ville de Volkswagen. Nous sommes bien entendu au cœur idéologique du gouvernement. Il est évident que nous ne vivons pas sous la république de Berlin, mais sous celle de Wolfsburg. Le chancelier Schröder y a siégé au Conseil d'administration et le chef du personnel de Wolfsburg, Hartz, est le nom qui figure sur ses grands projets de réforme, les entreprises individuelles, les agences pour l'emploi, et, désormais, les coupes sociales.

Wolfsburg est la ville la plus intéressante d'Allemagne, m'affirmait peu avant Peter Sloterdijk dans ce café viennois où nous nous étions retrouvés. C'est à Wolfsburg que l'on enregistre son débat philosophique télévisé avec Rüdiger Safranski, émission sponsorisée par le Département créatif de Volkswagen. Philosophie et Phaéton, deux programmes pour minoritaires, voilà qui s'assemble facilement ces jours-ci à Wolfsburg. En Angleterre, cela ne serait pas possible. Rover a coulé à pic, et la situation des philosophes anglais ne vaut pas beaucoup mieux.

Lors de notre entretien, Sloterdijk lève aimablement l'alerte autour du site économique allemand et de la nation.

Matthias Matussek. — Peter Sloterdijk, dans le dernier essai de votre trilogie *Sphères*[39], vous exposez la thèse provocante selon laquelle notre société se trouve « au-delà du besoin ». Compte tenu des débats récents sur la pauvreté, vous ne craignez pas de recevoir une volée de bois vert ?

Peter Sloterdijk. — Tout au plus de la part de porte-parole trop zélés. En réalité, je fais au public une proposition théra-

39. *Sphères III, Écumes*, traduit de l'allemand par Olivier Mannoni, Maren Sell Éditeurs, 2005. [N.D.T.]

peutique : examinons par quels mécanismes l'une des nations matériellement et mentalement les plus riches de tous les temps est victime d'une auto-agitation ennuyeuse et permanente. Profitons de cette pause dans la gâterie qu'entraîne la récession actuelle pour mener une enquête sur les distorsions de la conscience dans une civilisation débarrassée de toutes ses charges.

M. M. — Beaucoup d'intellectuels se font aujourd'hui passer pour des économistes et débattent de la garantie du confort et des dividendes. Considérez-vous que cette primauté de l'économique soit déplacée ?

P. S. — Se soucier de l'aspect matériel des choses n'est pas en dessous du niveau des soucis dignes de l'humain. Nous vivons dans un système politique et économique qui adresse, avec une certaine plausibilité, une promesse de prospérité aux quatre cinquièmes de la population.

M. M. — Ce qui est sans précédent dans l'histoire humaine.

P. S. — La culture actuelle de la gâterie ne concerne plus un minuscule groupe aristocratique, mais la grande majorité de la population. Du point de vue anthropologique, c'est une nouveauté absolue. Mais l'un de ses secrets de fabrication est le fait que l'on ne parle pas de ce luxe collectif sans précédent. Il faut au contraire constamment rendre publiques de nouvelles fictions du manque. Du reste, l'alerte au manque a jusqu'ici toujours été l'affaire des intellectuels ; mais les permanents des syndicats leur ont ravi ce rang.

M. M. — En dépit des manifestations actuelles, la critique du système s'exprime depuis peu le plus souvent du haut vers le bas. On voit dans les *talk-shows* télévisés beaucoup de chefs d'entreprise qui ne sont pas d'accord avec le peuple, la société et les hommes politiques, et qui se lamentent.

P. S. — Le système médiatique – vous trouverez aussi des renseignements sur ce point dans le troisième volume de *Sphères* – exploite la valeur de divertissement de la jérémiade dans la sphère du confort.

M. M. — Vous tenez aujourd'hui le rôle d'animateur de l'émission « *Das philosophische Quartett* » (Le quatuor philosophique) sur la chaîne de télévision *ZDF*, vous êtes « l'animateur national », comme vous l'avez dit un jour. Quel est selon vous votre rôle dans le débat actuel ?

P. S. — Pendant deux décennies, j'ai défendu des causes à peu près perdues, depuis que j'ai écrit dans mon premier livre que l'éducation passe par la gaîté. Depuis, beaucoup ont compris que sur toutes ces questions, il faut commencer par les faits atmosphériques.

M. M. — Le philosophe comme spécialiste du positif ?

P. S. — Tant que le marché des médias se nourrit de lamentations et de méta-lamentations, il n'existe aucun risque de voir le positif prendre de la puissance.

M. M. — Les critiques sont par essence des médisants, c'est une partie de votre profession.

P. S. — Mais il ne faut jamais oublier que la critique allemande représente une forme tardive de l'idéalisme allemand. Selon celui-ci, l'âme fait partie de la base, tandis que l'économie fait partie de la superstructure. On médit parce qu'on est parmi les bons. Être un critique allemand, cela signifie pouvoir tenir un prêche de mise en garde au débotté.

M. M. — Ne trouvez-vous pas inquiétant que ce géant économique qu'est l'Allemagne trébuche et que ses voisins européens regardent cela avec un mélange d'inquiétude et de malin plaisir ?

P. S. — Je suis plutôt rassuré qu'on nous traite à présent sur le mode du sarcasme ordinaire. Cela prouve qu'autour de nous, on s'est habitué à ce qui était autrefois l'inquiétant voisin. Autrefois, pendant la phase de resocialisation allemande, il valait mieux ne pas vexer l'ancien délinquant. On observait, plus ou moins nerveusement, ce que pourrait encore nous faire ce bon à rien dans la famille des peuples. Et nous voilà enfin rattrapés par le champ principal, nous qui, notoirement, étions en marge de l'histoire.

M. M. — Dans la crise, le pays accède donc à sa normalité ?

P. S. — En tout cas, les Allemands, en retombant de leur sommet, ont cessé d'être ces élèves hors norme de la démocratie pour lesquels on fait sans arrêt appel au psychologue scolaire. Même les Cassandre vigilants qui veulent broder sur les penchants allemands pour la récidive et les gènes meurtriers ont la tâche bien plus compliquée désormais. Aucun peuple ne peut être plus ordinaire que les Allemands aujourd'hui.

M. M. — Dans les années quatre-vingt, vous avez qualifié la situation dominante de « malheureusement décantée » et vous avez opposé à cet état de fait l'objection joyeuse et subversive. Aujourd'hui, la gauche est en période creuse. Où est passé le grand besoin de changement ?

P. S. — Entre 1967 et la crise du groupe Baader-Meinhof, en 1977, nous avons joué au Front populaire et courageusement bloqué la montée de Hitler. Nous avions un scénario, même s'il avait un demi-siècle de décalage. Aujourd'hui, au contraire, la gauche n'a plus de synopsis, ni modéré, ni radical. La tranche d'âge qui est aujourd'hui aux affaires constitue la génération la plus confuse de toute l'histoire de l'esprit allemand.

M. M. — Les soixante-huitards sont arrivés au sommet de la société. Faut-il le regretter ?

P. S. — La génération confuse ne peut transmettre que de la confusion. Elle le fait avec réussite.

M. M. — Les sociaux-démocrates n'ont-ils pas mis en œuvre des réformes que les chrétiens-démocrates auraient dû lancer dans les années quatre-vingt ?

P. S. — Il faudrait peut-être comprendre que le système des partis, en Allemagne, offre depuis vingt-cinq ans aux électeurs le choix entre deux modes de la social-démocratie : le parti unifié du confort se répartit sur tout ce que l'on appelle l'échiquier politique.

M. M. — L'ancien chancelier Helmut Kohl a été le premier à le comprendre. Son ère a été marquée par cette chance qu'a été l'unité allemande et tout ce qui est ensuite resté en place.

P. S. — Helmut Kohl reste le maître incontesté de la léthargie allemande. Il a mené les Allemands à la fin de l'histoire. Il a concrétisé avec un succès visible la promesse de la post-histoire, la léthargie générale à un haut niveau de prospérité. Depuis que des hommes plus maigres sont au gouvernement, les choses deviennent nettement plus désagréables. On nous menace même d'un recommencement de l'histoire.

M. M. — Mais les hommes nouveaux grossissent eux aussi.

P. S. — Sur la balance, aucun ne peut battre Helmut Kohl. Mais voilà les nouveaux désagréables qui arrivent et qui veulent remettre la léthargocratie allemande en compétition avec les meilleurs du monde. Rien d'étonnant à ce que la grande majorité proteste : Ho là, une minute, ça n'était pas prévu ! Nous ne nous sommes pas entraînés pour les prestations de haut niveau ! C'est la raison pour laquelle les journalistes et les sociologues sont aussi nombreux à prendre le football allemand comme oracle de la nation. Mais une fois sur la pelouse, on comprend que l'autocélébration n'est pas toujours suffisante.

M. M. — Il semble qu'en Allemagne, pour la première fois, on tolère la pauvreté de manière tout à fait officielle.

P. S. — Pour ce qui concerne la nouvelle visibilité de la pauvreté, elle est liée à la disparition du microclimat allemand après 1945 : à l'époque, lorsque le pays tout entier était peuplé de perdants, l'enserrement sociopsychologique autour de tout cela était beaucoup plus ferme qu'aujourd'hui. La reconstruction était un effort collectif. Aujourd'hui, on considère beaucoup plus que le statut de perdant est l'affaire des individus.

M. M. — La thèse de la fin de la reconstruction est-elle exacte ? Berlin, par exemple, est depuis très longtemps une ville composée de chantiers, de cicatrices envahies par les mauvaises herbes, de friches et de mémoriaux.

P. S. — Dans ce biotope spécifique qu'est Berlin, on a passé un demi-siècle à s'exercer à vivre l'encerclement comme une attraction. Après l'ouverture s'y est rajoutée, outre tous les nouveaux bâtiments de prestige, la compétition permanente pour les lieux de mémoire, censés aussi donner un caractère prestigieux au souvenir historique.

M. M. — Le remords, *made in Germany*.

P. S. — Le remords allemand était un article de marque sur les marchés moraux du monde. On ne le demande plus guère aujourd'hui.

M. M. — Ce qui apparaît au contraire, c'est une nouvelle conscience de soi allemande, au moins dans le domaine de la politique étrangère, qui s'est même offert la résistance au messianisme américain.

P. S. — Je me suis attiré beaucoup d'hostilité lorsque j'ai dit, avant l'éclatement de la guerre d'Irak, qu'en votant contre la politique américano-britannique, Gerhard Schröder faisait entendre la voix de l'Europe libre et rationnelle – contre les opportunistes du sud, de l'est et du Bundestag.

M. M. — Est-ce là le nouveau rôle de l'Allemagne, peut-être même une identité allemande : faire avancer l'Europe ?

P. S. — Il y a un scénario européen commun : c'est là que réside le programme antimisérabiliste, qui prévoit d'intégrer à une communauté mondiale du confort l'humanité dans son ensemble, ou du moins une grande partie de l'humanité. Derrière les droits de l'homme, notez-le bien, il y a toujours les droits au confort, que l'on qualifie toujours à tort d'« intérêts matériels ».

M. M. — N'est-ce pas une démystification assez dure des « droits de l'homme » ?

P. S. — En aucun cas. Les droits de l'homme commencent par le droit à un avocat ; ils protègent en premier lieu ceux qui ne peuvent pas encore parler en leur propre nom. Dès que l'on peut parler pour soi-même, on formule des revendications matérielles. Cette séquence est inévitable.

M. M. — Le nouveau président allemand est donc sur la bonne voie lorsqu'il proclame que « la nation a besoin du courage de changer » ?

P. S. — Il est forcé de suivre la ligne qui a été adoptée. La réalité, c'est que dans l'espace de confort, les gens n'acceptent que les transformations qui leur donnent la certitude que l'un dans l'autre, les choses resteront en l'état. Les systèmes de confort sont guidés par des tautologies. Lorsque, par exemple, l'ancien footballeur Günter Netzer, l'un des organisateurs de la coupe du monde en Allemagne, dit après un mauvais match de football, « nous avons vu un mauvais match », une lueur parcourt le pays, parce que tout le monde a vu la même chose. Enfin, il dit vraisemblablement « un match déplorable » pour défendre son niveau intellectuel.

M. M. — Il dit ce que tout le monde veut entendre.

P. S. — Il dit ce que tout le monde a vu. Il occupe actuellement la plus haute fonction informelle de l'État, celle de tautologiste en chef. Lui seul peut dire *ex cathedra* qu'un mauvais match était un vrai mauvais match. Actuellement, cette fonction suprême est répartie, Günter Netzer en détient une moitié, l'autre est entre les mains du président de la République allemande. Celui-ci a le privilège de dire que nous pouvons y arriver malgré tout.

Peter Sloterdijk est vraisemblablement l'homme le plus décontracté d'Allemagne, un maître zen philosophant à tête de phoque, partageant sans doute l'opinion de Heinrich Heine: « La patrie ne mourra pas… »

Retour à Wolfsburg, la ville de la voiture, où je ressens ce qui, en elle, peut fasciner un homme comme Sloterdijk. On y trouve un mélange intéressant d'argent et d'art, de *wellness* et d'usines, d'histoire et de modernité. L'hôtel *Ritz-Carlton*, situé dans le périmètre de l'entreprise, où me reçoit le directeur de la communication, n'a que des couloirs circulaires orange, parcimonieusement ponctués de photos de bouleaux en noir et blanc. Le directeur de la communication est habillé de noir. En réalité, on dirait un directeur de scène au théâtre, et il s'exprime de la même manière. On évite de parler de voitures. On parle de Dieu, du monde, et comme le restaurant a un chef sensationnel, le monde dont on parle ne pose pas le moindre problème.

Le chemin qui mène au cœur de la nation passe par Wolfsburg. Si l'on veut comprendre l'Allemagne, il faut comprendre Wolfsburg l'ensorcelée: comprendre les usines où l'on forgea les armes, la reconstruction, les travailleurs immigrés, la coccinelle devenue voiture du peuple, et puis le nouveau Wolfsburg, dont l'émanation est la Cité de l'Auto qu'on a posée là il y a quatre ans, à la place des surfaces d'entreposage, des terrils de charbon et des citernes d'essence, comme s'il s'agissait d'en chasser les esprits.

La Cité de l'Auto est un parc à thème qui observe son thème – la voiture – avec un sourire bouddhiste. Il n'y a pas de logo, pas de publicité. On y trouve en revanche un tunnel à parfums conçu par l'artiste danois Olafur Eliasson. Les pavillons sont éparpillés sur les collines vertes comme des temples voués aux différents pénates de la famille des groupes automobiles : le Bentley, le Bugatti, le Skoda. Ceux qui viennent chercher leur voiture peuvent taper sur des tambours, faire rouler de grands œufs, laisser leurs enfants piloter un kart. Ou bien dévaler des boudins blancs étincelants dans un tunnel surprise rempli de brume. On traverse donc un nuage pour arriver au néant, dans un au-delà inconnu, vers un recommencement, mais à l'autre bout on ne retrouve jamais que son propre époux et la peur du chômage, une peur que l'on peut mesurer depuis peu : elle a incité les ménages à économiser quatre billions d'euros et empêche, par exemple, d'acheter des Volkswagen.

Toute cette installation est là pour lutter contre la peur. Elle est le beau nouveau monde.

Le président traverse l'usine. Monsieur Edge, un soldat des troupes d'occupation britannique resté à Wolfsburg, nous fait passer devant des robots qui hochent la tête, des tapis roulants, des rails à hauteur de ciel sur lesquels des voitures sont suspendues comme des aliens avant qu'on ne les excite et que leur poche des eaux n'explose.

Là-bas ! Un véhicule de visite sans toit, muni d'un gyrophare, garé au bord d'une voie de finition. Il est vide. « Le président », dit M. Edge. Il est certainement descendu ici pour aller je ne sais où discuter avec les conducteurs de machines. Malgré toutes les protestations, M. Edge emprunte brutalement la première bifurcation et se dirige vers la fabrication du modèle Touran, « un autre triomphe de Hartz », en qui il faut voir, dit-il, un visionnaire. Le modèle « cinq mille par cinq mille ».

C'est à la fois un programme de création d'emplois et une idée lucrative. Cinq mille chômeurs doivent assembler des voitures pour cinq mille marks bruts. Le chef du groupe est Thomas Ulbrich, trente-huit ans, les cheveux coupés ras, des muscles jusqu'au ridicule, ancien lutteur. Au cinéma, ce genre de bonshommes joue les commandos qu'on envoie en parachute derrière les lignes ennemies. Quelle est la chose la plus courageuse qu'il ait faite dans sa vie ? « Sauter en parachute. » Qu'est-ce que je disais ! Il a recruté ses hommes dans toute l'Allemagne. 45 000 candidatures sont arrivées, on en a finalement retenu 3 800, après plusieurs tests.

De loyaux soldats comme Carsten Fehse, vingt-neuf ans, Magdebourg. Fehse aime son équipe, dont il parle comme d'une « communauté de conjurés ». Fehse n'a pas encore de projets pour ses vacances. Il fera comme d'habitude : le lendemain il ira à l'aéroport de Berlin-Tegel, s'achètera une brosse à dents et prendra le premier vol bon marché pour n'importe où. La vie est une aventure. Fehse, c'est le prototype prolétarien des temps modernes : mobile et sans attaches.

La cantine des chefs de section et de la direction n'a pas changé depuis les années trente. Un plafond d'une hauteur incroyable, de longues lampes étroites, de l'art déco sérieux.

Bien en dessous, à des profondeurs que seul peut égaler le puits dont rêvait Heinrich Heine, les chemins de fuite se dirigent vers un bunker anti-aérien que les nazis avaient intégré dès la construction de l'usine. Il n'a jamais été prévu que l'on ne construirait que la Volkswagen dans ces lieux-là. Dès le début, on pensait à l'armement. Aujourd'hui, le bunker est un lieu de mémoire, aussi neuf que la Cité de l'Auto, au-dessus, comme si l'on avait recherché à la surface une symétrie morale, une compensation pour la prospérité du nouveau millénaire. Les films historiques scintillent sur deux moniteurs, on y voit de longues colonnes de travailleurs forcés.

Dans le coin, une sorte de sarcophage au couvercle brisé, à hauteur de hanche ; on y a gravé le millésime 1938 et la croix gammée. C'est la première pierre des usines Volkswagen. On dit que dans les années cinquante, une fois les gravats déblayés, elle a servi d'abreuvoir pour les oiseaux.

C'est la première pierre de l'usine Volkswagen.

Ce n'est pas la première pierre de l'Allemagne.

14.

Nous sommes nous

Entretien avec l'animatrice de télévision Sarah Kuttner à propos de la musique populaire allemande, de la chute du Mur et des raisons pour lesquelles notre époque est la plus belle de toutes.

« Il y a encore quelques années, disait Eva Brigel du groupe pop Juli, on trouvait que c'était pas *cool* de chanter en allemand. »

Je dois interrompre ici l'harmonie et l'équilibre de ce livre, me frapper moi-même sur l'épaule et crier : pas moi ! Moi, j'ai toujours trouvé *cool* de chanter en allemand, d'abord des cantiques, puis les chansons pour enfants d'Ernst Busch, puis « Bousillez ce qui vous bousille », le tube du groupe rock Ton Steine Scherben, et dans l'intervalle les chansons de France Gall, en allemand mais avec l'accent français.

Je suis l'inventeur de ma propre Nouvelle Vague allemande : je parlais allemand même quand je parlais anglais. C'était au début des années 1990, lorsque nous sommes allés nous installer à New York. J'ai découvert à cette époque un signe qui me permettait de reconnaître mes compatriotes à coup sûr : ils parlaient mieux l'anglais que tous les autres. Ils n'avaient pas d'accent, ou bien tout au plus un accent régional américain. Beaucoup s'efforçaient même d'utiliser le *drawl* texan pour ne pas se faire remarquer en tant qu'Allemands. Seulement personne à New York ne parle un anglais correct, pas même les New-yorkais.

On pouvait donc reconnaître les Allemands à leur tentative de surintégration.

Moi-même, je voyais plutôt les choses comme ceci : puisque les Américains et les Anglais ne font aucun effort pour apprendre d'autres langues, ils transforment leur propre idiome en *lingua franca*, c'est-à-dire en terrain de manœuvres sur lequel chacun peut décrire ses propres cercles et danser comme il le veut. L'anglais est aujourd'hui devenu une sorte de langage universel à la Mickey Mouse, que n'importe qui peut apprendre en trois jours avec un peu de concentration.

Moi, je parlais l'anglais avec l'accent allemand. Kissinger a fait cela toute sa vie, et ça lui a bien réussi. Il le cultivait. J'ai apporté ma propre identité à l'identité américaine, je ne me suis pas donné beaucoup de mal pour la dissimuler et mon entourage a bien aimé cette attitude, car les autres aiment qu'on leur facilite la tâche lorsqu'il s'agit de vous identifier.

Mais revenons à « Juli ». De mon voyage d'été à travers l'Allemagne, c'est surtout cela qui m'est resté en tête : ils chantaient allemand. On jouait de la pop allemande à la radio, et ça n'était pas désagréable à entendre. C'était poétique, c'était parfois dadaïste. Pour moi, c'était inédit : jusque-là, ça n'était pas *cool*. La pop, c'était en anglais ou ça n'existait pas. L'Allemagne à qui l'on avait si souvent répété « Ferme ta gueule » n'écoutait plus cet ordre, elle chantait, et le faisait d'assez belle humeur.

Ses chansons respiraient même une certaine fierté, par exemple lorsque Peter Heppner et Paul van Dyk, un attelage Est-Ouest, chantaient « Nous sommes nous ». Une bonne chose que les Britanniques ne les aient pas entendus, ces deux-là ! Il est vrai qu'à l'époque, les Anglais étaient trop occupés à acclamer une monstruosité humanoïde répondant au nom de *Darkness*, sortie d'une mauvaise chanson de *glamrock* des années soixante-dix. Qu'auraient-ils fait ? Une fois de plus, vraisemblablement, ils auraient le Schleswig-Holstein.

Le texte de « Nous sommes nous » est fier, sa mélancolie est radicale. Il célèbre la reconstruction, il célèbre ce qui a été obtenu, et il demande plus :

« Nous sommes nous, nous sommes là
Divisés et vaincus et pourtant
Au bout du compte encore vivants. »

En réalité, le miracle économique ne nous a jamais suffi; l'âme allemande ne se contente pas de s'en être sortie une fois de plus.

« Désormais nous pouvons avoir tout ce que nous voulons
Mais ne voulions-nous pas beaucoup plus, au fond ? »

C'est ennuyeux, c'est incroyablement sinistre de recevoir tout ce que l'on veut. C'est la raison pour laquelle, dans la partie occidentale de l'Allemagne, le miracle économique a été accompagné par une vague de contestation estudiantine, parce qu'il n'avait pas apaisé la faim intérieure. Et la richesse qui s'est subitement déversée sur l'Est après la chute du régime, vingt ans plus tard, n'a pas répondu non plus à toutes les questions:

« Nous sommes nous, nous sommes là
Unis en un pays, de nouveau,
Riches comme Crésus et sans le sou. »

Aucune autre nation ne peut écrire un vers pareil: « Riches comme Crésus et sans le sou. » Le clip de la chanson montrait la reconstruction de l'Allemagne en accéléré, les déblayeuses de gravats, l'édification de logements sociaux, les routes goudronnées. Il a réveillé plein de choses en moi; cet été-là, ma mère fêtait ses quatre-vingts ans, et c'était l'un des regards sur le passé.

Chacun de nous, ses fils, raconta par écrit un événement de son enfance. Mon frère aîné se rappela la nuit où ma mère frotta les taches de goudron frais sur son manteau d'enfant. À l'époque, au début des années 1950, on goudronnait beaucoup. Il y avait des goudronneuses un peu partout, mon frère n'avait pas pu résister et avait lancé une pierre dans l'une des citernes. Le goudron était liquide. Il avait giclé et aspergé le manteau.

Un manteau d'enfant était à l'époque un objet précieux. Le soir, lorsque ma mère eut couché mon frère, elle s'assit à la lumière et se mit à frotter minutieusement le vêtement pour éliminer les taches de goudron. Mon frère s'endormit comme cela. Mais il se réveilla tard dans la nuit. Et il vit ma mère, toujours assise à la lueur de la lampe, qui continuait à frotter la tache, patiemment, prudemment. Elle avait dû y passer la moitié de la nuit.

Ce n'était qu'une tache, mais elle retraçait toute l'époque de la reconstruction et l'abnégation d'une femme qui, au cours des années suivantes, éduquerait cinq enfants et, dans les premiers jours de l'après-guerre, gagnerait la vie de sa famille en donnant des cours d'anglais – car son mari était encore étudiant.

Il remonte loin, ce sentiment. Et il s'est ravivé cet été-là, entre autres à cause d'une chanson pop bébête. Les mythes et les histoires d'une nation ne sont pas seulement conservés dans les gros livres de la grande culture, mais aussi, précisément, dans la culture populaire et triviale.

L'une des figures majeures du milieu pop en Allemagne est l'animatrice de la chaîne *MTV* Sarah Kuttner, une créature insolente, rapide et spirituelle, qui reçoit dans son *late-show* tout ce qui remplit aussi les stades de football. Quand elle avait huit ans, ses parents ont divorcé ; quand elle en a eu onze, le Mur est tombé ; elle n'en a pratiquement aucun souvenir. Sarah Kuttner est la nouvelle Allemagne.

Je lui rends visite dans les bureaux de sa société de production, sur le Maybachufer, à Kreuzberg.

Matthias Matussek. — Comment s'est passée l'émission d'hier ?

Sarah Kuttner. — Pas mal. Il y avait l'acteur Moritz Bleitreu. Mais mon installateur de chauffage central a été très critique.

M. M. — Comment ça ?

S. K. — Il m'a dit : « Franchement, je trouve ça bien, ce que vous faites à la télévision, mais sur le fond il n'y a rien de nouveau », et je lui ai dit : « Vous, avec vos cinquante ans, vous vous trouvez au cœur du groupe cible. » Il était gentil, c'était juste un peu trop intime. Quand il m'a dit ça, il était déjà à portée de mon lit.

M. M. — Vous êtes certaine que ça avait vraiment un rapport avec le chauffage ?

S. K. — Je l'espère beaucoup. Il avait des outils d'excellente qualité. Une valise pleine de petits appareils *cools*.

M. M. — Quel âge a-t-on le droit d'avoir, aujourd'hui, quand on est une adolescente professionnelle ?

S. K. — Adolescente professionnelle, c'est une injure. Qui a inventé cette expression ?

M. M. — Aucune idée. Les journaux vous qualifient d'adolescente professionnelle.

S. K. — Dans ce cas ils peuvent peut-être s'acheter un nouveau dictionnaire, ces chers messieurs les plumitifs. Toujours la même vieille et ennuyeuse tarte à la crème verbale. Ce pays a besoin de mots nouveaux.

M. M. — Alors, quel âge ?

S. K. — Je ne sais pas. Beaucoup restent adolescents d'une certaine manière. J'ai vingt-sept ans. Cela dit, je vais vers les trente. Oh... Mais soyons sérieux : à vingt-sept ans, on est sans doute encore jeune. Qu'ils reviennent me voir quand j'approcherai des quarante.

M. M. — Que pensez-vous des jeunes d'aujourd'hui ? Ils sont bien ?

S. K. — Aucune idée. Une bonne partie, certainement. Je ne les connais pas.

M. M. — Cela dit, ils regardent votre émission.

S. K. — Mais je ne leur parle pas.

M. M. — Pourquoi pas ?

S. K. — Mais justement, parce que je fais mon émission. Je ne suis pas un institut de sondage. Tout le monde continue de croire que je sais comment se porte mon groupe cible. Comment voulez-vous que je le sache ?

M. M. — Oui, mais vous pourriez tout de même faire des suppositions sur la jeunesse. Est-ce qu'elle a l'esprit plutôt politique, est-ce qu'elle s'intéresse au football, est-ce qu'elle aimerait changer de sexe ?

S. K. — Ces questions, cela fait quatre ans que je me les pose et je n'apprendrai jamais à y apporter une réponse rationnelle.

M. M. — L'Est et l'Ouest, c'est encore un sujet de discussion ?

S. K. — Pour moi, franchement pas. Il y a certainement encore pas mal de différences, ne serait-ce que sur les salaires. Mais sur le plan des sentiments, pour moi, ça n'existe plus. Quand j'entends des gens de vingt ans dire « Ras-le-bol des gens de l'Est », ça m'étonne beaucoup. Je me dis : attends, laisse-moi réfléchir, tu avais vingt ans quand le Mur est tombé. Tu ne peux plus t'en souvenir. Je veux dire, moi-même, je me rappelle à peine la chute du Mur. J'avais onze ans, et à cet âge-là, l'essentiel, c'est papa, maman, l'école et le moment où on rentre à la maison.

M. M. — Quand vous êtes-vous dit pour la première fois : « Youpi ! je suis Allemande » ?

S. K. — Jamais. Je ne me dis jamais « Youpi ! je suis Allemande ». Récemment, et ce fut une très mauvaise expérience, j'ai vu une famille américaine dans le train de banlieue, arrivés à je ne sais plus quelle station, le grand-père a dit à voix basse : « Et ici, ils ont déporté les Juifs », mais aucun des membres de la famille ne s'occupait du vieux monsieur, ils devaient en permanence contrôler leur gamin, une vraie peste.

M. M. — Existe-t-il un combat des civilisations ici, à Kreuzberg ? Non pas entre l'Est et l'Ouest mais entre les Allemands et les Turcs ?

S. K. — Je n'en ai rien remarqué. Mais j'habite au Prenzlauer Berg, à Kreuzberg c'est vraisemblablement une autre affaire.

M. M. — Il existe tout de même manifestement des styles de vie différents. La famille turque est une grande famille. Les Allemands ont plutôt de petites familles.

S. K. — Bien entendu. Mais il existe aussi des différences entre vous et moi. Je ne considère pas ça comme un motif de conflit. Nous avons beau être totalement différents, vous et moi, nous nous parlons gentiment.

M. M. — Vous avez grandi à l'Est. Votre père[40] est parti quand vous aviez huit ans.

S. K. — Oui, mes parents se sont séparés. Mais mon père est resté dans le pays, bien entendu. Il venait me voir régulièrement, il allait aux concerts avec moi. Et plus tard, je l'ai aussi entendu à la radio.

M. M. — Avez-vous appris quelque chose de lui ?

S. K. — Je ne sais pas. Avant tout, j'ai sans doute quelques-uns de ses remarquables gènes. Il nous a fallu un certain temps pour nous rendre compte, tous les deux, que nous avons à présent des boulots analogues. Et comme c'est mon papa, bien entendu, il voulait tout le temps me donner des tuyaux sur le milieu des méchants médias. Mais j'en ai rarement voulu. Je voulais commettre mes erreurs moi-même, je savais parfaitement ce qui était mal, ce qui était bien et ce que j'attendais du mal et du bien.

M. M. — Quand vous êtes-vous retrouvée pour la première fois devant un micro ?

S. K. — Comme reporter à *Radio Fritz*. J'y avais déjà fait un stage.

M. M. — Vous regardiez la télévision de l'Ouest, quand vous étiez petite ?

S. K. — Je ne m'en souviens plus très bien. Je crois qu'il m'est arrivé de regarder en secret l'émission *Loveboat* chez mon amie Jenny. Ses parents étaient sévères et socialistes jusqu'au bout des ongles, je ne sais pas comment nous avons fait... Un jour, par exemple, nous prenions le petit-déjeuner ensemble, il y avait trop de miel sur ma tartine, il s'est mis à couler. Pour faire une plaisanterie, j'ai dit : « Oh là, ça coule ! ça coule jusqu'à... », j'ai cherché un nom de ville et j'ai fini par dire : « Ça coule jusqu'à Hambourg. » Alors le père de mon amie a dit : « Chez nous, ça coule jusqu'à Dresde, au maximum. » C'est un de ces moments où je me suis dit : « Oh là ! il faut que je parte. »

40. Jürgen Kuttner, devenu un célèbre animateur radio après la chute du Mur. [N.D.T.]

M. M. — Qu'est-ce qui vous manque, aujourd'hui, de la RDA ?

S. K. — Rien, parce que je ne me rappelle pas non plus la RDA.

M. M. — Que dites-vous de la campagne « L'Allemagne, c'est toi » ?

S. K. — Je ne comprends pas du tout pourquoi tout le monde se sent obligé de me dire qui je suis. Je suis le pape, je suis l'hôte de la coupe du monde, c'est ma coupe du monde... Toutes ces campagnes qui n'arrêtent pas de me rappeler mon identité ! Mais apparemment, l'Allemagne en a besoin. Je viens de lire des sondages : il paraît que sur les onze millions de personnes qui connaissent cette campagne de publicité, 38 % se sentent déjà mieux. Tous mes vœux de bonheur.

M. M. — Autrefois, on aurait dit « Nous sommes un peuple ». Qui sont les trois Allemands les plus *cools* ?

S. K. — Aucune idée. Je ne les connais pas tous. Pour être diplomate, je dirais mon papa, ma maman et ma mamie. Ce sont trois Allemands *cools*.

M. M. — Et le produit allemand le plus *cool* ?

S. K. — Le pain de seigle noir.

M. M. — Et l'Audi ?

S. K. — C'est allemand, Audi ? Moi je roule en Volkswagen.

M. M. — Que pensez-vous de la provocation patriotique de ces « Nous sommes nous ! » qui célèbrent la réunification allemande ? Ça vous convient, ou vous trouvez qu'il vaudrait mieux s'abstenir ?

S. K. — Toutes ces campagnes patriotiques me paraissent toujours très douteuses. Pourquoi devrions-nous de nouveau être quelqu'un ? Nous n'étions donc personne, jusqu'ici ? Oui, c'est vrai, nous avons cette faute et nous devons vivre avec. Mais je n'ai pas non plus l'impression de marcher en permanence dans les rues le dos courbé sous le poids de la culpabilité. Cela dit, je ne pense pas qu'une campagne comme ce « Nous sommes nous ! » serve à quoi que ce soit.

M. M. — On connaît par exemple le slogan « Plus jamais l'Allemagne ». Certains Allemands disent « Ne plus jamais être Allemand, mieux vaut être Européen ou plutôt citoyen du monde ».

S. K. — C'est tout aussi idiot.

M. M. — Nietzsche disait que c'était une caractéristique des Allemands : chez eux, la question de savoir ce qui est allemand ne s'éteint jamais.

S. K. — Qu'ils la posent ! Mais on ne peut vraiment pas le faire sans campagnes de publicité ? Les Français, eux aussi, parlent certainement des Français. Et puis ça serait quoi, l'alternative ? La dissolution de l'Allemagne ?

M. M. — Qui a été votre première idole ?

S. K. — Je n'ai jamais eu d'idole. Mais j'étais très amoureuse de New Kids on the Block quand j'avais douze ou treize ans. J'avais des posters de ces gens-là dans ma chambre et je me suis toujours imaginé qu'ils pouvaient me voir à travers les affiches. Je leur tournais le dos quand je me changeais, pour qu'ils ne puissent rien voir.

M. M. — Quelle a été la plus belle époque des Allemands ? Vers 1200, vers 1800 – c'était le classicisme de Weimar, Goethe, Schiller, la révolution était terminée. Ou 1989. Ou maintenant ?

S. K. — Si vous me posez la question personnellement, je devrai sans doute choisir notre époque. Les autres, je ne les ai pas vécues, ou alors en filigrane.

M. M. — Mais vous avez vécu 1989 ?

S. K. — Je me rappelle seulement que le lendemain matin je suis partie pour l'école, ma mère dormait encore, je lui ai dit « Salut ! », et maman a murmuré : « Il faut vraiment que tu ailles à l'école ? Le Mur est tombé, tout de même. » J'ai répondu : « Bien sûr qu'il faut que j'aille à l'école. » Je crois que je ne savais même pas vraiment de quoi elle parlait.

M. M. — Y a-t-il eu une phase de votre enfance où vous vouliez refaire le monde ?

S. K. — Mais non. D'ailleurs, ça me fait toujours un peu honte.

M. M. — Votre collège portait le nom de John Lennon. Et vous chantiez tous *Imagine* ?

S. K. — Oui, on chantait toutes sortes de chansons des Beatles pendant les cours. C'était dément. Non, vraiment, c'est dommage que je n'aie pas été une jeune fille politisée, que je n'aie pas eu envie de refaire le monde.

M. M. — Et y a-t-il aujourd'hui dans le monde des choses que vous aimeriez refaire ?

S. K. — Il y en a quelques-unes. La manière la plus simple, c'est de soutenir une cause en mettant à disposition son visage ou son argent. Je trouve toujours bien de pouvoir balayer devant sa porte. Je pense qu'il est tout aussi important de se soucier des enfants défavorisés en Allemagne que de s'occuper de ceux du tiers-monde. C'est toujours tellement bizarre de voir tous ces VIP prendre un vol pour l'Afrique et se faire photographier avec de petits enfants au ventre enflé, alors qu'on trouve dans le Brandebourg des Allemands qui frappent tellement leurs enfants qu'on ne peut plus les laisser vivre chez eux. Alors je donne un ou deux sous ici et là.

M. M. — Comment trouvez-vous notre chancelière ?

S. K. — Eh bien, je n'ai pas voté pour elle. Mais j'ai peu à peu le sentiment qu'elle s'en sort bien. Elle en prend toujours autant sur la patate, mais je trouve qu'elle a magistralement passé ses épreuves du feu.

M. M. — Il faut la trouver super parce que c'est une Allemande de l'Est ou parce que c'est une femme ?

S. K. — Ni l'une ni l'autre ne sont des raisons de trouver super quelqu'un en général ou madame la Chancelière en particulier. La seule chose qui compte, c'est de savoir si elle fait bien son boulot ou pas.

M. M. — Nous faudrait-il un quota de chansons allemandes ? Les Français ont un quota pour la chanson française.

S. K. — Nous n'avons pas à nous plaindre. Cela faisait longtemps que la musique allemande n'avait pas aussi bien marché chez nous, et puis on ne peut tout de même pas dicter au peuple ce qu'il doit écouter. Que ceux qui apprécient d'autres musiques le fassent tranquillement.

M. M. — Quelle est la plus grande contribution allemande à l'histoire de la pop musique ?

S. K. — Nena, vraisemblablement.

M. M. — Kraftwerk a inventé la techno, ils en ont été les ancêtres.

S. K. — Eh bien dans ce cas, Kraftwerk aussi. Nena est sans doute la plus connue en Amérique. Ou bien Rammstein ? Ou alors les Scorpions ? Nena pousse souvent des gémissements tellement crétins quand elle chante. Dommage, parce que je trouve qu'autrement sa musique est très bonne. C'est sans doute un moyen stylistique, mais il ne me plaît pas. Le côté sexy est trop artificiel à mon goût.

M. M. — Cette émission posera-t-elle un jour problème ?

S. K. — Peut-être dans la mesure où au fil de l'âge je perds un peu le goût de la provocation très simple. Je n'ai plus envie de passer mon temps à dire des vacheries à la télévision. Cela ne m'amuse plus non plus de m'en prendre à des victimes trop faciles. Bien sûr, les gens qui sont à la table d'à côté sont une horreur, par exemple, bien sûr qu'ils ont l'air ennuyeux, mais ils sont heureux tels qu'ils sont.

M. M. — N'était-ce pas de mauvais goût de présenter, comme vous l'avez fait, votre émission allongée dans une baignoire pour l'anniversaire du suicide d'Uwe Barschel, l'ancien ministre-président du Schleswig-Holstein impliqué dans un scandale ?

S. K. — Je ne trouve pas. Disons que c'était peut-être limite. Et surtout, c'était l'occasion de rappeler, dans cette émission, qu'un très grand nombre d'événements de l'histoire culturelle et politique ont eu lieu dans une baignoire. Les Égyptiens antiques, les Romains... Nous avons jugé que la baignoire était un lieu sous-représenté.

M. M. — Y a-t-il une nouvelle citoyenneté allemande ?

S. K. — On lit beaucoup que les valeurs se sont décalées ou qu'elles ont régressé. Je pense que si ça, c'est décalé, tant mieux, si ça ne s'est pas décalé, peu importe. Que le peuple vive comme il l'entend.

M. M. — Pendant un certain temps, la famille a été considérée comme une prison et un enfer bourgeois ; cela semble avoir changé aujourd'hui.

S. K. — Cela valait vraiment pour tant de gens que ça ?

M. M. — Oui, la femme moderne se disait : « Je veux absolument devenir Sarah Kuttner, et ne jamais avoir, de toute ma vie, une famille et trois enfants. »

S. K. — Mais Sarah Kuttner veut aussi avoir un jour ou l'autre une famille et au moins un enfant.

M. M. — C'est ce qu'elles disent toutes.

S. K. — Allons, j'ai encore un peu de temps, non ? Quand est-ce que ça devient problématique, pour une femme ?

M. M. — À partir de quarante ans, je crois.

S. K. — Dans ce cas j'ai encore tout le temps pour faire des enfants. Pour le moment, je vais continuer à pourrir les audimats de *MTV*.

15.

Deux hommes à la mer

À propos de l'auteur de thrillers John le Carré, du peintre Karl Weschke et de l'amitié germano-britannique.

Difficile d'imaginer un homme qui ait été plus fier de l'Allemagne, au cours de ces journées de mars 2004, que l'auteur de thrillers anglais John le Carré.

Le Carré, David Cornwell pour l'état civil, a passé de longues années en Allemagne. Il parle l'allemand pratiquement sans accent. Après la guerre, il a travaillé comme attaché d'ambassade à Berlin, et pour les services secrets anglais. Son premier roman dans une longue série de succès mondiaux, *L'Espion qui venait du froid*, se déroule en Allemagne, tout comme son dernier en date, *Une amitié absolue*.

Il aime l'Allemagne, dit-il, et il l'aimait tout particulièrement ces jours-là, pour des raisons fort pacifiques. Le fait que l'Allemagne ne participe pas à la guerre contre l'Irak était à ses yeux la preuve que les Allemands avaient « appris ». « Nous, les Britanniques, nous n'avons jamais connu une occupation, jamais perdu une guerre, et c'est notre malheur. »

David habite avec son épouse une jolie maison de briques à Hampstead, dans un milieu discret et absolument légendaire où l'on trouve sans doute la plus haute densité de prix Nobel au monde. Joseph Brodsky habitait au coin de la rue, Freud y avait son cabinet, Keats y a écrit, tous y ont vécu.

David a un crâne de César, des cheveux blancs coupés court et des yeux d'un bleu invraisemblable, des yeux incorruptibles.

Il est grand et athlétique, il pourrait malgré son âge – soixante-dix ans bien sonnés – jouer de manière crédible le rôle d'un entraîneur de football. C'est le plus modeste et le plus stimulant des interlocuteurs, un gentleman achevé. Je lui ai demandé un autographe pour une amie à nous, une étudiante belle comme le jour. Elle l'avait vu pendant une lecture et était tombée amoureuse de lui. « Il a toujours sacrément belle allure, nous a dit sa femme, Jane, avec un sourire, mais il ne faut pas le lui dire, sans ça il se fait des idées. »

David nous avait invités pour un *lunch* dominical, en compagnie du comédien Ralph Fiennes, du directeur de Human Rights Watch, Steve Crawshaw, et de Tim Sebastian, ces deux derniers en compagnie de leurs épouses. Tim Sebastian est le bulldog de l'émission *Hard Talk* sur la *BBC*, une des séances d'interviews les plus dures et les plus brillantes du monde. J'aimais beaucoup son émission, et je le lui dis. Il dirigea vers moi des yeux las et j'eus l'impression d'être transpercé par son regard. Il avait vraisemblablement entendu cela trop souvent.

Lors de ce *lunch*, on plongea rapidement au cœur des sujets brûlants, la guerre et la paix, l'Angleterre et l'Allemagne, Tony Blair et Gerhard Schröder. Je partageais l'enthousiasme de David pour le chancelier allemand. Je crois qu'il entrera dans l'histoire pour avoir su emprunter ce chemin à part et y être resté. Bien entendu, il a eu de la chance que les Français aient suivi la même voie par pure aversion envers les Américains et les Britanniques. Nous ne pouvions pas nous intéresser à cette campagne militaire imbécile qui était le meilleur encouragement possible au terrorisme et ouvrait, comme l'a récemment admis l'ambassadeur des États-Unis en Irak, une boîte de Pandore qui a depuis transformé toute la région en zone de guerre civile.

Cette guerre avait commencé avec l'intelligence politique d'un jeu vidéo : boum ! boum ! et le méchant est liquidé. Il ne fait aucun doute que l'élimination du tyran sanguinaire qu'était Saddam Hussein ait constitué un objectif honorable. Aucun doute non plus qu'il ait fallu l'atteindre. Mais sous cette forme-là, le prix était trop élevé. Trois semaines de rodomontades militaires. Depuis, quelque cent mille morts civiles, la terreur quotidienne des bombes.

Tony Blair, lui, était tellement pressé de se jeter dans cette guerre malheureuse qu'il a menti à l'opinion publique en prétextant la menace immédiate d'armes de destruction massive, puis a persisté dans son attitude, ce qui a entraîné une chaîne interminable de mensonges, de révélations, de démissions, d'excuses et de nouveaux mensonges.

Imaginons que nous, les Allemands, nous soyons laissés entraîner là-dedans. Tous ceux qui participaient à ce *lunch* étaient capables d'imiter Blair jusque dans ses moindres maniérismes, avec ses battements d'œil, ses grandes déclarations creuses, son ton de faux ami. Ils épanchaient dans des plaisanteries moqueuses la colère que leur inspirait la politique belliciste de leur Premier ministre. Nous étions d'accord. Cette collation devint pourtant la plus douloureuse que j'aie jamais vécue. Car plus sensible encore que la colère inspirée par Blair, je sentis monter la rage contre ces Allemands qu'on était sans doute obligé d'applaudir. Les Allemands, justement eux !

Le ressentiment antigermanique était profond, notamment chez Sebastian, l'homme de la *BBC*. Il grognait, il hésitait. Il bredouillait des sottises dont j'étais de plus en plus souvent la cible. Crawshaw, lui aussi, commença à me traiter comme un imbécile. D'ordinaire, Steve était un gentil gars. Il écrivait cependant ses livres sur les Allemands comme s'il s'agissait d'élèves attardés de la démocratie qui ramenaient certes des bulletins corrects à la maison, mais devaient tout de même rester sous observation. Et cet homme-là se retrouvait à table avec un couple d'Allemands, elle venue de l'Est, lui de l'Ouest, tous deux de ce pays où des élèves attardés en démocratie devenus tout d'un coup des maîtres refusaient de participer à cette guerre stupide et illégale où sa propre nation s'était empêtrée. Nous percevions presque physiquement leur agacement. Ils voulaient dire du mal de leur pays, bien sûr – mais tout de même pas devant des Allemands !

Nous, les Allemands, nous jouons un rôle spécifique dans le psychisme britannique. Les Britanniques ont besoin de nous parce que nous leur rappelons leur grande victoire. Lorsque le *Daily Telegraph* demanda à ses lecteurs, après les explosions du métro londonien, le 7 juillet 2005, ce qui était à leurs yeux particulièrement britannique, la victoire sur l'Allemagne nazie vint en première place sur la liste.

Nous, les Allemands, sommes une source constante d'élévation nationaliste pour les Anglais de toute catégorie. On le ressent très bien dans le contact personnel, et pas seulement lors de ce *lunch* avec Tim Sebastian. Mon fils a été poursuivi aux cris de « nazi ! nazi ! » par de jeunes Anglais dans les parcs londoniens; mais dans le même temps, quelque 80 % des enfants britanniques ne savent même pas ce qu'a véritablement été la Shoah.

Lorsque mon épouse et moi-même, après une soirée avec l'écrivain Ian McEwan, rencontrâmes devant le *Sheekeys*, un restaurant londonien « in », ce très fameux réalisateur, qui cheminait ce soir-là avec le fiancé d'Elton John, il leva le bras pour faire le salut hitlérien en apprenant que nous étions Allemands. Il trouvait ça drôle. Ma femme en fut choquée. Moi, je ne l'étais plus.

J'ai longtemps mis cela sur le compte d'un complexe des Britanniques, un complexe qui n'a strictement rien à voir avec nous, mais avec leur propre surchauffe psychique : ils cultivent secrètement une immense admiration pour Adolf Hitler, et ils l'ont toujours eue, il suffit pour s'en convaincre de lire aujourd'hui les textes exaltés que l'aristocratie anglaise a écrits à son propos.

Face à cela, on ne peut que se moquer et ficher le camp. Raison pour laquelle il m'était impossible de comprendre pourquoi l'ambassade allemande à Londres avait adressé cette invitation gênante à quelques professeurs d'histoire britanniques choisis au hasard. Au lieu de leur crier, à eux qui ne parvenaient pas à se débarrasser de leurs clichés, « Et si vous alliez vous faire voir ailleurs ? », les diplomates allemands mendiaient du respect et de la reconnaissance. Une tentative de corruption au plus haut niveau, qui pouvait difficilement se dérouler d'une manière plus pénible et plus éloquente.

Ces fonctionnaires s'étaient sans doute posé la question en ces termes : et si nous faisions venir en Allemagne, à nos frais, quelques professeurs d'histoire que nous logerions et nourririons comme de petits potentats étrangers ? Après tout, c'est en cours d'histoire que tout se passe. Si les enseignants sont d'humeur bienveillante, s'ils en savent plus sur les poèmes de Heine, les cheveux dorés de Claudia Schiffer, les symphonies de Beethoven, les aventures de Humboldt ou la biographie de Willy Brandt, ils le transmettront à leurs élèves. Ainsi s'installera à la base la bonne image de l'Allemagne qui nous semble appropriée, une image nuancée, démocratique et pétillante.

On convia donc un peu moins de deux douzaines d'enseignants à Berlin, Dresde et Bonn. Ils logèrent dans des hôtels cinq étoiles, allèrent à l'opéra, flânèrent au Reichstag, serrèrent les mains des représentants de la nation allemande, eux-mêmes étant en quelque sorte devenus les ambassadeurs de la nation anglaise. Les salamalecs comme stratégie de relations publiques : le contribuable paya environ 52 000 euros cette tournée des grands ducs offerte à quelques professeurs de province dont on escomptait manifestement qu'ils produisent un effet multiplicateur. Certes, se dit-on, ce travail de persuasion entraînait une assez grosse dépense par tête de pipe. Mais primo, ce n'est pas nous qui payons de notre poche : c'est le contribuable. Et deuxièmement, à leur retour, les professeurs ainsi choyés, nous l'espérons, rendront compte de leurs impressions avec exaltation dans la presse anglaise et feront une folle publicité à l'Allemagne, qui rentrera ainsi dans ses frais.

Soyons concis : les courtisés laissèrent les gratifications s'abattre sur eux comme une proposition malhonnête. Et ils parlèrent, non sans une fierté nonchalante, de la fin de non-recevoir qu'ils avaient adressée aux « choux », puisque c'est ainsi que l'on appelle les Allemands là-bas. La presse anglaise eut ce que l'on appelle en Grande-Bretagne un *field-day*. Le *Guardian*, en particulier, se mit à hurler de rire et de ravissement. « Ça n'était pas vraiment renversant », écrivait le journal, citant l'un des professeurs, un certain Peter Liddell. À l'opéra, racontait-il, sa voisine s'était endormie. En temps normal, on ne pouvait pas s'offrir des hôtels aussi chers, raison pour laquelle on avait accepté de faire le voyage, mais ça ne changerait rien au programme d'histoire dont le sujet principal était Hitler et encore Hitler.

« Les enfants trouvent l'époque nazie intéressante, dit M. Liddell. Il s'y passe plein de choses. Il y a beaucoup de violence. N'oubliez pas qu'à quatorze ans, en Angleterre, vous pouvez aussi totalement renoncer aux cours d'histoire. » Alors on est content quand on peut les divertir suffisamment qu'ils ne le fassent pas. « L'histoire allemande de l'après-guerre est simplement plus confuse et plus difficile à enseigner. »

Mais si l'on parlait de Willy Brandt, le grand homme de la paix entre les peuples, celui qui a construit les ponts en direction de l'Est, le bon Allemand, le chancelier qui s'est agenouillé devant le monument du ghetto de Varsovie, le prix Nobel ?

« Tout cela est un peu sec, vous ne trouvez pas ? »

L'un de ses collègues précise encore une fois, pour que j'en prenne note : « Les nazis sont sexy. Le mal fascine. »

Au bout du compte, il ne peut y avoir de leçon plus simple que celle-là.

Premier point : les Britanniques ne s'intéressent pas à la nouvelle Allemagne.

Deuxième point : les Britanniques ne s'intéressent pas à l'ancienne Allemagne.

Troisième point : les Britanniques ne s'intéressent qu'au nazisme.

C'est ce qu'a prouvé le prince Harry lorsqu'il s'est promené avec une croix gammée pendant une *party* de la « jeunesse dorée », une croix cousue, qui plus est, sur une veste de la Bundeswehr, l'armée de l'Allemagne fédérale, montrant ainsi au monde entier que dans la piètre formation des *kids* anglais, tout se mélange, le svastika et l'aigle fédérale ; quant aux Britanniques plus cultivés, ils accueillent ce genre de dérapages avec un sourire condescendant. Germaine Greer, l'intellectuelle de gauche, a estimé qu'on ferait mieux de laisser le prince Harry en paix : après tout, ce n'était qu'une blague.

Alors pourquoi cette corbeille de présents estampillée par le gouvernement allemand et accompagnée d'une carte du genre :

« S'il vous plaît aimez-nous » ? Pourquoi courtiser une caste stupide de faiseurs d'opinion qui, après qu'un Allemand a été élu pape presque à l'unanimité par des cardinaux du monde entier, se met à éructer comme par réflexe à propos du « cardinal *panzer* » et du « jeune hitlérien », ce non seulement dans le *Sun* mais même dans ce journal sérieux qu'est le *Guardian* ? Bien entendu, c'est à mourir de rire. Ne devrait-on pas se mettre à faire des plaisanteries sur les camps de concentration anglais au Kenya, sur la traite des esclaves, sur les massacres des Boers ? Certainement pas ! Mieux vaut laisser ces insulaires en paix dans leur propre enfer historique.

Le mieux est de se réfugier dans les buissons pour échapper à leurs croquenots et d'espérer qu'on n'y sera pas de nouveau débusqué, ce qui arriva par exemple à la ministre anglaise de la Culture, qui célébra l'amour des Allemands pour la musique classique et déplora le manque de passion chez ses compatriotes, bref, qui se mit à faire une rhapsodie sur la culture allemande, et tout cela sans mentionner la victoire britannique sur les nazis – une erreur, un péché mortel qui fut aussitôt sanctionné. Le *Daily Mail* épaula et répliqua : « *A load of old Sauerkraut !* » (« un chargement de vieille choucroute »), jugea le journal, en rappelant, dans un véritable feu d'artifice d'humour britannique, que les Allemands portent des culottes de peau et se mettent mutuellement la main aux fesses, ce qui les rend aussi pédés et aussi fous que le roi Louis II de Bavière.

Il va de soi que tous les Britanniques, loin de là, ne sont pas accessibles à ce genre d'idioties antigermaniques. Nous avons eu beaucoup d'amis qui leur étaient parfaitement imperméables. David Cornwell (John le Carré), auquel nous avons rendu visite un jour dans sa propriété du sud-ouest de l'île, dans les Cornouailles, ne cultivait certainement pas non plus ces imbécillités.

Quelle vue sur la mer ! La propriété se dressait sur une falaise et disposait d'une vaste et lumineuse maison d'habitation, d'une piscine couverte, d'une maison d'amis et d'un jardin fleuri au romantisme furieux. Nous barbotâmes dans sa piscine chauffée tandis que Jane mettait quelques poulets dans la rôtissoire et que David, comme chaque matin, travaillait à son nouveau roman.

Au déjeuner, il nous divertit avec des histoires absurdes sorties du monde absurde des services secrets. Il nous parla de son père, cet « escroc talentueux » qui avait fait des séjours réguliers en prison. Il l'aimait et pensait avoir beaucoup appris de lui, par exemple à apprécier une bonne histoire. Il raconta ses visites chez Fidel, chez la *Queen*. Il nous parla de ses enfants et petits-enfants. Puis nous disputâmes une partie de croquet, il indiqua à mon fils les meilleurs coups, et bien entendu, il gagna en sa compagnie.

David a très souvent gagné au cours de sa vie.

C'est peut-être pour cette raison qu'il a tant de compréhension pour les perdants, pour les faibles, pour les vulnérabilités de l'âme humaine, pour les biographies embrouillées et égarées des Allemands, que l'on décrit dans ses romans avec un sens extraordinaire de la nuance et de l'équité. Et il avait en particulier de la compréhension pour son ami allemand Karl Weschke, un peintre qui vivait à proximité et dont il collectionnait les tableaux. Cet après-midi-là, il nous emmena chez lui. Nous fûmes peut-être ses derniers visiteurs. Weschke est mort peu après, à soixante-dix-neuf ans.

Weschke était un petit homme, à peine plus grand que mon fils. Avec son crâne chauve et ses grands yeux tranquilles, il ressemblait à Picasso dans sa vieillesse. Il portait une chemise à carreaux et des jeans. Sa maison était en pierre naturelle et se dressait aussi rudement sur la falaise que celle de David; il l'habitait avec son épouse, une femme jeune et énergique, anglaise et spécialiste de la littérature.

Il nous montra à quoi il travaillait ce jour-là. C'était un gigantesque tableau non figuratif, mais aussi âpre et mystique que le paysage, à l'extérieur, ces collines vertes et grises avec leur herbe peignée par le vent sous le ciel de plomb. Il expliqua à mon fils ce qu'il trouvait de beau dans la couleur verte, puis ils se demandèrent tous les deux ce que pouvait signifier ce puissant monolithe que Weschke avait peint sur une toile géante. Ce fut une expédition à laquelle tous deux se livrèrent avec une grande ardeur. Weschke était totalement dénué de préjugés, même à l'égard de sa propre création. Il était curieux de tout. Il s'étonnait comme un gamin, comme mon fils.

Weschke était né à proximité de Gera, c'était un enfant naturel, et sa mère, qui avait trois autres enfants, l'avait abandonné au bout d'un an dans l'espoir qu'il soit adopté. Il grandit dans un orphelinat et vécut « comme un chien des rues » ; tout était chaotique en ce début des années trente, racontait-il. Et tout d'un coup on avait vu arriver les Jeunesses hitlériennes, le sport et la camaraderie, on avait appris à aimer l'ordre et « tout naturellement, à haïr les Juifs ». Lorsque les Britanniques le capturèrent, pendant la guerre, l'installèrent dans l'île et le placèrent dans un foyer de rééducation, il continua à détester les Juifs.

Vint le jour où il fut susceptible d'être libéré. Mais lorsqu'on l'interrogea sur son état d'esprit, il laissa de nouveau échapper une insanité antisémite et replongea. Le chemin à part de Weschke. Ce fut un long chemin. « Tout ce que je savais, c'étaient les nazis qui me l'avaient inculqué. »

Après sa libération, il resta sur l'île. Il ne savait plus d'où il était. D'une certaine manière, dit-il, il est resté orphelin toute sa vie. Il n'est plus allé en Allemagne, et il n'a pas accepté le passeport britannique parce qu'il ne se sentait pas Britannique. Au milieu des années cinquante, il a rejoint la colonie d'artistes de St. Ivves, mais il ne savait pas par quel bout prendre ses abstractions et resta un marginal, même là-bas. Seuls ses tableaux révèlent les traces culturelles de son origine et quelque chose comme des impressions psychiques originelles.

Les tableaux de Weschke sont accrochés à la Tate Gallery. Son art s'est imposé, et c'est certainement l'une des raisons pour lesquelles on peut nous apprécier sur cette île. Il choisissait ses motifs dans la mythologie et dans l'histoire et les transposait dans un monde dur, moderne, déchiré. Ses tableaux proposent des récits expressionnistes : chiens qui se battent, viols, chevaliers dans le marécage, cadavres sous le soleil brûlant – il ne fait aucun doute que les souvenirs des champs de bataille de sa jeunesse l'ont poursuivi toute sa vie.

Peu avant notre visite, mon frère lui avait remis la grande croix du Mérite d'Allemagne fédérale. Weschke nous montra fièrement les documents et la médaille dans sa petite boîte. Ses yeux brillaient. Il était ému. Il était tout simplement heureux que sa patrie, qui l'avait oublié, se souvienne de lui, l'orphelin. Il avait l'impression d'être revenu chez lui.

« Ton frère n'a vraisemblablement jamais décerné décoration plus importante », m'a dit plus tard David.

16.

Le nouveau miracle économique allemand

Du lien entre le patriotisme et la puissance économique d'un pays et pourquoi traverser une crise encourage la créativité.

Dans aucun autre pays on ne pourrait imaginer un chef d'entreprise comme Ernst-Wilhelm Händler, lequel nous recommande un retour à notre vertu centrale, qui consiste précisément à *ne pas* penser à gagner de l'argent.

Händler est à la fois chef d'entreprise et romancier. Il a réussi dans les deux disciplines. Il a donné aux pages culturelles du journal *Die Zeit* l'une des interviews les plus détendues que j'aie lues ces dernières années. Il a dit : « Nous, les Allemands, tout le monde sait que nous passons pour des poètes et des penseurs ; faisons donc ce que nous savons faire. Les Allemands n'ont jamais été connus pour vouloir gagner de l'argent. L'opposition à l'argent est un héritage du romantisme. Vous ne pourrez pas passionner l'Allemand pour le profit, son cœur s'y oppose. » Alors quoi ? « Nous devrions produire de l'esprit, de l'intelligence sous toutes ses formes. »

Nous gagnons de l'argent en passant. Ou bien nous n'en gagnons justement pas du tout. Nous pouvons par exemple nous permettre d'inventer le lecteur MP3 et de laisser à Apple et Sony le soin de l'exploiter et de ramasser quelques milliards répugnants.

« Comme c'est *cool!* », dirait Moritz von Uslar.

Et comme il est *cool* aussi que nous, les Allemands, ne soyons plus une nation du miracle économique, que nous ne tirions plus notre fierté de notre seul taux de croissance ! Prenons le cas d'une nation déplorable où les choses se passent ainsi, prenons comme contre-exemple, je ne sais pas, disons... la Grande-Bretagne.

Le miracle économique britannique des douze dernières années, lancé avec les réformes brutales de Margaret Thatcher, a provoqué sur l'île un regain de fierté bruyamment réprimée, au moins aussi bizarre que l'avait été chez nous la culture allemande du miracle économique dans les années cinquante : après de longues années de renoncement, l'apprentissage du « goût ».

La classe moyenne des nouveaux riches anglais achète la Bretagne et la Costa Brava et apprend à prononcer à la française le nom des vins français. La télévision diffuse quasiment en continu des opérations de chirurgie esthétique, des *shows* immobiliers et autres pornos pour propriétaires, où l'on pratique l'adoration de l'argent. L'Angleterre est vraisemblablement à l'heure qu'il est le lieu le plus dénué d'esprit de tout l'univers.

On se rengorge du fait qu'une douzaine de restaurants britanniques auraient été classés parmi les meilleurs du monde, bien que la liste ait vraisemblablement été établie par deux rédacteurs désœuvrés du *Guardian* assis dans un *fish & chips* quelconque. On y est arrivé ! Mieux, s'il y a eu une véritable conquête pendant l'ère du New Labour, c'est manifestement celle-ci. C'est en tout cas à elle qu'on a consacré le plus de commentaires. L'Angleterre, qui se distinguait jusqu'ici par cet agrégat indigeste qu'on appelait au choix le *stew* ou le *pudding*, est devenue une île de gourmets.

Marx & Spencers propose à présent des chips de pommes de terre aux fines herbes de Normandie et au sel de mer. Les éditorialistes politiques ne tarissent plus d'éloges sur les restaurants *chicken-tikka* de province et ne parlent plus de politique mondiale qu'au dessert, dans le meilleur des cas, mélangeant aux sauces épaisses les horreurs habituelles sur le pape *panzer* hitlérien ou sur les arriérés de l'Union européenne. Et pendant les pauses digestives, Bob Geldof intime une dernière fois à l'Afrique l'ordre d'instaurer la démocratie et ensuite au monde l'ordre tout aussi définitif d'y mettre un terme à la famine, OK? *Burp!*

Le chancelier de l'échiquier, Brown, tient pendant ce temps-là des discours de fond sur les bénédictions de la *britishness* et selon l'*Independant*, les manuels d'histoire britanniques ont bien du mal ne serait-ce qu'à mener une réflexion sur les côtés obscurs de l'empire. Mieux, ce pays obsédé par la manière dont les Allemands maîtrisent leur passé reste étrangement muet lorsqu'il s'agit de son passé à lui. L'esprit anglais guérira le monde: ce principe vaut aussi bien pour l'Afrique que pour l'Irak, et tout particulièrement pour l'Europe, où la présidence britannique a débuté par un discours vibrant de Tony Blair sur le renouveau de l'humanité avant de s'achever en querelle de marchands de tapis sur le rabais consenti par l'Union à la Grande-Bretagne.

Est-ce vraiment ce que nous voulons, nous, les Allemands? Voulons-nous vraiment nous montrer au monde aussi gras, aussi peu inspirés, voulons-nous nous contenter de l'identité fade qu'apporte le succès économique?

C'est ce que nous voulons?

Eh bien soit!

Parlons de l'économie, la troisième économie du monde, le champion du monde de l'exportation, le favori des investissements. Parlons de l'Allemagne, ce « pays à problèmes » qui enflamme plus que tout autre sujet les débats de la république et qui mit notamment en rage le comte Lambsdorff lors d'un *lunch* donné en mars 2005 à l'ambassade d'Allemagne.

Quinze ans s'étaient écoulés depuis l'unification de l'Allemagne; le comte Lambsdorff faisait un exposé sur la misère allemande, dans le décor formé par d'imposantes scènes de chasse accrochées au mur du palais de ville de Belgrave Square. Sa soupe aux coquillages et son filet de veau restèrent tels quels dans son assiette, car le comte avait une infinité de choses à dire. Et uniquement de sombres choses. Il lisait depuis Londres l'avenir de l'Allemagne. Le pays, affirmait-il, était une nation incapable de se réformer, paralysée et en voie de paupérisation. Le chômage était inquiétant, les prélèvements sociaux trop élevés, tout comme les impôts.

Les invités britanniques hochaient la tête, un peu étonnés par l'intransigeance de ce Balte fulminant. Quant aux Allemands, ils regardaient leurs couverts d'un air mélancolique. L'Allemagne dans le lac. Voilà ce qui s'appelle ne pas mâcher ses mots, comte ! En réalité, dit l'un des convives lors de la séance de questions-réponses qui suivit devant un café et un cognac, Lambsdorff avait déjà formulé ses critiques au début du gouvernement Kohl. À l'époque, déjà, il avait déploré le chômage trop élevé, les charges trop lourdes, les impôts excessifs sur les entreprises.

Lambsdorff hocha la tête : « Mais justement ! » Il prêchait déjà dans le désert à cette époque. Et l'on voyait le résultat : l'Allemagne en morceaux. Le comte semblait ne pas remarquer qu'il avait marqué un splendide but contre son propre camp. La coalition gouvernementale formée avec son propre parti n'avait-elle pas disposé de seize ans pour réparer tout cela ? Cette question fit hésiter le comte.

Profitant de cet instant de trouble, un journaliste économique de l'*Economist* s'engouffra dans la brèche et expliqua pourquoi l'Allemagne valait bien mieux que sa réputation. Il exposa une première fois, de vive voix, tout ce qu'on put lire peu après dans un article de fond : l'Allemagne était manifestement redevenue un site très attrayant pour les investisseurs, la productivité y était immense, les négociations salariales avaient été très modérées, les profits réalisés y étaient au-dessus de la moyenne, et les Allemands étaient devenus champions du monde de l'exportation.

« Mais l'exportation, éclata le comte, c'est de la poudre aux yeux ! » Tout cela, expliqua-t-il, n'était que faux bilans : c'est à l'étranger que se créait la valeur ajoutée, et celle-ci ne profitait donc pas du tout à l'économie intérieure. L'un dans l'autre, ce début d'après-midi nous offrit ainsi un spectacle réjouissant : un journaliste anglais prenant sous son aile la *good old Germany* pour la protéger contre les attaques rugissantes de l'un des politiciens allemands les plus connus.

Dans un livre qui vient de paraître, le journaliste économique Henrik Müller décrit le patriotisme comme une force pour l'économie. Il existe effectivement des liens irréfutables entre la cohésion d'une nation et sa réussite économique. Il existe en Grande-Bretagne une politique économique nationale qui défend ses intérêts sans aucune espèce de scrupules. Pourquoi les Allemands sont-ils encore les plus grands contributeurs de l'Union européenne, alors que les Britanniques, dont la situation est meilleure que la nôtre, continuent à bénéficier de rabais ? Le gouvernement britannique a mis en place des incitations considérables pour attirer sur l'île les entreprises étrangères, entre autres par un faible niveau d'imposition. Il fait venir de la main-d'œuvre étrangère spécialisée. Il assure sa propre publicité, comme le ferait une entreprise. Chez nous, c'est l'inverse : le gouvernement va jusqu'à subventionner la délocalisation d'entreprises allemandes. Pourquoi ?

La nation, institution du XIXe siècle, a de puissants adversaires à l'ère de la mondialisation. Il y a longtemps qu'elle n'est plus menacée par les méchants internationalistes de gauche, mais avant tout par de méchants capitalistes de droite, ceux qu'on décrit comme des essaims de sauterelles, qui ne connaissent pas de frontières et sautent d'un pays à l'autre. Aujourd'hui, les entreprises opèrent à l'échelle du globe. Leurs patrons considèrent qu'ils ont avant tout à rendre des comptes à leurs actionnaires, et pas à l'Allemagne – eux-mêmes ne le contesteraient pas, car le patriotisme est une antiquité sentimentale, une valeur strictement inquantifiable qui n'apparaît pas dans les calculs auxquels se livrent les directions de grands groupes. Elles ne le peuvent pas, elles n'en ont pas le droit, sans cela les patrons ne feraient pas leur boulot et on les virerait.

À moins que ?

Ce sont les acteurs opérant au niveau global, qui, selon la revue *Manager Magazin*, « ont la réputation d'être d'infâmes apatrides ». Ce sont ces patrons que l'ancien chancelier Helmut Schmidt, notre vieux capitaine, a traités d'« individus sans patrie ». Ce sont ces patrons qui ont supprimé des emplois en Allemagne et les ont transférés à l'étranger, eux qui se moquent des considérations sociales comme de leur première chemise. Ils utilisent les profits dégagés par ces licenciements pour licencier encore plus, pour enrichir plus encore quelques actionnaires allemands et un très grand nombre d'actionnaires étrangers.

Prenons l'exemple de Manfred Wennemer, président du directoire de Continental, qui a supprimé 320 emplois dans un site de production pourtant rentable à Hanovre, et à déclaré peu de temps après au journal *Die Welt* que les protestations contre ces mesures n'étaient que l'expression d'une « morale locale », car « du point de vue international, ce sujet n'intéressait personne ».

Erreur : il intéresse.

C'est ici, en effet, que le patriotisme entre en jeu. Nous devons changer notre manière de voir les choses !

Le conseiller d'entreprise Roland Berger, par exemple, estime qu'il est plus important de garantir les sites nationaux que de créer plus de valeur ajoutée à court terme en jouant sur les différences de coûts internationaux, en donc en délocalisant. La plupart des grandes entreprises internationales réalisent en effet une grande partie de leurs bénéfices dans leur pays d'origine. « Mais certains managers ont encore beaucoup de travail à accomplir pour aboutir à ce genre de vision positive de l'existence de leur entreprise en Allemagne », dit Berger.

Martin Kannegiesser, président de l'Union du patronat allemand et fabricant de machines à repasser, a de l'expérience dans ce domaine. Plutôt que de délocaliser en Chine, il a élargi sa palette de production, n'a abandonné ni la Westphalie, ni son personnel, et a retrouvé des marges bénéficiaires considérables en produisant des bancs de lavage de haute technologie. « Être enraciné dans sa propre région, ça peut libérer des énergies », dit Kannegiesser. Il n'a strictement aucune envie d'aller s'installer en Chine.

Les nations, selon l'économiste Guido Tabellini, fonctionnent comme des communautés de sédentaires. Les entreprises ont besoin de valeurs et de normes. Elles et leur personnel doivent être ancrés dans les régions où elles produisent. Il leur faut l'infrastructure d'une communauté en état de marche, elles ont besoin de routes, d'écoles et de sécurité juridique. Comme le constate Henrik Müller, « en temps de mondialisation, le patriotisme » est un facteur économique. L'un des « motifs de la crise économique durable de l'Allemagne » est selon lui « la rupture de l'identité nationale ».

Les chefs d'entreprise allemands considèrent manifestement que la stabilité sociale allemande va de soi, raison pour laquelle, si l'on en croit un sondage international, ils tiennent beaucoup moins compte des conséquences sociales de leur politique d'entreprise que ne le font les entreprises françaises, américaines ou même anglaises. Ils espèrent que notre État amortira les secousses annoncées. Seuls 35 % des chefs d'entreprise allemands interrogés redoutent l'apparition de symptômes de crise sociale, par exemple en cas de fermetures d'entreprises ou de réductions de personnel. Chez les Britanniques, ils sont 88 % à le craindre. Les patrons allemands se fient au modèle consensuel de l'Allemagne. Et ils l'utilisent parfois aussi radicalement que ces prétendus parasites que l'on dénonce si volontiers à l'autre bout de l'échelle sociale.

« Les chefs d'entreprise, explique le producteur de confitures Arend Oetker, doivent eux aussi se demander ce qu'ils doivent apporter, en retour, à la société. » Les *leaders* économiques, eux aussi, veulent être chez eux quelque part. Eux aussi ont une famille. Eux aussi ont des enfants. Eux aussi sont sédentaires. Est-ce trop leur demander que d'avoir une certaine dose de loyauté envers leur propre communauté ?

C'est vrai, il existe une *jet-set* des entrepreneurs, qui paie ses impôts au Liechtenstein, produit en Pologne, place ses enfants en internat à Saint-Bimbam et va de temps en temps faire un tour à une manifestation de charité à Bad Hombourg. Pouah ! Mais ceux-là ne sont pas particulièrement nombreux.

Ils sont en revanche plus nombreux à profiter de la sécurité allemande, des écoles allemandes, des hôpitaux allemands. Et lorsqu'ils parviennent tout de même à ne payer aucun impôt, les partis d'extrême gauche allemands ne sont pas les seuls à voir rouge.

Notre système fiscal est plein de failles. À des salariés comme moi, on retient l'impôt à la source, et dans des proportions bien plus importantes que ce ne serait le cas en Grande-Bretagne ; mais de grandes entreprises se débrouillent pour ne rien payer du tout, ce qui, tout récemment, a indigné un armateur pesant plusieurs milliards au point qu'il a fait le tour des *talk-shows* afin de réclamer une imposition plus lourde pour lui-même et ses semblables. Cet homme-là exprimait une forme de patriotisme et les animateurs des émissions ne pouvaient dissimuler une sorte d'irritation souriante. Cet homme-là avait quelque chose d'un extraterrestre. Il faut quand même être idiot pour payer plus volontairement. Ou bien c'est qu'on a trop d'argent. Ou bien quoi ?

Depuis l'Antiquité, le patriotisme a toujours été une force. On peut le mettre à profit pour construire, ou le déchaîner pour détruire. Il prend la forme d'une impulsion primitive qui s'est vraisemblablement constituée en même temps que la première horde, pour se protéger et se défendre contre les risques venus de l'extérieur. On est solidaire avec les siens. C'est cette énergie-là que nous devons revitaliser. Pourquoi ? Pour défendre nos intérêts. Nous devons veiller à ce que notre pays se porte bien si nous voulons aller bien nous-mêmes. En tant que simples individus, nos chances de survie ne sont pas très grandes. Nous avons besoin du groupe, de la famille, de la nation, et nous en avons plus besoin que jamais.

Il existe certainement des gens qui gagnent de l'argent en s'en prenant à l'Allemagne, comme le fait ce porteur de moumoute allemand sur la *BBC* à chaque fois qu'il s'attaque violemment à l'image des abeilles travailleuses germaniques ; il trouve que ses compatriotes sont particulièrement fainéants, et explique que « les Anglais travaillent deux fois plus dur que les Allemands, ils vont même deux fois plus vite ». C'est vrai, les Anglais travaillent deux cents minutes de plus par semaine ; mais ils n'atteignent pas pour autant la productivité allemande.

Alors que les Britanniques font tout un tintouin autour de leurs succès et laissent les journalistes qu'ils ont rameutés faire leur publicité, je trouve beau que nous, les Allemands, retrouvions nos vertus dans le silence et l'efficacité, comme le veut notre nature. Nous reconstruisons le pays. Les économistes du cabinet Ernst & Young ont conclu en 2004, après une enquête menée auprès de cinq cents chefs d'entreprise internationaux, que l'Allemagne était après les États-Unis et la Chine le troisième site le plus attractif pour les investissements. Nous ne représentons plus seulement l'industrie lourde, comme le voulait le cliché : nous sommes devenus des géants dans le secteur des prestations de services. Aujourd'hui, 70 % de nos actifs travaillent dans ce secteur. On compte 3,2 millions d'entreprises enregistrées en Allemagne. La plupart sont de petites et de très petites entreprises agiles et flexibles qui savent trouver leur propre niche. Seules 10 000 d'entre elles emploient plus de deux cent cinquante collaborateurs.

Après les États-Unis, l'Allemagne reste le pays où l'on dépose le plus grand nombre de brevets. Les spécialistes allemands, l'intelligence allemande sont réclamés dans le monde entier. On emploie sur les chantiers chinois des architectes et des logisticiens allemands, parce qu'avec eux les maîtres d'ouvrage chinois peuvent être certains que les bois venus de Malaisie et les enduits en provenance d'Indonésie arriveront à l'heure sur le chantier. Selon *The Economist*, notre pays a « remarquablement bien » digéré le choc de la mondialisation. Nous sommes sur la meilleure voie.

L'ancien rédacteur en chef du *Financial Times*, Andrew Gowers, discerne même un « *come-back* allemand ». Il voit des signes laissant penser à une « inversion des rôles économiques entre l'Allemagne et la Grande-Bretagne ». Le gouvernement Blair a « présenté de manière outrancière les succès qu'il a obtenus au cours de ses deux premiers mandats ». N'ont pas été réglés « les problèmes structurels, la faible productivité, l'insuffisance des infrastructures et des services publics, le faible goût pour l'investissement et un niveau de formation épouvantablement bas ».

L'économie allemande se remet, l'économie britannique vacille. Le nombre des chômeurs est descendu au printemps 2007 sous la barre des quatre millions après avoir dépassé les cinq millions en 2005. Le moral des entreprises n'avait pas atteint un niveau aussi élevé depuis le *boom* des années 1990.

Sous leur nouveau gouvernement, les Allemands sont globalement beaucoup plus optimistes.

Mais il y a une chose que nous pouvons apprendre des Britanniques : c'est à nous aimer nous-mêmes. L'identification décontractée à sa propre nation constitue, entre autres avantages, un atout dans la compétition. Même en temps de mondialisation, la nation allemande n'est pas superflue, pas pour nous, qui travaillons ici, qui envoyons nos enfants à l'école ici, qui payons nos impôts ici et qui avons besoin des hôpitaux allemands et des systèmes allemands de traitement des déchets. Cela vaut tout autant pour nos employeurs que pour nos employés. Nous avons des intérêts nationaux que nous devrions placer au-dessus des intérêts d'autres nations.

Nous avons, nous, les Allemands, accompli de grandes prestations au cours des quinze dernières années. Nous avons conquis notre unité en tant que peuple, nous ne dépendons plus des blocs, des Alliés et des puissances victorieuses. Nous sommes un peuple maître de son destin, une grande nation centre-européenne qui peut être fière d'elle-même. Nous avons réussi le plus grand transfert financier jamais opéré par une nation en direction d'une région souffrant de faiblesses structurelles. Depuis la réunification, ce sont environ 700 milliards d'euros qui ont été injectés dans les Länder de l'ancienne Allemagne de l'Est. Ils ont permis de construire de nouvelles routes, des immeubles, des usines dans des régions que l'économie planifiée socialiste avait transformées en friches. Le combinat chimique de Bitterfeld, par exemple, avec ses 14 000 emplois, n'avait qu'une seule station mécanique de dépollution. C'était la région des vapeurs toxiques et des particules de soufre. Les enfants en mouraient. Tout cela relève désormais du passé.

Aujourd'hui, la situation est meilleure à Bitterfeld, Dresde ou Leipzig que dans de nombreuses villes anglaises à l'extérieur de Londres. On y propose de meilleures prestations de santé, de meilleurs systèmes de transport, de meilleures infrastructures. Malgré toutes ses lacunes, le plan de reconstruction des régions de l'Est constitue pour la nation un très bon motif d'être en accord avec elle-même. Cette reconstruction soude l'Allemagne et sa société. Une nouvelle Allemagne, altruiste, a ainsi vu le jour. La crise a fait du bien à ce pays. Il avance plus discrètement. Il est plus agréable pour ses voisins et pour lui-même.

Nous nous exerçons. Je m'exerce. J'ai été invité à *Richard and Judy*, le *talk-show* d'après-midi le plus populaire en Grande-Bretagne, afin de parler d'une émission télévisée à laquelle on reprochait de contrefaire un format britannique. J'ai donné entièrement raison à Judy et j'ai ajouté que le plus grand plagiat de l'histoire avait sans doute été le *Faust* que Goethe avait tout simplement piqué à Christopher Marlowe. Richard a fait un bond, Judy a souri, un peu désemparée, comme si elle n'avait jamais entendu parler ni de l'un, ni de l'autre, et l'un des combattants a profité de ce blanc pour aboyer, sans la moindre trace d'ironie ou de sophistication : « C'est le problème avec vous, les choucroutes : vous essayez d'imiter tout ce que nous avons, et nous, nous ne trouvons rien chez vous qui nous intéresse. » À ce point, mon devoir de citoyen aurait été d'exprimer la répugnance et l'indignation que m'inspirait ce mépris de l'humanité et de suggérer à ce jeune homme d'aller se faire foutre.

Mais je n'ai pu m'empêcher de rire, car à cet instant précis, j'ai compris que les gras, les bruyants, les insupportables éructeurs du miracle économique se trouvent de l'autre côté de la Manche. N'est-ce pas la plus belle de toutes les chutes ?

17.

Chez Heidi Klum comme chez soi

Heidi Klum, la jeune fille miracle, et la famille allemande typique entre le canapé et le placard intégré.

Voici à quoi ressemble notre salon : un canapé trois places et un canapé deux places disposés en angle, une poterie en cuir plissé, le tout sur un tapis en velours bleu. Au mur, la tapisserie en fibres brutes *Erfurt Classico*. Au-dessus de la commode claire, à côté de la porte, on a accroché dans un cadre noir le célèbre poster montrant des ouvriers du bâtiment mangeant leur casse-croûte sur un échafaudage, bien au-dessus de New York.

Face au coin des canapés, le placard intégré en bois clair, avec des profondeurs et des hauteurs variées pour qu'il n'ait pas l'air trop compact. Huit livres, dont un dictionnaire *Duden* et aucun exemplaire de *Mein Kampf*. Dans le meuble d'angle, le téléviseur, à l'ombre d'un ficus. Au plafond, la lampe « Leding » de chez Ikea. Sur la table basse, le magazine télé, ouvert. Il y a du vrai café et des sablés.

Karen Heumann et moi-même sommes installés dans le « salon moyen allemand », au quatrième étage de l'agence Jung von Matt, à Hambourg, cette même agence qui a conçu la campagne publicitaire « l'Allemagne, c'est toi ». Cette pièce est une sorte d'appartement témoin. Et nous nous y moulons aussitôt, nous prenons notre rôle dans le modèle allemand. « C'est du gâteau maison, dit Karen. La femme allemande fait sa pâtisserie elle-même. »

Chaque jour on tourne la page du programme télé. Chaque jour on arrose les plantes vertes. On paie scrupuleusement sa redevance. De temps en temps on change un tableau. Cet espace est vivant. Il suit pas à pas les habitudes des Allemands, interrogés en permanence par l'agence.

Ce séjour est un « espace d'entraînement » pour la stratège de la communication. Il ne se distingue pas tellement des salons qu'on trouve en Autriche et en Suisse, peut-être même pas des logements des classes moyennes dans le reste du monde. « Ikea existe partout. Les marques des groupes multinationaux démocratisent et nivellent. »

L'Allemagne est-elle une marque ? « Une marque d'entreprise, pas une marque de produit, c'est un point décisif. » Et la période nazie, dont on continue à nous rebattre les oreilles ?

« Ah ça ! évidemment, c'est une faiblesse considérable pour la marque », dit Heumann. Et il ne fait aucun doute que certains profitent de cette faiblesse dans la compétition internationale. « Mais ça se normalise. L'Allemagne est devenue un pays normal. C'était déjà le cas sous le gouvernement Schröder, et plus encore maintenant avec Merkel, qui vient de l'autre côté du pays. »

Quand a-t-elle remarqué qu'elle était Allemande ? « Le jour où j'ai eu une liaison avec un Français. » Karen Heumann rit. Certains stéréotypes, par exemple le fait que les Allemands soient plus sérieux, sont tout simplement exacts. Alors on se pose d'un seul coup la question : « Et alors ? C'est si mal que ça ? Mais non, au contraire ! » D'ailleurs, 87 % des Français estiment que les Allemands, aussi sérieux soient-ils, sont le peuple le plus *cool* qui soit.

Et ces Dupont s'entendraient certainement très bien avec nos Müller, la famille modèle de cet appartement modèle. Entre autres parce qu'ils l'auraient aménagé de la même manière.

Notre famille allemande moyenne est composée de Thomas Müller, quarante-trois ans, employé commercial, Sabine Müller, quarante ans, employée à mi-temps dans une association caritative, et Alexander Müller, treize ans, qui aime beaucoup *Harry Potter* et les jeux informatiques. L'été, les Müller prennent leur

Volkswagen Passat pour se rendre au bord de la Baltique ou en Bavière, ils sont abonnés à un quotidien, ils achètent une grande partie de leur alimentation dans les supermarchés Aldi et leurs vêtements chez C&A ou H&M. Leur appartement de trois pièces et demie dans un pavillon standardisé de la banlieue de Cologne leur coûte 408 euros.

C'est la famille la plus modeste et la plus gentille que l'on puisse imaginer. La prudence s'impose toutefois, car nous savons aujourd'hui que « l'héritage national-socialiste se dissimule au cœur irrité de la société », en d'autres termes: qu'il peut parfaitement se nicher quelque part dans les canapés des Müller.

Tous les deux ans, Thomas repeint les murs. Actuellement ils sont jaune clair, ce qui plaît surtout à Sabine. Thomas est bricoleur. En réalité, il fait tout lui-même. Quand Sabine veut se détendre un peu dans son salon, elle commence par allumer une bougie et boit un verre de vin rouge.

Sabine, c'est la créative, c'est elle qui cherche les articles de décoration. La photo achetée à la boutique de posters, celle avec les ouvriers du bâtiment, c'est elle qui l'a trouvée. L'étoile de Noël aussi. Thomas laisserait volontiers tout ça en place d'une année sur l'autre.

Au premier regard, tout est normal. Au deuxième aussi. On est tenté de penser que la guerre ne viendra plus jamais de cette famille-là. Bien sûr, il y a un peu de grabuge de temps en temps, notamment lorsque Thomas recommence à ronfler, lorsque Alexandre laisse traîner sa console de jeux ou lorsque Sabine est prise de sa frénésie de ménage. Mais où ne rencontre-t-on pas ce genre de choses ?

Depuis peu, Thomas travaille de nouveau plus longtemps: 40,2 heures par semaine. Il gagne 3 946 euros bruts par mois. Ils ont beau être économes, les Müller – Sabine et Thomas – vont assez souvent au cinéma. Les derniers films qu'ils ont vus sont *Good bye, Lénine* et *Charlie et ses drôles de dames*.

Pour son dernier anniversaire en date, Thomas a offert à Sabine le dernier CD d'Anastasia. Cette fois, il a eu une idée originale: un saut de puce à Paris, la ville des amoureux, qu'on rejoint très facilement en voiture depuis Cologne. Alexander ira passer ces deux jours-là chez ses grands-parents. Ils lui rapporteront un tee-shirt Yamamoto, une contrefaçon à quinze euros, et la situation satisfait tout le monde.

Leurs goûts musicaux sont internationaux, pour ne pas dire internationalistes. Le *hit* préféré des Allemands est anglais : c'est la ballade *Wind of Changes* pour briquets et chute de Mur, interprétée par les Scorpions, avant même l'*Ode à la joie* (troisième place) et *Un peu de paix* (septième place). L'hymne national ? Il occupe piteusement le vingt et unième rang.

Cette année, pour Noël, on offre moins de cadeaux chez les Müller, à cause de la situation économique qui reste tendue. Les cadeaux préférés sont les livres (43 %), suivis par les CD ou les DVD, avec 33 %. Les vêtements arrivent ensuite. Les adultes se font plutôt moins de présents, mais ils en offrent plutôt plus à leur enfant. Aujourd'hui, 91 % des cadeaux de Noël sont achetés sur Internet.

Économes, ça oui, ils le sont. Mais là encore, il faut se méfier des clichés méprisants. Récemment, les pages culturelles dénonçaient l'avarice des consommateurs allemands qui ne pensent qu'à gagner deux sous sur un produit et qui, contrairement aux Français, ces bons vivants, et aux Italiens, si légers, cherchent toujours à manger le moins cher possible.

Cela dit, l'article était illustré par un tableau comparatif entre nations qui le menait rapidement à l'absurde et témoignait de l'irréflexion de ses rédacteurs. On y découvrait justement avec étonnement que ces Italiens légers et ces Français jouisseurs épargnent encore plus que nous, les Allemands.

Que les Müller mettent de l'argent de côté est du reste tout à fait raisonnable. Je le fais moi aussi, tout comme, je l'espère, l'auteur de l'article de la *Zeit*, car chacun comprend bien que nous allons devoir dépenser plus pour assurer notre vieillesse. Notre retraite sera loin de nous rembourser ce que nous avons payé autrefois. Il est donc avisé de garder une poire pour la soif. Mais il est aussi dommage que nous mettions notre argent sous le coude, car nous réduisons ainsi les chances de connaître une croissance assez forte pour revivifier nos systèmes sociaux animés. C'est une situation paradoxale, mais c'est la situation.

Revenons dans le séjour des Müller, où Alexander joue assez souvent à ses jeux vidéo sur le poste de télévision. C'est un enfant joyeux. Il n'aime pas trop la lecture. Il fait beaucoup de sport avec ses amis, dont aucun n'est un *skinhead* d'extrême droite. Quand il a des problèmes, il s'adresse à sa mère. Il trouve que son père a trop peu de temps pour lui. (En réalité, il ne le pense qu'à l'occasion de ce genre de sondages, car lorsque son vieux est à la maison pour de bon, il ne sait pas par quel bout le prendre et préfère rester coincé devant ses jeux vidéos, je sais de quoi je parle !)

Alexander prendra sa première cuite à 15,5 ans. Il y a une forte probabilité qu'il reste non-fumeur. Il est cependant possible qu'il essaie une fois le cannabis au cours des années qui viennent. Il évitera les drogues plus dures.

Et comment les choses se passent-elles dans le lit des Müller ? Sabine et Thomas ont des relations sexuelles tous les quatre jours. Ils disent que ce sont les préliminaires qui leur plaisent le plus. Sabine est cependant de moins en moins satisfaite de sa vie sexuelle. Pour qu'ils se chauffent un peu, elle et Thomas, elle s'achète un *sex-toy*, comme 63 % des femmes allemandes, ou regarde un film porno, comme 54 % d'entre elles.

Sabine, comme Thomas, auront des aventures lorsqu'ils auront quarante-cinq ans. Mais ils ne se les raconteront pas. Voilà qui fournirait un motif « de ne pas faire confiance aux Allemands », surtout s'ils ont quarante-cinq ans et qu'ils s'appellent Sabine ou Thomas. Mais la main sur le cœur : n'avons-nous pas tous nos petits défauts ?

Lorsque nous élisons, avec les Müller, les Allemands les plus importants, nous dressons une liste où apparaissent successivement des hommes politiques, des écrivains, des résistants, des compositeurs et des inventeurs. Je me porterais garant de chacun d'entre eux, car ils ont tous vécu avant que le national-socialisme n'ait pu léguer son héritage, mais on ne sait jamais. On trouve bien des essayistes allemands pour voir en Luther le précurseur du totalitarisme.

Les Müller ont une vie à la fois moderne et agréable. Comme ils habitent à proximité de Cologne, ils participent au carnaval. Nous aussi, autrefois, nous avons habité là et pris part à la fête. Bref: les Müller pourraient aussi s'appeler Matussek. Ou bien Klum.

Les Klum vivent à Bergisch-Gladbach. Papa Klum a trimé pendant vingt-cinq ans chez Bayer Leverkusen. Ça lui a permis de se construire une petite maison. Avec coin canapé. Et aujourd'hui, depuis son salon, il gère la carrière mondiale de sa fille. C'est depuis cette normalité allemande que Heidi Klum s'est hissée au sommet de la mode, au niveau des superstars, dans cette région, donc, où les jeunes filles l'appellent par son prénom.

Naomi. Kate. Claudia. Et désormais Heidi, celle dont le nom est le plus allemand et dont l'enfance a été la plus normalement allemande. Une partie considérable de son rayonnement, notamment en Amérique, tient à cette normalité. Heidi Klum est devenue le visage de l'Allemagne. Elle démontre à quel point les clichés peuvent être exacts.

Lorsqu'elle descendait le *catwalk* avec ses ailes d'ange lors du *Victoria's Secret Fashion Show*, lorsque, blonde, la poitrine épanouie, rayonnante, elle se pavanait en snobant toutes les modèles d'héroïnes anglaises, elle était pour les Américains la dernière incarnation en date du miracle féminin allemand. Heidi Klum mène une vie plus cosmopolite que ne pourront jamais le rêver les journalistes allemands: elle vit à New York, à Beverly Hills, et même à Bergisch-Gladbach. Elle a épousé le chanteur noir Seal, un Britannique, et ils vont avec leurs amis au carnaval, là où le cœur sérieusement irrité de la société se rencontre une fois par an pour faire la fête et pour se dandiner. Je la trouve fantastique. Elle est restée les deux pieds sur terre, et même à Beverly Hills, elle n'a pas oublié Bergisch-Gladbach.

Matthias Matussek. — De qui sont ces vers, « Quand je pense à l'Allemagne, la nuit... » ?

Heidi Klum. — « ... je suis arraché au sommeil. » C'est de Heinrich Heine, un voisin pour ainsi dire. Il est de Düsseldorf. Lui, c'est H. H., moi c'est H. K.

M. M. — Pourquoi les femmes allemandes sont-elles aussi belles ?

H. K. — À quoi cela tient ? À nos vaches, évidemment !

M. M. — Aux vaches ?

H. K. — Bien sûr, aux vaches allemandes heureuses avec leur lait allemand heureux pour des enfants allemands heureux. Tant de bonheur, ça vous rend beau. *(Rire.)*

M. M. — Les femmes allemandes sont-elles les plus belles de la terre ?

H. K. — Oui, naturellement, c'est clair. Aucune nation ne nous arrive à la cheville. Ça n'est pas pour rien qu'on parle sans arrêt du miracle des jeunes filles allemandes. C'est quelque chose qui n'existe dans aucune autre langue. À moins que vous ne connaissiez un miracle des jeunes filles anglaises ?

M. M. — L'expression « miracle des jeunes filles allemandes », ce sont les Américains qui l'ont inventée en 1950. C'est l'époque où la première Miss Germany est allée aux States, et les journaux n'en pouvaient plus. Comment définissez-vous la beauté ?

H. K. — Dans notre métier, la beauté est un spectacle, une apparence. Dans ma vie privée, je n'existe pas comme vous me voyez maintenant. Pour l'instant, je suis maquillée, on m'a fait un *make-up*, ma coiffure est au top, je suis passée chez la manucure. Aucune personne normale ne ressemble à ça dans la rue, ni moi ni personne. Dans ce métier, les filles ont aussi toujours tendance à être plus minces que les gens aux arrêts de tram. Nous vendons des illusions. On dirait toujours que les mensurations idéales, c'est 90, 60, 90. Les mensurations idéales, je ne les ai pas non plus, personne ne les a.

M. M. — Quelles sont vos mensurations, là, à cet instant ?

H. K. — Il faudrait mesurer, je ne les connais pas.

M. M. — Je peux ?

H. K. — Vous pouvez. Vous avez quelque chose pour mesurer ?

M. M. — Vous avez produit ce *show* télévisé plein de belles filles qui veulent toutes devenir top-modèles. Vous avez reçu onze mille candidatures. Certaines d'entre elles étaient très maigres. On vous a reproché de donner à la jeunesse de fausses images de son rôle.

H. K. — Vous savez, chaque semaine on trouve une nouvelle tête de Turc. Et cette fois, je suppose, c'était mon tour. D'ailleurs, je ne suis pas une obsédée de la minceur. Moi-même, je ne suis pas une asperge, je suis plutôt partisane des courbes. Mais revenons à ces filles : c'est une émission de divertissement et une compétition dont le *business* définit les règles : ces filles ont posé leur candidature et préfèrent participer au concours que se présenter à une agence de mode.

M. M. — Il faut manifestement avoir la peau dure si l'on veut faire son chemin dans la mode.

H. K. — Entre autres parce que le poids est bien sûr toujours un problème. Et malgré tout, je dis aux filles qui veulent faire ce métier que le problème n'est pas de perdre du poids par tous les moyens et de ne rien manger. Il faut qu'elles fassent plus attention à avoir une nourriture saine, et puis qu'elles fassent un peu d'exercice. Le sport a une importance extraordinaire. Il s'agit du *toning*, le corps doit être ferme. Ensuite, elles entrent dans les frusques que conçoivent les *designers*. C'est comme ça que ça se passe.

M. M. — Vous aviez un *show* du même genre aux États-Unis. Il y a eu des réactions analogues, là-bas ?

H. K. — Pas dans mon souvenir, mais ça remonte déjà à quelques années.

M. M. — Vous êtes aujourd'hui le visage de l'Allemagne. À chaque fois qu'on voit une publicité, on voit Heidi Klum. Qu'avez-vous de plus que les autres ? Est-ce parce que vous n'êtes pas l'une de ces femmes éthérées et hors d'atteinte, parce que vous êtes réelle et que vous rayonnez d'optimisme ?

H. K. — Le plus fou, c'est qu'au début, c'est-à-dire il y a une dizaine d'années, je ne trouvais pratiquement pas le moindre *job* en Allemagne. Maintenant, c'est vrai, je suis très demandée.

M. M. — Votre heure est arrivée.

H. K. — On dirait. J'aime bien travailler en Allemagne et je suis très reconnaissante de pouvoir faire ce superbe boulot. Je vis à New York et Los Angeles, mais j'aime toujours revenir à Bergisch-Gladbach, là où vivent mes parents et où j'ai grandi. Cette Allemagne-là, j'en ai besoin. Elle me donne de la force. Nous faisons un métier de fous. Je dois pouvoir rire ou pleurer à la demande. Et j'y arrive. Je me place devant l'appareil, et hop ! Si je dois danser, je me mets à danser. Alors ça fait vraiment du bien d'atterrir de temps en temps.

M. M. — Le monde des filles est-il plus dur aujourd'hui que le monde des garçons ?

H. K. — Oui, il me semble. Si l'on veut faire carrière et jouer dans la cour des grands, oui, je crois.

M. M. — Vous avez toujours voulu devenir mannequin ?

H. K. — Pas du tout. J'avais envie de devenir créatrice de mode. Chez moi, à la maison, je confectionnais beaucoup de choses à la machine à coudre avec ma mère, je cousais pour mes poupées Barbie, je créais mes costumes pour le carnaval, comme ça, pour m'amuser. J'ai toujours aimé travailler de mes mains, que ce soit pour un cours de poterie ou en photographie, j'ai bricolé des lampes Tiffany, toutes sortes de choses. Et j'ai fait quinze années de danse.

M. M. — Et comment en êtes-vous venue à la mode ?

H. K. — J'ai découvert cette annonce dans le journal. Ils cherchaient le « visage de 1992 » pour l'émission de Thomas Gottschalk. Alors j'ai découpé le formulaire, je l'ai rempli, je l'ai envoyé.

M. M. — Vous saviez que vous étiez belle ?

H. K. — Je n'y ai jamais beaucoup réfléchi lorsque quelqu'un me le disait à l'école. Ça s'est plutôt passé comme ça : allez, vas-y, envoie-le donc, ce papier. En fait, c'est mon amie d'école, Karin, qui m'a convaincue d'y participer. Nous ne croyions vraiment pas qu'on aurait des nouvelles, qu'on me prendrait au sérieux, que quelqu'un appellerait et dirait : tu es dans le lot.

M. M. — Mais ensuite, on veut gagner, non ?

H. K. — J'y suis allée et j'ai commencé par me dire : hou là ! il y a tellement de filles canon ici ! Nous avions été sélectionnées parmi 30 000 candidatures, c'était un truc gigantesque. Ensuite, il y a eu les castings, chaque semaine la compétition passait à la télévision. Ça a duré six mois. Mais c'était passionnant.

M. M. — L'ère des super-mannequins avait déjà commencé. Claudia Schiffer, elle aussi allemande et blonde, était au sommet. Vous aviez des idoles à l'époque ?

H. K. — Ce monde m'était très étranger. Chez nous, à la maison, on ne voyait pas traîner de numéros de *Vogue*, mais *Tina* ou *Ma copine*, le genre de trucs qu'on lit quand on va chez le coiffeur ou chez le dentiste. Je n'achetais pas de magazines de mode.

M. M. — Quel est le produit allemand le plus *cool* ?

H. K. — Le plus *cool* ? Nous en avons tellement... Les bouillons Maggi...

M. M. — ... les mouchoirs Tempo, les Audi...

H. K. — ... la Lufthansa... Il y en a des quantités. Nos produits veulent dire quelque chose, je trouve.

M. M. — Quelque chose ?

H. K. — Que la fin des entreprises allemandes n'est tout de même pas pour demain. Dans ces entreprises-là, tout est réfléchi. Elles ne se casseront pas la figure comme ça, elles ne ficheront pas le camp.

M. M. — Les câbles sont encastrés dans les murs et les portes ferment.

H. K. — Oui, exactement, ça n'est pas comme en Amérique où vous entendez le vent siffler de tous les côtés.

M. M. — On peut faire la réclame d'une nation comme celle d'un produit ?

H. K. — Non. Pourquoi donc ?

M. M. — Vous apparaissez dans une publicité pour l'Allemagne, diffusée par le ministère des Affaires étrangères. Pourquoi cela ne fonctionne-t-il pas ?

H. K. — Une nation a tellement de facettes, on ne peut pas marcher dessus le sourire aux lèvres. Je fais ce que je peux pour aider, mais tout ça est très superficiel. D'un autre côté, j'aurais aussi trouvé aussi négatif ou stupide de dire « non ». Bien entendu, on veut apporter sa pierre, on aimerait mettre les gens d'humeur positive. Parfois, il suffit de pas grand-chose pour avancer d'un petit pas, et beaucoup de petits pas finissent par faire un grand bond. Mais évidemment, dans un premier temps, ce genre d'opérations est plutôt superficiel.

M. M. — Dans ce *spot*, vous dites : « C'est vrai, je passe ma vie à courir le monde, mais au fond de mon cœur j'aime bien être Allemande. » Ça veut dire quoi, être Allemande ?

H. K. — C'est la seule chose que je connaisse. Je ne suis pas Américaine. Je sais qui je suis, c'est par exemple pour cette raison que j'ai embauché une nourrice allemande. Je sais ce qu'elle a dans la tête. Je ne la connais bien sûr pas autant que je ne me connais moi-même, mais j'ai confiance en cette personne-là, parce que nous avons grandi dans ce pays.

M. M. — Citez-moi une qualité typiquement allemande.

H. K. — On dit toujours que je suis ponctuelle. Bien que je sois arrivée très en retard pour notre discussion. Mais ça n'était pas ma faute.

M. M. — Quoi d'autre ?

H. K. — Je crois qu'on peut nous faire confiance, à nous, les Allemands. Je tiens mes promesses. La parole d'honneur, c'est important.

M. M. — Et l'ardeur au travail ?

H. K. — Ah, les Allemands et leur légendaire ardeur au travail ! Je termine toujours ce que j'ai à faire, sans compter les heures, parfois même la nuit, comme les lutins du conte. Je connais beaucoup d'autres personnes qui font pareil. Pas seulement des Allemands. Mais je me dis parfois que ça se perd, que les gens admirent plus celui qui gagne sa vie sans beaucoup en faire que celui qui se donne du mal pour y arriver.

M. M. — Quel est le cliché sur les Allemands le plus exact que vous connaissiez ?

H. K. — Que nous sommes grognons. Et c'est vrai, nous le sommes souvent. Il m'est déjà arrivé de garer ma voiture une roue avant sur le trottoir ; dans ces cas-là il y a toujours quelqu'un pour venir vous engueuler, c'est vraiment typique. Ils sont incapables de se contenter de continuer leur chemin en secouant la tête. Ils te gueulent dessus tout de suite. C'est vrai, je n'ai vraisemblablement pas le droit de me garer comme ça, mais on peut tout de même fermer un peu les yeux.

M. M. — Et l'humour ? Sommes-nous vraiment aussi peu doués d'humour que l'affirment les Anglais ?

H. K. — C'est vrai, on entend dire ça tout le temps. Et après, ils me disent : toi, tu n'es pas vraiment Allemande : tu sais rire. Ça me paraît être un cliché, et il ne correspond pas à la réalité.

M. M. — Que se passe-t-il quand ils disent que vous n'êtes pas vraiment Allemande ?

H. K. — Je pense qu'ils n'en savent rien. Beaucoup d'amis à moi sont venus d'Amérique, ils ont participé au carnaval, ils n'avaient encore jamais rien vu de tel. Ils ont trouvé ça super, drôle, détendu, ça n'existe nulle part ailleurs dans le monde. Ils nous trouvent très décontractés, nous, les Allemands, et moi aussi. Notre rapport avec notre corps, par exemple, avec la nudité, etc. Nous sommes beaucoup plus ouverts que d'autres.

M. M. — Plus ouverts que les Américains.

H. K. — Ou que d'autres pays aussi.

M. M. — Que l'Arabie Saoudite.

H. K. — Bon, autres pays, autres mœurs.

M. M. — J'ai vécu quatre ans à Rio. Il y est interdit d'avoir les seins nus sur la plage, la police arrive tout de suite. À Rio ! Nous sommes plus délurés de ce point de vue, nous, les Allemands.

H. K. — Bizarre, n'est-ce pas ? Ils ne portent que des strings, mais les seins nus, ça ne va pas. On pourrait se coller quelque chose sur la pointe des seins.

M. M. — Et ça irait de nouveau. Répondez spontanément : votre Allemand préféré ? Qui devrait être assis à cette table ?

H. K. — Ma grand-mère. Elle est au ciel maintenant. J'aimerais beaucoup l'avoir ici, qu'elle fasse la connaissance de mon mari et de mes enfants.

M. M. — Chez vous, vous parlez allemand ou anglais ?

H. K. — Les deux. Les enfants grandissent dans les deux langues.

M. M. — Pourquoi êtes-vous restée si saine dans ce délire qu'est la vie de mannequin ?

H. K. — Pour moi, être saine, ça n'est pas difficile. J'aime ce qui est sain, j'en ai besoin pour être en forme, pour pouvoir voyager, pour avoir une belle peau, des ongles brillants, etc., etc. Si je me nourrissais mal en permanence, ça serait un peu difficile de tenir, et ça ne serait pas bon non plus pour mon physique.

M. M. — Je pensais plutôt à votre santé mentale. Vous avez les deux pieds sur terre et pourtant votre vie se déroule entre New York, Londres et Hambourg, vous avez deux enfants, votre époux est une pop star et vous faites un métier de fou. Et pourtant, vous rayonnez et vous êtes parfaitement normale. Comment y arrivez-vous ?

H. K. — Je m'occupe beaucoup de ma famille. Je ne regarde pas tellement la télévision, et surtout je ne lis pas tout ce qu'on écrit sur moi.

M. M. — Qu'est-ce qui vous passe par la tête quand vous regardez les informations à la télévision ?

H. K. — J'ai surtout envie d'éteindre. Et puis j'ai peur pour mes enfants. On n'entend parler que d'attentats, de bombes atomiques, de catastrophes naturelles, d'épidémies. Et on ne nous dit pas tout. Vous croyez peut-être que le climat change de lui-même ?

M. M. — La politique fait-elle trop peu de choses pour arrêter ça ?

H. K. — Oui, et pas seulement chez nous : dans le monde entier. Nous agissons sans arrêt, mais d'une certaine manière c'est de pire en pire.

M. M. — Vous êtes satisfaite de la politique allemande actuelle ?

H. K. — Je ne suis satisfaite d'aucune politique.

M. M. — Vous trouvez ça bien, que nous ayons désormais une chancelière, que ce soit une femme qui détermine les grandes lignes de notre politique ?

H. K. — Que ce soit un homme ou une femme, peu importe, ce qui compte c'est que le boulot soit bien fait. Et à ce que je vois, beaucoup de gens sont soumis à un grand stress, beaucoup n'ont pas de travail, tout n'a pas l'air aussi rose que ça...

M. M. — Pour le moment, tout le monde a de nouveau l'esprit un peu plus positif. Cela joue un rôle, qu'elle vienne d'Allemagne de l'Est ? Quel est votre rapport avec les Allemands de l'Est ? On peut voir, aujourd'hui encore, d'où vient quelqu'un ?

H. K. — Eh bien, quand quelqu'un parle saxon, il lui est difficile de nier son origine, mais cela vaut autant pour les Souabes ou les Bavarois. L'important, c'est ce qu'on dit, et surtout ce qu'on fait. Ça vaut autant pour la boulangère que pour la chancelière. Il faut qu'elle montre ce qu'elle sait faire.

M. M. — Comment avez-vous vécu la chute du Mur en 1989 ? Qu'est-ce qui vous est passé par la tête ? De la joie ? La peur de ce qui nous attendait ?

H. K. — J'ai trouvé ça fantastique, incroyable. Avec mes parents, j'y suis allée tout de suite, j'ai moi-même détaché quelques fragments du Mur.

M. M. — À quoi reconnaît-on l'homme allemand ?

H. K. — À sa sacoche accrochée au cou. On en voit partout à l'étranger : il a le visage cramoisi par les coups de soleil et il porte sa sacoche autour du cou, les chaussettes remontées sur les mollets. Les touristes allemands, on les reconnaît de loin, où qu'ils soient. Et nous sommes partout. Je crois bien que les Allemands sont le peuple qui voyage le plus. Vous pouvez aller n'importe où, vous y trouverez toujours un Allemand. Dans le trou le plus reculé, qui rencontres-tu ? Un Allemand ! Mais ça veut aussi dire que nous sommes curieux de tout.

M. M. — On ne peut pas en dire autant des Américains.

H. K. — Pas du tout. D'ailleurs la plupart n'ont pas de passeport. Je crois que seule une toute petite fraction d'entre eux en a un. Peut-être parce que leur pays est si grand. Ils n'ont aucune envie d'aller ailleurs. « C'que l'paysan n'connaît point, il ne l'mange point. »

M. M. — Votre plus beau souvenir d'enfance ?

H. K. — J'en ai beaucoup. Mes anniversaires étaient toujours beaux. Les courses avec maman, quand papa avait posé de l'argent sur la table, pour les soldes.

M. M. — Quel métier faisait votre père ?

H. K. — Le père Klum : je suis diplômé en chimie. Dix années chez Bayer, Leverkusen, et puis vingt-cinq ans comme chef de production à Farina am Dom.

M. M. — Et à la fin du mois, on recevait la pochette avec le salaire, et les deux femmes de la maison voulaient aller faire du *shopping*.

H. K. — Le soir, nous laissions un message : Papa, laisse-nous un peu d'argent, nous voulons aller faire les soldes. Et à chaque fois, c'était la même question : quelle couleur a le billet ? Rouge ou bleu ?

M. M. — C'était ou bien un billet de 500, ou bien un billet de 100 marks.

H. K. — On en avait, pour cet argent-là ! Ça rentrait à peine dans la voiture.

M. M. — Quand avez-vous ressenti pour la dernière fois un vrai patriotisme ?

H. K. — Je ne sais pas. Ça n'est pas notre genre, si ?

M. M. — Les Américains sont plus patriotes que nous.

H. K. — Je n'accroche pas forcément le drapeau allemand à mes fenêtres. Je ne suis pas forcée de montrer ça à l'extérieur. Si l'on me pose la question, oui, j'en suis fière. Mais je n'éprouve pas le besoin de le crier sur tous les toits, contrairement à d'autres.

M. M. — Vous sentez-vous patriote quand l'Allemagne gagne au football ?

H. K. — Non. Je me dis : que le meilleur gagne.

M. M. — Vous ne parlez pas sérieusement ! Quand nous sommes en finale contre le Brésil, vous n'êtes pas un peu partisane ?

H. K. — Je continue à dire : que le meilleur gagne.

M. M. — Vous avez animé le gala de la coupe du monde en Allemagne et vous pensez que le meilleur doit gagner ?

H. K. — Bon sang, ça, c'était excitant ! Cent cinquante-cinq pays étaient devant leur poste. J'aurais préféré rentrer chez moi tout de suite. Ils vous plantent là, deux filages rapides, et c'est parti ! Et puis le football n'est pas forcément mon sujet préféré.

M. M. — Vous vous en êtes bien sortie. Seulement il ne faut plus jamais dire : que le meilleur gagne. Ça ne se fait pas. Au football, on est partisan, à en crever. Mais au bout du compte, vous avez bien tapé sur le ballon, il faut le reconnaître, c'était une bonne frappe.

H. K. — J'ai attendu ce moment-là toute la soirée. Maintenant, c'est définitivement terminé, non pas que je n'aie pas pris de plaisir, j'étais juste énervée. Le ballon, je l'ai envoyé au diable.

M. M. — L'Allemagne mise à part, quel est votre pays préféré ?

H. K. — Je trouve l'Afrique super. Pas seulement parce que les ancêtres de mon mari viennent du Nigeria, non, j'aime tout simplement les paysages. J'y ai fait un safari. Les gens étaient tous très gentils et la nourriture délicieuse. La Mongolie, c'était tout autre chose. Je n'aimais rien de ce qu'on nous servait. Quand je suis rentrée chez moi, j'étais maigre comme un clou.

M. M. — Seal, votre époux, est Anglais. Qu'a-t-il de typiquement anglais ?

H. K. — Chez les Anglais, même s'il y a le feu au lac, à cinq heures précises, ils disent toujours : préparons-nous donc une bonne tasse de thé, et le monde retrouve son cours normal. Ils résolvent tous les problèmes comme ça.

M. M. — Quand l'Allemagne a-t-elle été le pays le plus fabuleux de la terre ? Dans les années 1920, à l'époque de Goethe, ou bien maintenant, avec l'unité allemande ?

H. K. — Pour tout vous dire, tout me convenait très bien jusqu'au 11 septembre 2001. Ensuite le monde s'est assombri, y compris chez nous. À présent il n'y a plus que de l'inquiétude. Les contrôles aux aéroports, c'est épouvantable. On vous traite comme un terroriste. On vous parle très mal, on vous presse parfois comme un animal.

M. M. — Qu'est-ce qui a changé d'autre au cours des dernières années ?

H. K. — Internet a tout changé. Désormais nous avons tout à portée de main. Il n'y a plus de pays à découvrir, plus d'objets que l'on cherche quand on voyage. Maintenant tout va à toute vitesse, on commande par courriel. Le monde est devenu plus petit, et tout ce que l'on veut, on l'a immédiatement. Il n'y a plus rien de particulier, plus de frusques pour lesquelles il soit nécessaire de fouiner un peu. Tu veux savoir ceci ou cela, tu allumes ton ordinateur, tu googueulises un peu et tu as ce que tu voulais. Tu as cinq mille morceaux sur ton *iPod* et tu ne sais plus à quoi ressemble l'album d'où ils sortent. C'est pareil dans mon métier : désormais, les photos sont digitales, on a tout immédiatement, en appuyant sur le bouton. On n'attend plus rien, plus rien. Autrefois, on emportait la pellicule et il fallait patienter pour voir ce qu'il y avait dessus. Aujourd'hui tout est immédiat, une photo, encore une photo.

M. M. — Le monde est devenu moins mystérieux, plus rapide et plus uniforme ?

H. K. — Exactement.

M. M. — Mais cela signifie aussi que les différences nous réjouissent, non ? Vous respirez un peu, quand vous êtes chez vos parents, dans votre ville campagnarde, dans ce coin où tout est plus lent et plus humain ?

H. K. — Oui, mais je reprends aussi mon souffle quand je suis chez moi.

M. M. — Où est-ce ?

H. K. — À L.A., à Beverly Hills, et puis à New York, au West-Village.

M. M. — Qui est votre voisin à New York ?

H. K. — Grace Jones.

M. M. — Qu'est-ce que vous associez à ce joli slogan publicitaire, « Le matin, à neuf heures et demie, en Allemagne » ? Quelle image cela fait-il naître en vous ?

H. K. — À cette heure-là je suis debout depuis longtemps. Ce matin, c'était à cinq heures, à cause des enfants.

M. M. — Savez-vous préparer un plat allemand ?

H. K. — Oui.

M. M. — Quoi ?

H. K. — Peu importe, je le prépare.

M. M. — Du rôti de porc aux boulettes de pomme de terre. Vous savez le faire ?

H. K. — Les boulettes, c'est difficile, mais on y arrive, il faut les mettre dans un torchon, secouer, et tout le tintouin.

M. M. — Qu'est-ce qui doit changer dans le monde, y compris bien sûr en Allemagne ?

H. K. — Ça serait bien si tout le monde avait un certain niveau de vie. S'il y avait plus d'égalité. Si chacun avait un emploi, un toit, de quoi manger dans son assiette, que chacun ait de quoi vivre, le minimum. Il y a de trop grandes disparités, dans le monde entier.

M. M. — Quelle ville ferait du bien à l'Allemagne ?

H. K. — New York me plaît, bien qu'elle soit si crasseuse.

M. M. — Elle l'est toujours ? Je pensais que les deux derniers maires l'avaient un peu nettoyée.

H. K. — Elle reste crasseuse tout de même. Chaque couche de peinture en recouvre une autre. Personne ne gratte la précédente. On se contente de remettre un coup de pinceau dessus, pour la dixième fois. Alors il suffit de gratter le mur avec le doigt pour que tout se casse la figure.

M. M. — Quelle a été la situation la plus excitante de votre vie ?

H. K. — J'ai nagé en pleine mer avec quarante ou cinquante requins.

M. M. — Mais pourquoi faites-vous ce genre de choses ?

H. K. — J'avais accepté de le faire à l'occasion de la grande « semaine du requin », sur la chaîne *Discovery*. C'est ce qu'il y a d'allemand en moi : je tiens parole.

M. M. — Dites-moi les derniers mots que vous prononcerez sur Adolf Hitler.

H. K. — Puisse un homme pareil ne jamais plus revenir.

M. M. — Expliquez à un étranger, en deux ou trois phrases, comment nous sommes vraiment, nous, les Allemands.

H. K. — Je trouve bien que nous soyons un *correct bunch of people*, bref, un peuple assez correct.

M. M. — Est-il vrai que nous connaissons plus de choses en amour que toutes les autres nations ?

H. K. — Qui est-ce qui dit ça ?

M. M. — Mozart. Dans le film *Amadeus*. Il dit cela à Salieri, un compositeur italien : « Vous, les Italiens, avec vos roulements d'yeux et vos voix de castrats ! Mais ça n'est pas de l'amour, ça, c'est de la foutaise ! Nous seuls, les Allemands, comprenons quelque chose à l'amour, à l'amour vrai, profond, fidèle. »

H. K. — Il savait sûrement de quoi il parlait, ce vieux Mozart.

M. M. — Qui a été votre première grande idole ?

H. K. — Mon professeur de danse, Daggi Polnow. J'avais sept ans et je voulais savoir danser aussi bien qu'elle.

M. M. — Qu'elle est votre tube ou votre chanson allemande préférée ?

H. K. — Tout ce que faisait Nena, je le trouvais super.

M. M. — Et parmi les femmes ? Qui vénérez-vous ?

H. K. — Vénérer, ça n'est pas mon genre, mais quand j'étais petite Sissi m'émouvait complètement, je veux dire : Romy Schneider. J'aimais ces films du terroir, avec Sissi dans ses montagnes, où l'herbe était encore verte et les boutons d'or d'un si beau jaune.

M. M. — Et où Heidi appelle dans la vallée.

H. K. — Exact. *(Rires.)* Où Heidi se tenait dans les alpages, jusqu'à ce qu'elle redescende dans son petit village.

M. M. — Et qu'elle continue sa route jusqu'à New York, avec ses tresses blondes, pour dire aux agences : *Hi, I am Heidi, from Germany*.

H. K. — Ça n'était pas si mal, de venir d'Allemagne, ça vous rendait un peu plus intéressante. Et puis la rumeur a commencé par courir : j'étais très professionnelle et de bonne composition. On disait : ah, la petite Heidi, elle fait les choses bien, elle a le sourire aux lèvres, et elle ne prend pas ses cliques et ses claques après la séance, même si on a une demi-heure de retard.

M. M. — Quel pays a un meilleur rapport avec lui-même que les Allemands ?

H. K. — L'Angleterre.

M. M. — Oui, les Anglais trouvent ça super, d'être Anglais. Vous connaissez un poème par cœur ?

H. K. — Je n'en connais plus. Mon père peut encore en réciter beaucoup.

M. M. — C'est un plaisir d'être mère ?

H. K. — Oui, sans aucun doute. Avant, on n'est responsable que de soi-même ; après, on est responsable de quelqu'un d'autre, et ça n'a plus rien à voir. Rien n'est plus comme avant. On a besoin de vous, et vous êtes forcé de réfléchir à ce que vous faites.

M. M. — Quel est le boulot le plus extraordinaire que vous ayez eu ?

H. K. — J'ai travaillé avec un python. J'ai dû monter à cheval sans avoir jamais appris. Je me suis mariée douze fois dans la même journée. J'ai monté et redescendu le Sunset-Boulevard en bikini avec une coiffure toute en hauteur, beaucoup de bijoux et une tonne de maquillage, puis j'ai couru entre les voitures avec mes talons hauts. Ça non plus, ça n'est pas totalement normal. Quand les gens regardent, on a peut-être un peu honte.

M. M. — Quel sentiment cela fait-il de savoir que 90 % des hommes aimeraient coucher avec vous ?

H. K. — Laissons-les rêver. Et puis ils ne me connaissent pas tous. Nous n'allons pas non plus leur dire la vérité, à quoi je ressemble, chez moi, quand je m'enlève tout ce que j'ai sur le visage.

M. M. — Quand le masque de caoutchouc tombe.

H. K. — Et que je me glisse dans mon pyjama en flanelle.

M. M. — Une dernière question : quand est-ce que tous les autres pourraient nous laisser tranquilles, pour une fois ?

H. K. — Quand j'entends dire « Maman ».

18.

Sécurité et ordre sur la plage

Du charme des vertus secondaires allemandes quand on en a vraiment besoin.

Je trouve agréable de vivre en sécurité. J'aime ne pas me faire tirer dessus. J'ai une faiblesse pour les trains qui arrivent à l'heure. Un bus propre me paraît être un élément positif. Je suis vraisemblablement « typiquement allemand ».

Tel n'a pas toujours été le cas. Autrefois, ma génération avait plutôt des difficultés avec ce qui était « typiquement allemand », avec la discipline, l'ordre, la ponctualité, ces vertus secondaires qui rappelaient l'oppression de l'être libre que nous portons en nous, c'est-à-dire notamment la vaisselle à faire dans l'appartement communautaire. Oskar Lafontaine, ce séducteur démoniaque venu de la Sarre, donna en outre une aura de sacré au refus de ces valeurs. Un jour où Helmut Schmidt se plaignait de la baisse de la ponctualité et de la discipline chez les jeunes Allemands, Lafontaine répliqua que ce genre de vertus permettait « aussi de diriger un camp de concentration ». Désormais, le retard aux rendez-vous et la crasse dans l'évier étaient antifascistes, et quiconque voulait organiser la vaisselle était un gardien de camp. Ce qui a bien entendu valu des montagnes d'assiettes sales et des tonnes de bonnes intentions.

Cela dit, Oskar Lafontaine avait parfaitement raison. La gestion d'Auschwitz, comme l'a dit le professeur de philosophie Hermann Lübbe, a constitué « un problème d'organisation aux dimensions extraordinaires », qui n'aurait pu être résolu « sans l'exercice de ces vertus secondaires ». Mais Lübbe estime qu'il serait absurde de discréditer, pour autant, lesdites valeurs secondaires. Après tout, dit-il, « les membres de l'armée Rouge qui ont tout de même mis un terme aux activités des sbires d'Auschwitz ne seraient jamais arrivés là s'ils n'avaient pas eux aussi utilisé ces vertus secondaires que sont la ponctualité, la discipline et l'ordre ».

Parlons donc des délices de la ponctualité, parlons de la sécurité et de l'ordre, de la conscience du devoir et de la rectitude, de toutes ces vertus cryptofascistes, de ces vertus de concierge que nos populistes de gauche ont si volontiers dénoncées comme notre héritage nazi.

On apprend vraisemblablement à les apprécier quand on a vécu un certain temps dans une ville où l'on doit tout faire pour ne pas s'arrêter, de nuit, à un feu rouge. Où il arrive que le condisciple de votre fils, se rendant à son anniversaire, se retrouve face à un pistolet-mitrailleur. Où votre meilleur ami se retrouve trois fois de suite la même année le visage plaqué contre le pavé, un canon de pistolet sur la nuque.

On apprend à les apprécier lorsque votre beau-père est dépouillé en plein jour pendant sa promenade, et que les gardiens d'immeubles installés sur leurs fauteuils pliants, dans la rue, n'interviennent pas et se contentent d'assister passivement au spectacle.

On apprend à apprécier la ponctualité quand on attend trois jours durant qu'on vous remette l'électricité. On apprend à apprécier l'ordre quand on doit soudoyer quelqu'un pour obtenir une ligne téléphonique. On apprend à apprécier le respect minutieux de la loi quand on doit glisser un billet de banque dans le carnet à souche d'un policier chargé de la circulation afin qu'il renonce à vous dénicher une infraction parfaitement absurde à l'un des nombreux barrages.

Et nous parlons là de Rio de Janeiro, la plus belle ville du monde, pas de la sinistre Caracas, ni de Medellín, ni d'autres coins encore plus dangereux.

La sécurité et l'ordre sont une chance, ce sont des valeurs démocratiques, et un bien rare dans une ville comme Rio, où les chefs de bande contrôlent les favelas. « Que les mères puissent laisser leurs enfants sortir dans la rue sans avoir à craindre qu'on les y abatte fait partie des droits de l'homme. » Ces mots sont d'Eduardo Soares, expert en sécurité du parti des travailleurs, de gauche, qui s'en est pris aux parrains de la drogue et à la clique des politiciens corrompus du Conseil de la ville, ce qui lui a valu des menaces de mort.

« Les régimes totalitaires intimident les gens, disait-il. Dans cette mesure, les patrons de la drogue sont des fascistes, car les favelas sur lesquelles ils règnent sont des lieux de peur. » Ainsi la sécurité et l'ordre deviennent-ils des catégories de gauche.

Fait intéressant, les gangsters donnent à leurs adversaires, les policiers, le nom de *los alemãos*, « les Allemands ». Les Allemands sont ceux qui doivent veiller à l'ordre et à la sécurité; ce sont les ennemis de ceux qui se nourrissent du chaos, de l'intimidation et de la corruption. Il suffit donc de se promener un peu de par le monde pour que les mots changent aussitôt de valeur. La sécurité et l'ordre deviennent des termes absolument positifs, même pour un ancien adepte du chaos, comme moi. Je l'ai dit, c'est un merveilleux sentiment que de ne pas être abattu d'un coup de feu et de ne pas vivre dans la peur, voilà tout.

La sécurité et l'ordre sont en particulier utiles lorsqu'il s'agit de la perception des droits démocratiques, par exemple celui de voter librement et sans entraves. Ces vertus qu'Oskar Lafontaine qualifie de « secondaires » sont indispensables au fonctionnement d'un État de droit.

Au cours de l'été 2002, des élections eurent lieu simultanément en Allemagne et au Brésil. En Allemagne, Gerhard Schröder luttait pour obtenir un deuxième mandat; au Brésil, c'est Lula, un simple ouvrier métallurgiste, qui prenait le pouvoir. À Rio, l'organisation du scrutin souleva de sérieux problèmes de sécurité: les patrons de la drogue étaient alors en pleine guerre contre l'État, et les choses commençaient à dégénérer. Depuis sa cellule, le redouté Beira-Mar dirigeait ses groupes de commandos Rouges. Il avait paralysé la ville à plusieurs reprises et forcé les boutiques à tirer le rideau jusque dans des quartiers chics comme Ipanema – on ne résistait pas quand on recevait la visite d'encagoulés de vingt ans portant un pistolet-mitrailleur à la main.

Beira-Mar, qui voulait obtenir de meilleures conditions de détention et son regroupement avec d'autres parrains, apportait ainsi la preuve de son pouvoir. La rumeur affirmait qu'il voulait aussi empêcher les élections. On avait annoncé l'imminence d'une nouvelle « journée de la peur ». Le gouverneur de la région, une femme, fit appel aux troupes fédérales.

Pour tout le monde, sauf pour les gangsters, le mot *Alemão*, l'Allemand, avait donc à Rio une sonorité agréable. On nous aime pour nos vertus secondaires. À l'inverse, les Allemands rechignent parfois à visiter la ville, sachant qu'il y sévit un regrettable manque de vertus secondaires allemandes.

C'est ici qu'intervient mon professeur de langue et ami Antonio, qui a passé son doctorat sur les locutions de nuance « *ne* » et « *so* » dans l'œuvre dramatique de Brecht. Autant dire qu'il parle mieux allemand que moi. Il a vécu quinze années à Bonn. Mais c'est aussi un authentique *carioca*, un habitant de Rio, doté de toute la créativité nécessaire pour survivre dans la jungle.

Et en cette « journée de la peur » que les gangsters avaient décrétée sur Rio, il a réussi un tour de passe-passe inconcevable, même pour lui. Il a instauré comme par magie la sécurité et l'ordre à Rio de Janeiro, pour un visiteur important qu'il attendait d'Allemagne.

Il devait aller chercher à l'aéroport un nouveau client potentiel, l'ingénieur en chef d'un grand groupe mondial allemand qui, venu étudier la possibilité d'implanter le siège de sa société à Rio, recherchait un professeur de langues. Antonio avait besoin de ce travail. La peur, il le savait, avait mis à vif les nerfs du nouveau client. Au cours des mois précédents, il avait déjà été inquiété par ce qu'il avait lu – entre autres dans mes propres articles – sur la sécurité de Rio, et il avait fait part de ses craintes à Antonio. Celui-ci le rassura et me maudit. Si ce client avait décommandé, ç'aurait été pour mon ami une catastrophe de moyenne ampleur. Il me haïssait pour mon « art de semer la panique », comme il disait.

« Et qu'est-ce qui se passe si mon client jette l'éponge ? », me demanda-t-il, furieux. Sa femme souhaitait une nouvelle cuisine, lui un ordinateur plus puissant. La liste était longue.

Mais ses critiques ne visaient pas uniquement mon comportement « nocif aux affaires » ; un certain patriotisme local entrait aussi en jeu. Il n'aimait pas que l'on critique sa ville dans des organes de presse étrangers. Ne nous ressemblons-nous pas tous, sur ce point, dans le monde entier ? Nous disséquons sans pitié notre propre misère politique. Mais on se serre les coudes quand la critique vient de l'étranger.

Au cours des semaines précédentes, le professeur Antonio avait bombardé son client de courriels exaltés destinés à le rassurer. Tout était exagéré, l'assurait-il. « Venez donc, vous ne voudrez plus jamais repartir. » Et son client finit donc par arriver.

La ville était morte. Les mercenaires des trafiquants de drogue avaient fait en sorte que les boutiques restent fermées. Antonio était passé prendre son client à l'aéroport. Sur le trajet de sa maison, il s'attendait à devoir répondre dans les moindres détails à ces deux questions que pose chaque visiteur qui atterrit à Rio : a. Quel temps fait-il ? b. Où en est-on avec la sécurité ? En fait, son client ne l'interrogea que sur le b.

Antonio leva les bras en l'air et s'exclama : « Ici, vous êtes autant en sécurité qu'à Wiesbaden ! » Le gouvernement, ajouta-t-il, avait pris des mesures, et puis on n'était pas forcé d'aller au bord de la plage à minuit, n'est-ce pas, ha, ha ! on était bien mieux dans les bars à cette heure-là. Puis il entra dans son appartement, suivi par son client, et écouta son répondeur téléphonique. Son épouse avait appelé. Quatre fois de suite.

Elle demandait à Antonio de ne pas quitter l'appartement. Les émissaires du commando Rouge venaient de forcer des patrons de bistrot et des commerçants à tirer leur rideau. On avait rassemblé au centre-ville trente mille membres de la police militaire. Il fallait, disait-elle, rester assis devant sa télévision. Le professeur Antonio entendit ainsi tout ce qu'il ne voulait pas entendre ce matin-là.

Après son long trajet en avion, son invité avait besoin d'air. Il voulait sortir, aller marcher sur la promenade d'Ipanema, le long de la plage. Ce matin-là, Ipanema avait effectivement une drôle d'allure. Seule la mer était comme d'habitude. Bleu vert, avec quelques milliers de diamants. Pour le reste, rien. Pas même des joueurs de football. Pas un chat. Si ce n'est les groupes de policiers à tous les coins de rue.

On connaît ce genre de scènes pour les avoir vues dans des films sur le Nicaragua avec Nick Nolte. Mais à Ipanema ? Son hôte étonné lui demanda pourquoi les kiosques et les boutiques étaient bouclés à double tour.

« Mais bien sûr ! s'exclama Antonio, j'avais complètement oublié, aujourd'hui, c'est le jour des Fonctionnaires ! »

Et se lança dans un vaste exposé historique sur le jour des Fonctionnaires, conquis jadis sur les barricades par les petits employés de l'État, un récit très fleuri et romantique. « Un jour de joie », conclut Antonio avec enthousiasme, et le client hocha la tête, tout heureux.

Peut-être trouva-t-il un peu exagéré tout ce cinéma autour des fonctionnaires, mais cela lui plaisait. Lui-même avait jadis fréquenté une école d'administration, et il y avait manifestement des inspecteurs qui étaient morts, jadis, sur les barricades ! Et puis cette route propre et vide qui longeait la plage lui plaisait. Ce qu'on lisait dans les journaux ne concordait visiblement pas avec la réalité. Rio était propre. Vivre ici, c'était le paradis. Notamment pour des Allemands. Le jour des Fonctionnaires ! Quelle idée folle ! Ils sont toujours à fêter quelque chose, ces Brésiliens.

Bizarre, tout de même, tous ces policiers. « Comme à Wiesbaden, hein ? », demanda le client avec un brin d'amusement.

« J'ignorais totalement que Wiesbaden avait autant de policiers. Ici, ils en ont besoin à cause de toutes les banques », dit Antonio.

Aux entrées du supermarché Rio Sul, fermé et barricadé, une patrouille de maîtres-chiens. « Ils font l'inventaire, commenta Antonio, aussi décontracté que possible. Dans ces cas-là, on fait systématiquement appel aux chiens de garde. » L'invité fut impressionné. « Les gens de chez nous pourraient venir prendre des leçons ici ! », dit-il d'une voix forte.

Plus tard, alors qu'ils prenaient un verre à l'Arpoador, le fameux rocher d'Ipanema, ils se retrouvèrent rapidement entourés de jeunes en sandales de caoutchouc, des adolescents au service des trafiquants de drogue, qui braillaient : « *Ta dominado, tudo dominado !* »

Ce qui signifie : nous, les criminels, nous gouvernons la ville, nous avons tout entre nos mains !

« Qu'est-ce qu'ils chantent au juste ? », demanda l'invité.

Sans hésiter un instant – ce qui prouve sa classe –, Antonio expliqua, les yeux brillants : « Ils fêtent la victoire de leur club de foot. Vous savez, ici, il n'y a rien au-dessus du football. »

Antonio avait ainsi fait régner fictivement la sécurité et l'ordre sur Rio, le jour le plus dangereux de l'année.

Le lendemain matin, lorsque son invité téléphona chez lui, Antonio entendit une cascade d'exclamations enthousiastes. « Comme à Wiesbaden ! Des maîtres-chiens pour les inventaires. Le jour des Fonctionnaires ! – Ils ne voulaient pas me croire », dit ensuite le client tout heureux.

Le dernier obstacle que dut franchir le professeur ce matin-là se trouvait dans les kiosques. Les journaux se ressemblaient. Tous avaient des titres comme *Medo na Cidade*. « Peur sur la ville », « la crainte » et « la panique » en lettres de trois mètres dc haut à la unc.

Le professeur était passé, plein d'élan, devant trois kiosques successifs, plongé avec son élève dans une grande conversation sur sa cousine, qui vivait à Dortmund. Mais le client s'arrêta devant le quatrième.

« Qu'est-ce que ça veut dire, *medo* ? demanda-t-il.

— Peur, répondit le professeur.

— Peur de quoi ? demanda le client.

— Ah ça, aucune idée, dit le professeur d'un ton indifférent. Je crois qu'il s'agit de la guerre en Irak. »

Rio ne fut jamais aussi sûre que ce jour-là, lorsque le professeur Antonio fit sortir l'Allemagne de son haut-de-forme.

19.

Le poète en aventurier

Pourquoi l'on vénère tant l'humaniste et chercheur allemand Alexander von Humboldt en Amérique latine.

Pour échapper aux pluies tropicales qui engloutirent en quelques secondes dans la boue les échoppes du parvis de l'église, à São Gabriel de Cachoeira, nous nous étions réfugiés au collège. Quelques *padres* espagnols étaient en visite ici, dans cette étape de mission du haut Rio Negro. En apprenant que nous étions Allemands, l'un d'eux se mit à nous parler avec une profonde admiration d'Alexander von Humboldt: « Quel savant, quel homme accompli! », s'exclama-t-il avec exaltation.

L'un des *padres* qui vivaient ici apporta peu après de la bibliothèque un vieux et gros volume piqué des vers et couvert de chiures de mouches qui contenait des extraits, en espagnol, des notes de voyage prises par Humboldt dans la zone du Rio Negro, et ce fameux portrait romantique où l'on voit le classique Allemand, vêtu d'un gilet jaune impeccable, sous les arbres géants de la forêt vierge.

Dans son rôle de poète chercheur, Humboldt aurait peut-être pris un certain plaisir à voir ce portrait; dans celui d'aventurier et de scientifique, en revanche, il aurait sans doute ri jaune, car les difficultés auxquelles il s'était exposé à l'époque étaient d'une telle ampleur qu'aucun gilet jaune n'aurait pu rester immaculé.

C'était il y a deux cents ans. Il avait à l'époque cherché et trouvé le point de liaison entre les deux grandes régions fluviales d'Amérique latine : le canal Casiquiare, qui tombe depuis l'Orénoque tout droit vers le sud et le Rio Negro, et qui assure ainsi la jonction avec le grand système fluvial de l'Amazone.

Plus il avançait vers le sud, plus la forêt était épaisse, nota-t-il. « Plus nous nous rapprochions du Rio Negro et du centre du Brésil, plus les nuits devenaient sombres. » Et surtout, il pleuvait en permanence. Bonpland, le compagnon de voyage d'Humboldt, « perdit la plus grande partie des spécimens qu'il tentait de faire sécher à la chaleur artificielle ».

Nous étions heureux d'être au sec, cet après-midi-là, même si les vêtements restent constamment humides par ces latitudes. La pluie crépitait sur le toit et tombait comme un rideau d'argent devant le hall ouvert. Nous buvions du maté et mangions des gâteaux sucrés. *Padre* Jorge, de Madrid, nous rappelait que c'est le roi d'Espagne qui avait pourvu Humboldt d'un sauf-conduit pour son grand voyage en Amérique du Sud.

Une aventure qui, voici plus de deux cents ans, avait tenu en haleine les salons de la bourgeoisie européenne. Lorsque l'Allemand Alexander von Humboldt remit le pied sur le continent européen après cinq ans de voyage en Amérique, on le fêta comme un ressuscité. Les journaux avaient déjà annoncé sa mort à quelques reprises. Certains quotidiens parisiens affirmaient qu'il avait été tué par les Indiens d'Amérique du Nord; le correspondant hambourgeois annonça quant à lui qu'il était mort de la fièvre jaune à Acapulco.

Mais Humboldt était vivant et rayonnant. Il rentrait chez lui à la manière des conquérants romantiques, il vola même la vedette à Napoléon, le guerrier. L'étonnant, dans cette gloire, c'est que lui n'avait soumis aucun peuple, se contentant d'attraper des papillons. Les terres qu'il avait conquises ne rapportaient ni or, ni esclaves, ni permis de prospection et n'étaient au service que du savoir universel. Ses campagnes, menées avec des corps expéditionnaires de très petite taille, furent pourtant bien plus pénibles que maints assauts militaires. Il avait vogué sur les fleuves de la forêt vierge et fait l'ascension de ce qui était à l'époque le plus haut sommet connu, le Chimborasso. C'était tout à la fois un sportif de l'extrême et un savant universel.

Il avait trente-cinq ans et paraissait extrêmement « avenant », comme le murmuraient à l'époque les dames des salons. Le front haut, les yeux bleus, des manières parfaites, il avait de l'humour, de l'entendement et sur ses hautes bottes l'argile du Rio Negro : quel mélange ! Il portait l'irrésistible aura de l'aventurier.

Il avait exactement l'âge de Napoléon, la même notoriété que lui et une tête de plus. Napoléon ne l'aimait pas. « Il était empli de haine à mon égard », nota Alexander von Humboldt. La rencontre entre les deux hommes fut assez brève, et le coup bas de Napoléon fut classique : « Vous vous occupez de botanique ? Ma femme aussi ! »

C'est sûr, la comparaison statistique était, pour l'heure, défavorable au pacifiste allemand. Bonaparte avait soumis quelques peuples, mis un terme à la lutte entre les Églises, pacifié l'Europe, et s'apprêtait à s'auto-couronner empereur. Humboldt, quant à lui, n'avait à son actif que quarante-cinq caisses de feuilles compressées de la forêt vierge, des oiseaux empaillés et des piles de manuscrits plein de calculs et de cartes.

Mais ses dessins étaient très beaux.

Soyons brefs : Humboldt fut le héros le plus brillant, le plus courageux et le plus doux que l'Allemagne ait jamais produit. Humboldt, le découvreur, le cosmologue, le citoyen du monde – s'il exista un seul humaniste exemplaire à cette époque, c'était bien lui. En ces temps où la torture et les massacres annihilaient quotidiennement le projet grandiose des Lumières, Humboldt rayonnait de ce que peut être l'être humain.

Le philosophe américain Ralph Waldo Emerson l'a comparé à Aristote et à César, le qualifiant de « l'une de ces merveilles du monde qui surgissent de temps à autre, comme pour nous présenter les possibilités de l'esprit humain, la force et le niveau de ses facultés – un homme universel ».

Humboldt a serré la main à Frédéric le Grand, Goethe, Thomas Jefferson et Napoléon. Au hit-parade des personnalités préférées établi par la chaîne allemande *ZDF*, il n'occupait pourtant que la soixante et unième pace, juste derrière le pilote de formule 1 Hans-Harald Franzen. Il y a donc de la marge, ont dû se dire les éditeurs Hans Magnus Enzensberger et Franz Greno lorsqu'ils ont réédité les écrits de Humboldt.

Ils avaient publié les *Vues des Cordillères et monuments des peuples indigènes de l'Amérique*, encore inédites en langue allemande[41] dans une somptueuse édition, ainsi que l'œuvre maîtresse de l'explorateur, *Cosmos*, qui grimpa rapidement dans les listes des *best-sellers*. Le retour de Humboldt dans les faveurs du grand public contemporain est celui d'un homme d'exception, d'un Allemand de premier plan qui ne concevait pas le savoir sans l'aventure, et réciproquement.

Dans ce qui était à l'origine le cinquième volume de *Cosmos*, le manuscrit s'arrête d'un seul coup, au milieu d'une méditation sur le granite, sur les pétrifications, comme si le vieil homme avait tout d'un coup été rattrapé par sa propre monumentalisation. Dans les dessins qui accompagnent ce chapitre, on trouve un mot emprunté à la Genèse. « Ainsi furent achevés le ciel et la terre, avec toute leur armée[42]. » Telle était son ambition. Alexander von Humboldt était partie en quête de la Création, rien de moins, et dans son univers de savoir il était lui-même devenu un créateur. Son « cosmos » devait, comme le cosmos divin, être à la fois plein d'ordre et de beauté.

Oui, c'est Alexander von Humboldt, né en 1769, qui avait ouvert la fenêtre donnant sur le monde dans une ville de Berlin petite-bourgeoise et asphyxiante, un désert intellectuel, exception faite des salons juifs de Rahel Varnhagen et des Mendelssohn.

La vie des conférences scientifiques laissait à désirer, pour employer un euphémisme. On trouvait un professeur pour affirmer que le soleil était une sorte de four de cuisine sur lequel les taches noires étaient comme des amas de suie tandis qu'un autre jugeait qu'en réalité, les pyramides étaient des volcans. Alexander von Humboldt décida d'assez bonne heure de se lancer sur les traces de l'un et des autres – du soleil et des pyramides. Il n'avait pas l'intention de se fier à des suppositions, mais à des calculs. Et à ses voyages.

41. Humboldt rédigea une partie de son œuvre en français. [N.D.T.]
42. Genèse (2:1). [N.D.T.]

Son imagination s'était enflammée à la lecture des descriptions de Forster, qui avait accompagné le capitaine Cook lors de ses périples maritimes autour du monde. Il se laissa aussi emporter par les idéaux politiques. À vingt et un ans, il vécut avec Forster l'ivresse de l'unification et de la libération à Paris, tout l'enthousiasme et l'horizon ouvert d'un nouveau décompte du temps, avant que cette renaissance ne sombre dans le sang au rythme sinistre de la guillotine.

De son enfance, Alexander dit qu'elle fut « maussade et ennuyeuse ». Sa mère est glaciale. Il cherche sans cesse à échapper à ce domicile familial de Tegel depuis lequel il envoie au monde entier des lettres qu'il conclut par les mots « Château L'Ennui ». Son frère Wilhelm l'aime bien, c'est vrai, mais le critique un peu : Alexander, dit-il, a besoin de se faire valoir et d'être toujours au centre. Il faut cependant préciser que rares étaient ceux qui savaient l'occuper aussi brillamment, ce centre, qu'Alexander. Il impressionnait les hommes autant que les femmes. C'était un enfant des dieux, et un bruyant.

Il s'intéressait à tout, et notamment à la géologie. À l'âge de vingt-trois ans, il portait le titre d'inspecteur supérieur des mines et avait en charge l'inspection des mines du Reich, dont il augmenta énormément les profits en apportant des calculs plus précis et des propositions de modernisation.

C'était le petit univers de l'Allemagne, encore médiévale, séparée entre un haut et un bas, entre grands propriétaires fonciers et paysans. Il le parcourut sans répit dans ses calèches et fut accueilli partout. Jusque chez Goethe et Schiller, ces phares de Iéna et Weimar dont les faisceaux se portèrent avec un grand intérêt sur les deux frères Humboldt.

Wilhelm Humboldt, le linguiste, était un modéré. Son frère Alexander, l'instable, frappait comme un éclair que rien ne peut contrôler. C'est sur son cas que les deux grands esprits de Weimar se divisèrent. Goethe, le scientifique, écrivit à son duc : « Vous ne pourrez lire en une semaine dans les livres autant de choses qu'il vous en expliquera en une heure. » Schiller au contraire, l'idéaliste enthousiasmé par la nature, discerna « malgré l'immense richesse du fond une pauvreté du sens [et] un entendement nu et tranchant qui prétend avoir arpenté sans pudeur la nature, toujours insaisissable et, par tous ses points, impressionnante et insondable ».

Ce en quoi le noble Schiller avait bien sûr parfaitement raison. S'il y avait quelque chose que Humboldt voulait faire dans ce monde à moitié plongé dans la pénombre, tissé de mythes et de considérations théologiques, c'était cela : arpenter sans pudeur. Sortir, vivre les choses personnellement. Voyager, sur des continents étrangers, dans les montagnes et la forêt vierge, se mêler aux Indiens, subir les fièvres et supporter les moustiques pour faire des découvertes. Réaliser des relevés de niveaux. Prendre des échantillons de roches. Collectionner les feuilles.

Fin 1769, sa mère décède – juste au bon moment, il faut bien le dire avec un peu de cynisme, car elle lègue une fortune qui apporte à Humboldt une totale indépendance financière. Dans ces cas-là, il y a toujours deux possibilités. Ou bien l'on utilise son savoir pour faire fructifier l'argent, ou bien l'on se sert de l'argent pour faire fructifier son savoir.

On s'en doute, Humboldt choisit la deuxième solution. La leçon qu'il nous donne est la suivante : il faut suivre son rêve, quelle que soit la forme qu'il prend et même s'il provoque au bout du compte la ruine financière. Le rêve de Humboldt, c'est tout simplement le monde. En 1799, il se prépare pour sa première grande expédition. Une audience auprès du roi d'Espagne lui permet d'obtenir un sauf-conduit lui ouvrant l'accès à toutes les possessions espagnoles du Nouveau Monde. Humboldt se retrouve tout d'un coup avec la clef en or de l'Amérique entre les mains.

Le voyage qui suit est l'entreprise majeure de toute son existence. Humboldt n'est rien sans ce périple. Il est son *Faust*, son *Don Giovanni*, sa « théorie de la relativité » : il est la justification de son existence sur cette terre. Avec elle, avec cette entreprise, il est entré en contact avec le monde.

Ses admirateurs – à l'instar du *padre* Jorge, dans cette étape de mission au bord du Rio Negro – parleront plus tard de la « deuxième découverte de l'Amérique ». Ce voyage durera cinq ans, mais l'exploitation de ses résultats consommera les trente-cinq années qui lui resteront à vivre.

Le voyage aventureux de Humboldt vers l'inconnu commence par une sorte d'entraînement à la dissipation. Il emporte une cinquantaine d'instruments avec lui, des sextants, des chronomètres de marine et des télescopes, des inclinomètres pour les mesures géomagnétiques, des hygromètres et tout ce qui était à l'époque *state of the art* et achetable moyennant beaucoup d'argent. Il fanfaronne un peu. Il entreprend des mesures et des déterminations de climat du Pico del Teide, à Ténériffe, et accomplit au passage un petit exploit sportif : il fait l'ascension du cône du volcan, qui lui roussit le frac, en quinze heures et sans marquer de pause digne de ce nom.

Les dames de la bonne société l'observent pendant cet exercice à l'aide de longues vues qu'il met lui-même à leur disposition. Les dames se montrent du reste également ravies par d'autres instruments intéressants du jeune noble, et notamment par son microscope, qui leur permet d'observer les puces qu'elles portent dans leurs tresses.

La traversée suivante, vers la côte vénézuélienne, se déroule sur un navire de traite des esclaves mal équipé, où la chaleur devient insoutenable quand ils arrivent à la hauteur des Antilles. Le typhus éclate à bord. Humboldt doit alors constater que l'on n'a même pas emporté d'écorce de quinquina, dont l'extrait constitue un remède contre la maladie. L'expédition déplore ainsi une mort précoce, celle d'un pauvre jeune Asturien que sa mère avait envoyé chercher fortune dans le Nouveau Monde.

Des Indiens, de stoïques personnages de bronze en pirogue, pilotent la goélette espagnole dans le port de Cumana. Mais avant que Humboldt ne débarque, il s'assoit à bord sur le pont avec l'un des chefs indiens et discute avec lui, en espagnol, des merveilles qui l'attendent. Un brillant avant-goût des actes héroïques qui l'attendent, sous la Croix du Sud et le ciel infini des Tropiques.

Il est possible que Napoléon ait mené des discussions du même ordre la veille de ses batailles décisives. Mais Napoléon n'avait avec lui que des généraux avec lesquels il parlait d'intendance et de bataillons ; Humboldt, lui, dispose d'un homme qui nourrit les mêmes rêves que lui à la veille d'un départ qui va décider de toute sa vie, d'un homme qui partage avec lui la poésie du chercheur : la vision d'une nature qui englobe tout.

C'est le rêve de Humboldt qui est le plus hardi. Et de ce rêve prémonitoire, de ces richesses imaginées, il parle avec exaltation dans une lettre à son frère où il décrit tout cet univers tropical et luxuriant qu'il pressent : « Des plantes admirables, des gymnotes, des tigres, des singes, des perroquets... Quels arbres ! Des cocotiers de cinquante ou soixante mètres de haut. »

Après l'exploration des mystérieuses grottes de Cumunai, Humboldt prend son départ pour la grande aventure : la remontée de l'Orénoque et la localisation de ce confluent aux zones des eaux noires de l'Amazone. Quand on s'est frayé un chemin dans la forêt vierge sur ces eaux nauséabondes et infestées de moustiques, on sait que tout cela n'a rien à voir avec le romantisme ; on n'y trouve que fièvre, parasites et fatigues innombrables.

Il pleut chaque jour, chaque heure, jusqu'à l'exténuation absolue. On apprend à vivre avec des noix et des vers. La seule gâterie occasionnelle est la chair blanche et glissante de l'alligator, qui a le goût du blanc de poulet. Humboldt mange de la viande de singe, il mange littéralement de tout. On voit avec étonnement cet homme plutôt malingre dans sa jeunesse se mettre soudain à se fortifier. « Je ne me suis jamais senti en meilleure santé », note-t-il dans son Journal.

Il arrive que la densité de moustiques dans l'air soit telle qu'on ait du mal à respirer. Ils sont partout. Ils vous dévorent tout vifs. À l'époque de Humboldt, il n'existait ni filets de protection, ni onguents. Pour dormir, les membres de l'exposition s'enterrent et se cachent la tête sous leur chemise.

Des parasites se frayent un chemin sous leur peau, y creusent de longs canaux pour y déposer leurs œufs. Des femmes indiennes les en extraient patiemment avec de longues épines, au cours d'opérations qui peuvent durer des heures. Quel soulagement a-t-il dû éprouver en découvrant une étape de mission semblable à celle que nous avons trouvée à São Gabriel. Humboldt note : « Lorsque nous avons quitté le Pimichin pour le Rio Negro, lorsque nous avons franchi la petite cataracte de la confluence, nous nous trouvions à environ un kilomètre de la mission Maroa. Ce village, avec cent cinquante Indiens, a l'air propre, riche et donne une impression agréable. Nous y avons acheté de beaux exemplaires vivants de quelques espèces de toucans, chez qui l'intelligence se développe de la même manière que chez nos corbeaux coriaces. »

Depuis ce point du système fluvial, calcule Humboldt, on pourrait parfaitement imaginer de continuer à descendre le fleuve jusqu'à l'Amazone. « Pour descendre l'Amazone jusqu'à la côte du Brésil, il ne nous aurait pas fallu beaucoup plus de temps que pour revenir sur la côte nord de Caracas, en passant par le Casiquiare et l'Orénoque. »

Il renonce cependant à ce projet : le roi du Portugal et du Brésil, Dom Pedro, a décidé de faire arrêter Humboldt si on le trouve sur le territoire brésilien. Pour quelle raison ? On le soupçonne d'être un espion au service de l'Espagne, voire de Napoléon. On imagine Humboldt souriant en écrivant cela dans son Journal et hocher la tête avant de poursuivre : « On avait donné l'ordre de s'emparer de ma personne et de mes instruments, tout particulièrement des relevés d'observations astronomiques qui pourraient constituer un tel danger pour la sécurité des États. »

Mais Humboldt est satisfait de sa prise : il a recueilli, inventorié trois mille huit cents espèces végétales, qu'il identifiera ultérieurement. Il a transformé son propre corps en station d'observation des poisons et des hallucinogènes. On ne trouve pratiquement aucune substance qu'il n'ait lui-même expérimentée. Le fameux *yopo*, nota-t-il, plongeait dans des états délirants. Le curare, poison végétal qui tuait un cochon en six minutes, avait quant à lui une agréable amertume – il suffisait de veiller à ne pas avoir de plaie dans la bouche. Une fois, par mégarde, il avait imbibé de curare l'une de ses chaussettes, et s'en aperçut au moment où il allait la mettre sur son pied criblé de piqûres de puces – il échappa de peu à la mort. Ce ne serait pas la dernière fois.

Il rencontre bien les bons sauvages de Rousseau, mais il faut les acclimater un peu. L'un d'eux lui explique fièrement qu'il engraisse sa femme afin de la manger. Il tombe sur des cannibales, il bute sur des squelettes, mais il reste toujours d'un intérêt scientifique glacé. La nature est à la fois belle et cruelle, et elle l'intéresse.

Le *padre* Jorge, qui se comptait au nombre des théologiens de la libération, politiquement à gauche, et parlait en termes très critiques de « son association », l'Église catholique, qui se tenait souvent aux côtés des colonialistes, fit cet après-midi-là l'éloge de Humboldt, présenté comme un pont entre les peuples. « Il n'a jamais tué personne au nom de la Croix. Il a parlé avec les Indiens, non pas pour les convertir, mais pour étudier leurs alphabets et découvrir leurs mythologies. »

Pendant toute sa vie, Humboldt fut animé par les idéaux des Lumières, et la gauche latino-américaine, notamment, le vénère encore de nos jours comme une icône. On affirme qu'il a inspiré à Simón Bolivar l'idée de libérer le continent de la domination espagnole. Déclenchant, ironie de l'histoire, une interminable chaîne de révoltes et de *putschs*, l'origine de la sanglante tradition du caudillisme.

Il est vrai que Humboldt a découvert Bolivar à Paris. « Le continent est mûr pour la libération, aurait-il dit. Il ne manque que l'homme qui accomplira cette œuvre. » Deux années plus tard, Bolivar mène avec succès l'insurrection contre les Espagnols et se fait couronner protecteur de la Grande Colombie.

Humboldt, le grand voyageur, le diplomate, partageait la table des grands de ce monde, mais il n'hésita jamais à se prononcer en faveur de l'émancipation, de la libération de l'homme par l'homme. Son arme n'était pas le fusil, mais la parole. On peut difficilement trouver illustration plus belle et plus poétique de sa vision de l'émancipation que cette gravure trouvée dans son livre des Andes. Elle montre les voyageurs arrivant au col de Quido.

À cette époque, il était courant que les hommes blancs se fassent porter sur des chaises à porteurs. Humboldt, lui, préférait aller à pied. Et il a dessiné cette scène où les porteurs se fraient en vacillant un chemin dans la vallée ; au milieu, l'un d'eux se tient droit, une chaise vide sur le dos – c'est celui qui est affecté à

Humboldt, et il regarde le scientifique qui dessine cette scène. Avec un léger étonnement. Il s'exerce à marcher droit. Et il sourit. C'est l'homme libre qui nous salue sur le dessin de Humboldt, un homme qui s'est débarrassé de ses liens et qui prend son autonomie.

Au cours des décennies suivantes, le chercheur se consacre à l'exploitation des fruits de son voyage. Il le fait à Paris, à l'époque la capitale du monde, une cité qui avait rassemblé dans ses murs les meilleurs illustrateurs, imprimeurs et scientifiques.

Mais en 1827, le roi de Prusse le rappelle à Berlin pour donner de l'éclat à l'Académie des Sciences nouvellement fondée. Les grands de ce monde recherchent sa proximité et correspondent avec lui ; le roi de Prusse est fier de sa star de la science. Humboldt devient le centre rayonnant de la société berlinoise. « Ses allers et retours sont comme des coups de trompette note le journaliste Gutzkow. Il a l'allure des rois shakespeariens. »

Humboldt jouit de l'admiration qu'on lui accorde comme savant. Les puissants et les couronnés veulent tout savoir de lui. Humboldt a élargi l'horizon. Il raconte ce qui se passe à Cuba, dans la forêt vierge et le long de l'Amazone. Il entame une série de conférences qui électrisent la vie scientifique berlinoise. Humboldt veut transmettre le résultat de ses explorations et de son expérience. L'entrée est libre. L'Académie de Chant, avec ses huit cents places, ne peut faire face à l'affluence.

Tout le monde s'y rend en pèlerinage: enseignants, maîtres boulangers, boutiquières, garçons de course, professeurs, nobles, artisans, toute cette grande utopie allemande de la communauté du savoir, colorée et démocratique. « La salle était trop petite pour les auditeurs, et la conférence trop grande pour les auditrices. » Telles sont les sottises qui accompagnent ce genre d'événements sans précédent. Humboldt présentait les sciences naturelles comme une expérience captivante.

Ses travaux scientifiques, qui l'occupaient jour et nuit, n'avaient pas éteint, loin de là, son goût de l'aventure. Le tsar russe lui finance un rêve qu'il nourrissait depuis longtemps: un voyage jusqu'à l'Oural. En moins de six mois, il parcourt quelque 15 500 kilomètres, dont 750 à pied. On usera pour l'occasion

12244 chevaux de poste. À cette date, Alexander von Humboldt a déjà soixante ans.

Sa condition physique et son endurance scientifique sont étonnantes. Dans les dernières années de sa vie, alors qu'il a depuis longtemps passé le cap des quatre-vingts ans, les Berlinois le voient encore assis en pleine nuit, à trois heures du matin, derrière la fenêtre éclairée de sa maison couleur ocre, au 61, Oranienburger Strasse. Il a des manuscrits sur les genoux et grave des notes à même sa table d'épicéa. Quand il n'y a plus la moindre place sur le bois, on la rabote.

Le troisième tome de *Cosmos* venait de paraître lorsqu'il participa au cortège funéraire des morts de la révolution de mars. Il était à la solde d'un roi réactionnaire, mais son cœur battait pour l'émancipation, qui était toujours et aussi celle de la science.

C'était à sa manière un héros populaire allemand, et il est rare que la foule ait à ce point ressenti la situation contraignante où se trouvait un si grand homme. Devant le château, la foule révoltée l'appelait. Il sortit et s'inclina sans rien dire.

Dans son *Cosmos*, Humboldt voyait un plan de construction universel dans lequel le tout et l'homme étaient constamment en interaction. Il avait l'ambition de proposer le meilleur de toutes les disciplines : maîtriser la géologie autant que la botanique, la zoologie, la cosmologie, le galvanisme, la météorologie, l'électrophysiologie. Il étudia la respiration des poissons, les baies de la forêt tropicale, les pluies de météorites sur Mexico. Ce que Humboldt avait certainement à l'esprit en écrivant son *Cosmos*, c'était l'histoire du monde.

Et c'est ce que ce grand Allemand peut encore allumer en nous aujourd'hui : l'enthousiasme qu'inspire la poésie du savoir. Il a mené une vie exemplaire, que l'on peut considérer comme réussie, capable d'émouvoir d'autres personnes et de communiquer son bonheur.

Il y a cette histoire vraie de la jeune et belle fille qui entra dans un salon de coiffure parisien et, désespérée, proposa de vendre ses cheveux noirs parce qu'elle avait besoin d'argent pour aider sa mère malade. Au lieu des soixante francs qu'elle demandait, le coiffeur ne lui en proposa que vingt.

Alors un vieux monsieur aux cheveux blancs se leva de son siège, demanda ses ciseaux au coiffeur et choisit avec précaution un unique cheveu qu'il coupa. Puis, en contrepartie, il glissa deux billets dans la main de la jeune fille, qui se rendit compte plus tard qu'il s'agissait de deux cents francs. Mais d'Alexander von Humboldt, on peut supposer que des dizaines de milliers d'échantillons qu'il a pris dans sa vie de chercheur, que ce soit au Chimborasso ou sur le Rio Negro, celui-ci, ce cheveu, a dû l'emplir d'un singulier sentiment de bonheur. Car c'était un philanthrope.

Il n'alla pas au terme du cinquième volume de *Cosmos*. Il s'endormit, paisiblement, au-dessus de son travail.

L'État prussien s'alignait derrière son cercueil. Ce fut le cortège civil le plus impressionnant qui ait jamais accompagné un enterrement. Des chambellans royaux avançaient au rythme de la *Marche funèbre* de Chopin, suivis de ministres d'État, des corps constitués, des parlementaires et des étudiants.

Le peuple faisait ses adieux à un aventurier, un érudit universel, un citoyen du monde et un bon Allemand. Alexander von Humboldt a été l'un des premiers, au sein de la société du savoir allemande, à dominer le XIXe siècle et à faire en sorte que le Reich devienne au bout du compte la puissance la plus avancée et la plus développée d'Europe.

Humboldt : une bonne raison d'apprécier les Allemands. Un siècle et demi environ après sa mort, au bord du Rio Negro, des *padres* catholiques du Brésil et d'Espagne s'assoient autour d'une table avec quelques Allemands, ils boivent du maté, regardent la pluie tropicale à l'extérieur et parlent de Humboldt avec enthousiasme. Peut-on imaginer plus bel héritage ?

20.

La roulette interallemande

Comment l'Est et l'Ouest ont appris à jouer avec les actions, comment les Allemands sont tout d'un coup devenus riches et se sont libérés de tous leurs soucis.

Nous étions partis nous installer au Brésil peu avant le changement de millénaire, et nous quittions une Allemagne débordant d'optimisme. Plus que cela : une Allemagne fiévreuse. Les Allemands avaient découvert le jeu en bourse. Depuis le milieu des années quatre-vingt-dix, les deux Allemagne, l'Est et l'Ouest, étaient engagées dans un processus d'apprentissage commun. Pour les Américains et les Anglais, détenir des actions allait de soi, c'était l'un des piliers de l'assurance vieillesse personnelle, une banalité. Pour les Allemands, c'était tout nouveau, et comme les feux d'artifice boursiers n'en finissaient pas, le monde était devenu un casino. Après l'unification des deux Allemagne, on avait désormais la roulette interallemande.

La conception de l'économie que l'on avait dans les deux parties de l'Allemagne remontait aux années de la reconstruction, celles qui avaient suivi la guerre. À l'Ouest, on découvrit qu'en travaillant beaucoup et avec de la chance, on pouvait se hisser tout en haut de l'échelle. Cette conception se distinguait de celle de l'Est du fait que là-bas, tout le monde restait pauvre, que l'on travaille ou non. À l'Est, on méprisait le système capitaliste parce qu'il transformait l'homme en marchandise. À l'Ouest, on méprisait le système socialiste parce qu'on n'y trouvait aucune marchandise pour laquelle on aurait pu dépenser de l'argent.

Or désormais, de l'argent, on pouvait en gagner des quantités, et s'en servir pour acheter toutes les marchandises que l'on voulait. Les magazines regorgeaient de patrons de *start-up* milliardaires qui filaient avec leur yacht dans la mer Méditerranée; il ne pouvait pas exister de stratégie plus subversive pour ôter leur crédibilité au capitalisme et à l'éthique protestante du travail.

Jusque-là, c'est la compétence et l'ardeur au travail qui avaient été considérées comme les jalons du chemin menant au bonheur, notamment chez les Allemands. Même la propagande de la RDA ne voulait pas renoncer à la « compétence » allemande. Cela permettait tout de même de se démarquer des autres pays de l'Est.

Le mot « compétence » avait aussi une valeur éthique. Une personne compétente n'est pas seulement habile et zélée, non, elle porte au front la sueur de l'honnête homme. On voit qu'elle fait des efforts. C'est tout sauf une aventurière.

Le gentleman anglais, selon l'angliciste Hans-Dietrich Gelfert, s'entraînait à ne pas laisser paraître ses efforts. Comme la Grande-Bretagne était déjà une puissance mondiale dominante, augmenter encore le niveau du succès était absurde. On s'appliqua donc désormais à donner l'impression que cette réussite était acquise sans peine. L'Allemand, au contraire, se définissait par sa prestation, et il l'accomplit tant et si bien qu'à la fin du XIXe siècle il avait remplacé l'Angleterre dans son rôle de nation industrielle dominante.

La *Tüchtigkeit* allemande, ce terme que le mot « compétence » ne rend qu'imparfaitement en français, avait donc fait ses preuves comme vertu fondamentale en Allemagne. Et voilà qu'on la disait dévalorisée et stupide! On pouvait désormais faire de l'argent sans lever le petit doigt? Étaient-ce les nouvelles règles?

Mes amis et collègues est-allemands riaient jaune. Ils considéraient de toute façon le capitalisme comme un système irrationnel, sans même tenir compte du fait qu'il méprisait et exploitait l'être humain. Depuis l'unification, leur opinion n'avait guère changé, si ce n'est qu'ils savaient désormais utiliser avec un certain talent ce système méprisant, et qu'ils le faisaient avec de plus en plus d'enthousiasme. Ils donnèrent alors dans l'économie de marché, et en voyant leurs grandes entreprises à bout de souffle s'effondrer les unes après les autres, ils eurent vite fait d'apprendre la leçon.

Personne ne comprit vraiment à l'époque que l'Ouest était lui aussi au bout du rouleau, et que lui aussi avait un urgent besoin de réformes. La nouvelle ruée vers l'or avait tellement obscurci les esprits que l'idée ne vint à personne qu'on aurait dû mettre tous les comptes à plat, vérifier les systèmes sociaux et étudier plus précisément les chiffres terrifiants de la démographie afin de se lancer dans les réformes indispensables.

Si l'intelligence s'était obscurcie, c'est que chacun avait devant sa porte un paysage éblouissant: la seule question semblait être de savoir si l'on investirait chez Siemens ou chez *EM-TV*. C'était un processus totalement amoral, et comme les gens de l'Est que je comptais parmi mes amis ne considéraient pas le capitalisme comme un système logique et vertueux fondé sur la récompense, mais comme un système de salauds, il leur fut plus facile de s'en servir sans inhibitions.

Un « capitalisme de prédateurs », comme le qualifia Helmut Schmidt ? Mais certainement ! La « cupidité déchaînée », pour reprendre l'avertissement de Fritz Stern ? Et comment ! Nous avions perdu tous nos scrupules, nous étions comme hypnotisés. Ce fut l'ère au cours de laquelle un capitalisme brillant de tous ses feux sembla triompher à tout jamais, sans obstacles ni alternatives, donnant l'impression que des temps nouveaux avaient commencé. On lira ci-dessous un rapport du front qui restitue l'ambiance de ces journées et qui exprime déjà le soupçon que tout aurait pu être totalement différent. Car il a été rédigé après la première petite chute des cours, un événement dégrisant mais qui fut plus qu'un signe avant-coureur et anodin de ce *crash* qui, deux ans plus tard, allait engloutir des milliards de milliards.

« Tire-toi une balle dans la tête »

Le bain de sang s'annonçait déjà depuis des semaines – sur le terrain de jeu. Nous regardions nos gamins se crêper le chignon et mon ami Kai me demanda : « Tu penses que le Chinois va dévaluer ? »

Le problème, c'est que je m'attendais à cette question. Les mômes régleraient bien leurs affaires tout seuls, mais la Chine plombait l'ambiance.

Autrefois, nous parlions du cinéma ou du championnat de foot. Mais des journées comme celles-là, les petits porteurs sont avant toute chose des petits porteurs, et ont en tant que tels besoin des tuyaux fournis par un bon réseau d'informateurs.

Kai, par exemple, connaît un courtier à la retraite et moi-même. Moi, pour ma part, je connais la Chine depuis l'époque où j'étais abonné au *Journal de Pékin*, et je sais comment s'appelle en chinois la viande de porc douce-amère. Numéro 32 sur le menu.

Pendant ce temps-là, notre progéniture s'était installée dans une longue guerre de positions, se bombardait de sable, d'autres enfants étaient pris sous le feu, des mères commençaient à crier – je gardai mon sang-froid.

Pour le petit porteur, c'est le principal : garder son sang-froid. Le Chinois, estimai-je, ne dévaluerait jamais. L'Asiatique en général n'aimait guère dévaluer. Cela lui ferait perdre la face. Kai hocha la tête avec satisfaction. Puis nous commençâmes à démêler nos marmots, et pour un bref instant, nous perdîmes, nous, sérieusement la face.

C'étaient des jours heureux. Il y avait bien cette légère nervosité, ces rumeurs sous-jacentes, mais les cours se maintenaient. Ils étaient juste un peu « plus légers », comme nous disons, nous autres boursicoteurs. C'était une autre époque, jadis, il y a quatre semaines, lorsque la crise asiatique se déroulait encore pour l'essentiel là où elle aurait dû rester : en Asie.

Kai et moi-même, nous sommes des actionnaires. Nous sommes nombreux à l'être depuis les premières privatisations ouvertes au grand public. En Amérique, tout le monde a des actions parce que tout le monde se méfie à juste titre du système public d'assurances sociales. Ici, leur taux de rendement dépasse les huit pour cent. Et pourtant, dans les bistros et les maisons de retraite, entre Passau et Flensburg, on parie que les cours vont encore monter et que nous monterons avec eux. Nous le croyons surtout depuis que l'on qualifie de frileux des conseillers en investissements qui promettent des bénéfices de seulement 20 % sur les actions.

Bien entendu, les revues destinées au grand public ont elles aussi mené un travail de persuasion en douceur. Les enquêtes de l'an passé allaient toutes dans le même sens : tu n'as pas encore d'actions, espèce d'idiot ? Tous les autres deviennent millionnaires, sauf toi, raté ! Tire-toi donc une balle dans la tête !

Nos portefeuilles étaient somptueusement garnis. Un portefeuille, c'est la totalité des actions que l'on détient. Acheter des actions, c'est amusant, surtout lorsque tout le monde te crie : « Je suis le gros lot de la semaine ! » Donnez-moi donc un peu de ci, et un peu de ça, et un peu plus de celle-là, et sur le chemin de la caisse on ramasse encore quelque chose pour le petit. Nous avions des Blue Chips et des Exoten, c'est-à-dire des entreprises aux noms solides dont personne ne savait exactement ce qu'elles produisaient. On savait seulement que leur valeur doublait en permanence. Elles imprimaient sûrement des billets de banque.

Nous misions surtout sur les secteurs auxquels nous prêtions les meilleures perspectives d'avenir. Kai s'était spécialisé dans les valeurs technologiques, moi dans les maisons de retraite et les médicaments contre l'impuissance. Plus tard, je pris aussi à mon bord une compagnie de téléphonie. Nous vivons dans une société qui vieillit et passe sa vie au téléphone, car en téléphonant on peut économiser tellement d'argent qu'on ne tarde pas à devenir millionnaire.

C'était un bel été. Bien sûr, on souffrait un peu de la pluie qui tombait en permanence sur la Baltique, mais les cotes qui apparaissaient sur l'écran d'ordinateur étaient toutes dans le vert. Sur la plage, on passait son ciré avec entrain et l'on se réjouissait de l'existence en se disant que l'argent, même tout seul, fait aussi le bonheur.

Le 20 juillet, on battit le record à la hausse. Je promis à mon épouse une nouvelle voiture et à mon fils de nouveaux parents plus sévères s'il ne rendait pas immédiatement le dauphin gonflable appartenant à la gentille jeune fille de la corbeille de plage voisine. Même si cela s'effrita doucement au cours des semaines qui suivirent, j'avais une vie familiale régulière, je prenais mes repas à heure fixe et le soir, je lisais à mon fils des bulletins boursiers hectographiques, que leurs auteurs, des docteurs à barbiche, diffusaient en petits tirages moyennant indemnités. On devrait enseigner très tôt les choses essentielles de l'existence. Et les tuyaux boursiers en font partie !

Du point de vue de la technique boursière, Kai et moi-même avions certes atteint un haut niveau, mais malheureux, car l'indice Dax, qui venait tout juste de franchir le sommet des six mille, était désormais retombé autour des cinq mille. Une pause bien méritée, nous disions-nous, une sorte de base arrière en altitude, destinée à lui permettre de reprendre des forces avant la conquête du sommet suivant.

Nous riions encore, en vieux routiers, de telle ou telle chute des cours, notamment lorsqu'elles ne concernaient pas nos actions à nous. Chacun sait bien qu'une action Veba en dessous de 100 est une proie facile et qu'une petite chute du cours n'est qu'une « correction nécessaire ».

Bien sûr, nous nous faisions des soucis à propos de Clinton et de son audition dans l'affaire Lewinsky. Les profanes ne peuvent pas le savoir, mais le Dow Jones est pudibond. Un test ADN probant suffit pour que les cours se mettent à descendre aussi vite qu'un slip de président. Fallait-il se débarrasser des valeurs américaines ?

Les petits porteurs sont des cosmopolites, et ils sont plus cosmopolites et plus solidaires que la génération contestatrice ne l'a jamais été. Le petit porteur est concerné, à titre personnel, par chaque événement de ce monde. Alors que dans les années 1960, le contestataire pouvait se consacrer entièrement aux peuples asiatiques asservis, le petit porteur doit avoir à l'œil à la fois les sociétés de location de voitures indonésiennes et les processus de fabrication de pilules au Brésil.

Le petit porteur souhaite bonne chance aux économies nationales du monde entier. Il le sait : les économies et les flux financiers sont indissociables. Cela crée des communautés de souffrance internationales. Dans mes prières, avant le repas, je me mis à intégrer le vœu que le Venezuela ne dévalue pas.

Et malgré tout, d'un seul coup, la montagne se mit à glisser ; je fis des exercices mentaux. Je murmurai le nom du Premier ministre japonais. Je fis manifestement une erreur dans la prononciation, car je vis ma femme rougir et mon fils m'admonesta : « On ne dit pas des choses comme ça, Papa. » Je trouvai inquiétant que la drachme soit sous pression. Puis je rachetai du Veba pour jouer à la baisse. Elles ne valaient rien du tout.

J'avais appris ça sur *n-tv*, une chaîne que je regardais de plus en plus souvent : intervenir quand une action avait perdu du terrain. Cela dit, Veba n'arrêtait pas de perdre de sa valeur. J'appris plus tard, trop tard, qu'il existait une autre sagesse boursière : « *Never catch a falling knife* » – n'essaie jamais de rattraper un couteau qui tombe. Mais voilà, comment sait-on si une action n'est qu'une action qui tombe ou un couteau qui tombe et entaille les doigts qui essaient de le retenir ?

Les boursiers francfortois ne le savaient pas non plus, raison pour laquelle ils choisirent la solution la plus plaisante : ils achetèrent. Des analystes souriants payés par de grandes banques et qu'on ne revit plus jamais par la suite conseillèrent d'acheter tout de suite.

On apprend une nouvelle langue. La langue de la bourse. On dit par exemple qu'il n'y a pas de mauvaises actions. Il n'y a que des titres qui « sont certainement un bon placement à long terme ». Ce qui signifie : « Interdit aux retraités et à toute personne de plus de vingt ans, car on va passer des décennies à s'énerver chaque matin devant ce monceau de cadavres. »

Bien sûr, à côté des valeurs du Nouveau Marché, nous avions aussi dans notre portefeuille de solides valeurs allemandes traditionnelles. Après tout, nous ne sommes pas des spéculateurs, mais des investisseurs.

Une grande différence. Un spéculateur, quelle horreur ! ne s'intéresse qu'à l'argent facile. Un investisseur, en revanche, peut épeler le nom des entreprises dont il détient les parts, et il s'intéresse en plus tout particulièrement à l'argent facile. En un mot : je n'aurais jamais cru qu'un jour dans ma vie, je souhaiterais bonne chance à un fabricant d'injecteurs.

Soudain tout alla très vite. La première chute du Dow Jones, le 4 août, la troisième plus grande baisse de l'histoire, m'atteignit dans le dos et sans que j'y sois préparé le moins du monde. Je travaillais sur la crise asiatique et j'étais en train de lire une liste d'achats recommandés sur des actions « totalement sous-évaluées » dans le magazine *Capital*, lorsqu'un analyste dont je n'avais jamais entendu parler, Ralph Acampora, massacra le marché en quelques phrases.

Je tentai bien sûr aussitôt de ranimer le marché en parlant à mon tour. Mais le téléphone de Kai sonnait occupé et à la Maison Blanche je n'eus qu'un répondeur téléphonique m'informant que le président n'avait jamais eu de relation sexuelle, au sens juridique du terme, avec le Dow Jones.

Entre-temps, la communauté financière internationale m'avait rendu personnellement responsable de la chute des cours américains et avait fait perdre toute sa valeur à mon portefeuille.

Je fus pris de sueurs froides. J'étais au bord du gouffre. Ma ruse de guerre : je laisserais les couteaux qui tombent pleuvoir devant moi et je les ramasserais lorsqu'ils seraient au sol. Sortir du circuit, vendre.

Kai ne comprenait pas du tout cette tactique. Ni lui, ni Carola Ferstl, de *n-tv*. Vous ne trouverez nulle part au monde une blonde plus *cool* que celle-là. Elle a un début de fossette au menton et une voix d'acier. Quand elle parle de taureaux et d'ours, on dirait qu'elle les a mis à genoux en personne, d'un seul regard.

Bref, tout ce petit monde tenta de me convaincre : il faut résister, petit porteur ! Tu saignes, oui, et après ? Nous saignons tous. Manifestement, le jeu en bourse est une sorte d'épreuve de courage. Le gagnant, c'est celui qui, dans cette course folle vers l'abîme, garde le plus longtemps le pied sur l'accélérateur.

Étrange philosophie boursière. L'idée est la suivante : tout laisser en place, et pour l'éternité. Enfermer hermétiquement l'argent dans l'espace virtuel, et ne jamais y toucher, car le bon moment pour vendre ne se présente jamais.

Il est idiot de vendre une action en hausse, parce qu'elle pourrait continuer à monter et à produire d'autres œufs d'or. Quant à vendre une action en baisse, ce serait enregistrer des pertes, une double idiotie puisqu'une petite hausse pourrait suffire à récupérer ses pertes dès le lendemain. C'est comme le butin d'un hold-up: l'argent est enterré et tu n'as pas le droit d'y toucher, sans ça tu te fais prendre.

Cette logique semble toutefois ne s'appliquer qu'aux petits porteurs. Quand les cours s'effondrent, cela signifie qu'on vend beaucoup, beaucoup d'actions. Il est avéré que ce ne sont pas les petits porteurs, mais les grandes maisons qui ont alors « pris leurs bénéfices ». Ce sont des professionnels qui se sont débarrassés de leur lest, tandis que les petits actionnaires, eux, faisaient face à la tempête et gardaient fièrement leur position, pauvres crétins du front qu'ils étaient.

Il n'était pas question que je joue ce jeu-là. Ma conseillère en investissement sembla personnellement déçue par mon attitude. Je ne devais pas perdre la tête, me dit-elle. Elle tenait à moi. Je remis en ordre ses réticences pour en tirer la conclusion suivante: si je sors du jeu maintenant, moi, le petit porteur typique, tous les autres en sortent aussi. Dans ce cas-là, la bourse est fichue, l'Allemagne se casse la figure, les banques licencient, le mari de ma conseillère demande le divorce et des émeutiers pillent le centre-ville. C'est tout le système qui était en jeu. Voulais-je prendre la responsabilité d'un nouveau 1929?

Mais certainement. La responsabilité du petit porteur a des limites, surtout lorsqu'il s'agit de ses économies personnelles. « Eh bien d'accord, conclut-elle, piquée au vif, si vous pensez que... »

Je dormis cette nuit-là du sommeil du juste. C'est ensuite que ma vie devint un enfer. J'avais décidé de spéculer contre le Dax – et voilà que le Dax remontait. Le cruel destin l'avait retourné. Sur l'écran de mon ordinateur, tout était en vert. Les couteaux ne tombaient plus, on leur avait donné des ailes. Et moi, idiot, j'avais quitté le système au point le plus bas (ou au niveau que nous considérions tous à l'époque comme l'étiage, heureux temps où le Dax se situait à 5 270 !).

Il n'y a rien de plus idiot. J'avais honte. Et j'étais désormais puni par les actionnaires, cette communauté de joueurs de loto. Kai me regardait de haut, les passants secouaient la tête en me voyant, mon fils en larmes me demandait : « Papa, c'est vrai que tu as fourgué du Siemens à 118 ? »

Désormais, les cours étaient repartis. J'allais devoir leur courir après toute ma vie durant. Je lus encore qu'Abby Cohen, la grande vieille dame de Wall Street, en restait à son pronostic, un nouveau record de hausse pour la fin de l'année. Ceux qui avaient gardé leur sang-froid passeraient donc prochainement devant le terrain de jeu avec leurs nouvelles Jaguar ou leurs roadsters BMW, et inscriraient leurs enfants dans de coûteuses écoles privées.

Je commençai à préparer mes arguments en faveur de l'enseignement public et à sympathiser avec les verts, dont les taxes sur l'essence ponctionneraient au moins un peu la richesse injustement acquise des conducteurs de Jaguar. Je marmonnai des invocations au-dessus des pages « bourse » de la *Frankfurter Allgemeine Zeitung*. Et, miracle, je fus entendu. Le Dax eut pitié. Quelques jours plus tard, il me rattrapa au niveau où j'étais descendu. Je remontai vers le haut, le portefeuille plein de bonnes affaires.

Le bonheur dura deux jours. Ensuite le Dax s'arrêta dans un grincement. Puis il dévala de nouveau la pente. Je crus d'abord qu'il voulait encore ramasser quelques autres lâches dans mon genre avant de remonter. Mais il ne s'arrêta plus. Il n'acceptait plus que de descendre. La lumière du jour disparut et je me vis solidement accroché dans un express qui fonçait vers les profondeurs, en direction du septième cercle de l'enfer.

Ici, tout au fond, les conditions de vie sont différentes. Les journées sont plus clairement structurées. Elles commencent à 7 h 15 avec l'émission « Les marchés ce matin » sur *n-tv*, où l'on rend compte toutes les demi-heures de l'atmosphère à la corbeille.

Il faut se représenter ces méditations matinales comme un groupe de boursicomanes en thérapie permanente. C'est vrai, ils parlent de « correction des cours », portent des costumes et font sortir des « cours planchers » de leurs chapeaux, mais en réalité, ce qu'ils disent est simple: bonjour, je m'appelle Michael, employé de la Deutsche Bank, je me déteste, moi et mon métier, et cette panique me fait perdre mon latin.

Après ces exercices auxquels les petits porteurs se conforment aussi rigoureusement devant leur téléviseur que des musulmans orthodoxes font leur la prière en direction de La Mecque, après ces exercices, la journée commence.

Il s'agit à présent d'habiller son fils, de préparer le petit-déjeuner, de lire les pages économiques et de fumer quatre-vingts cigarettes sans perdre des yeux le ruban défilant en bas de l'écran. Sur *n-tv*, on regarde ensuite les bulletins boursiers de 11h30, 12h30 et 13h30.

Jusque-là, on devrait s'être posé la question un millier de fois: pourquoi, crétin que je suis, n'ai-je pas acheté deux ans plus tôt et vendu deux semaines avant ? Pareille erreur ne peut qu'inspirer un profond mépris.

Ce sont des journées de face à face avec soi-même – car la bourse relève du zen pur. Tu es confronté à toi-même. Regarde-toi bien : cupidité, jalousie, malin plaisir, haine, angoisse, panique, tous ces sentiments bien connus dont tu n'as jamais voulu entendre parler et qui, désormais, sont assis à côté de toi sur le canapé et regardent *n-tv*, la clope au bec.

Il existe quelques règles immuables permettant de survivre ici, dans l'enfer de la bourse.

Premièrement: ne jamais décrocher le téléphone avant huit heures du matin. Cela pourrait être Kai, conseillant d'investir dès que possible dans les banques thaïlandaises.

Deuxièmement: même après, ne pas décrocher le téléphone. C'est du temps perdu. On répond, on annonce le nom d'une grande entreprise de BTP au lieu du sien, on bredouille des excuses, et de toute façon rien, absolument rien, ne pourrait être plus important que le cours de ton action LHS.

Troisièmement: demander à son épouse de remplacer les piles de la télécommande avant de quitter la maison pour rentrer chez sa mère avec armes et bagages.

Quatrièmement : éviter tout contact avec des amis dont on s'est moqué jadis parce qu'ils ne possédaient pas d'actions, crétins sans le sou qu'ils étaient.

Cinquièmement : à l'avenir, en entendant un expert utiliser à propos d'une valeur du Nouveau Marché l'expression « Il y a de l'imagination là-dedans », faire comme Ulysse : demander à être attaché au mât du navire, de la cire dans les oreilles, à voir brûler ses cartes de crédit, à être inscrit sur la liste des interdits de jeu volontaires à Wall Street, Francfort et Tokyo.

Sixièmement : la bourse est pure psychologie. Elle n'a rien à voir avec les faits. N'importe quel expert pourra justifier avec des arguments apparemment rationnels n'importe quelle évolution de la bourse, aussi bien la montée record que le super-super-*crash*. Prépare-toi à ce que le Dax tombe à moins 18 000. Puis réjouis-toi s'il reste quelque temps à frétiller, indécis, à moins 17 000.

Dans le vaudou boursier, on trouve différents groupes. Les plus exotiques sont sans doute les techniciens des *charts*. Le moment où ils apparaissent annonce la fin de la fête. On remonte les chaises sur les tables et on essuie les flaques de sang sur les parquets.

Les techniciens des *charts* sont comparables aux gens qui mettent en place des martingales d'une sûreté absolue à la roulette. Ils portent des chemises roses sous des vestes vertes, parlent avec de gros accents provinciaux et commentent sur de grands tableaux qu'ils assemblent eux-mêmes les planchers des cours.

Ces planchers sont de gros traits rouges en dessous desquels le cours des actions n'a pas le droit de descendre, sauf à s'exposer à un très grand mépris. S'il le faisait tout de même, il serait rattrapé par le plancher suivant. Au cours des semaines passées, le Dax détestait ces planchers-là. Il les fracassait comme un karatéka vexé. Tchac ! tchic ! boum ! Puis il nous lançait les derniers éclats de bois à la figure et reprenait son chemin. Vers le bas.

Nous, petits porteurs, restions donc allongés en pleurant dans la cave de la bourse. Kai et moi, nous en faisions le serment toutes les heures : si nous nous en sortions à peu près, nous transférerions tout sur des livrets de caisse d'épargne et mènerions désormais une vie ennuyeuse et rangée en jouissant de nos taux d'intérêt minuscules, mais honnêtes.

La condamnation à mort est arrivée plus vite que prévue. Elle a été lue en public par Carola Ferstl. Le lundi de la semaine dernière, elle a commencé son émission boursière en ces termes : « Si vous avez eu des sueurs froides ces derniers jours, mieux vaudrait à présent éteindre votre poste. Il y a eu un bain de sang à Wall Street. » En l'espace de trois minutes, le Dow Jones avait chuté de cinq cents points.

Ce sont les Russes qui avaient provoqué cet effondrement – qui cela aurait-il pu être d'autre ? Le jeune Premier ministre Kirijenko avait commencé par dévaluer le rouble avant d'être dévalué lui-même. Ensuite à la Douma, les communistes avaient récusé au premier tour le candidat proposé par Eltsine, Tchernomyrdine. Son adversaire, un sombre Soviétique à l'ancienne, avec chapeau raide, avait piétiné le libre monde de la bourse.

Je ne comprenais pas très bien pourquoi Eisner, le patron de Disney, devait se débarrasser de ses actions sous prétexte que Ziouganov avait dit *niet*, mais nous l'avons dit, la bourse, c'est de la psychologie, et le rouge avait gagné.

Kai, haletant, envisageait de refaire sa vie quelque part à Majorque. Je gardai pour ma part une étonnante contenance. Mon fils s'intégrerait très bien à un lycée d'enseignement professionnel. On pourrait peut-être même, pour le préparer, lui donner quelques cours de self-défense ? Tant que notre vieille voiture ne perdrait pas son moteur, je pourrais l'y conduire.

La chute des cours à New York a été le deuxième *crash* le plus grave de l'histoire. Avant même l'ouverture de la bourse, le lendemain matin, le Dax se tenait au bord de la fenêtre, prêt à sauter. Curieusement, il ne sauta pas. Il eut, c'était incontestable, des débuts faiblards ce jour-là. Mais ensuite, on aperçut Friedhelm Busch, le vétéran de *n-tv* ; il se trouvait à la corbeille de Francfort, et il était de bonne humeur. Pas seulement parce qu'il célébrait son soixantième anniversaire, comme nous l'apprîmes dans notre cave, avec une grande émotion.

Busch nous faisait un cadeau. Avec sa tête grisonnante de chef d'orchestre, Friedhelm Busch donnait l'impression d'être passé sous les roues de chaque *crash* boursier depuis 1929 – et de s'en être relevé à chaque fois. Désormais, il se tenait là, semblable à un général victorieux.

Tokyo avait ouvert en forte hausse. Le Dax grimpait, il retombait, il jouait aux montagnes russes, mais il grimpait tout de même. Tout d'un coup, l'argent afflua à la corbeille. Les investisseurs institutionnels achetaient au lieu de vendre. Le bain de sang de New York ne se reproduisit pas à Francfort. Au contraire.

Plus tard, lorsque New York battit un nouveau record avec plus de 1,2 milliard d'actions négociées, et que le Dow Jones monta de près de 4 %, les cloches de Pâques se mirent à sonner. Nous avions retrouvé la terre ferme, Kai et moi.

Le lendemain, en fin d'après-midi, je le rencontrai sur le terrain de jeu. Nous avions pris un coup de vieux, tous les deux. Nous regardions le soleil en clignant les yeux. Nos fils jouaient en bonne entente avec une nouvelle voiture miniature, une Jaguar.

« Tu as vraiment l'intention de sortir de la bourse ? », lui demandai-je. Il eut l'air stupéfait. « Tu es fou ? » Il avait acheté de nouveaux titres. Moi aussi.

Nous sommes comme ça, nous, les petits porteurs. De vrais pros. En Suède, récemment, on a mis face à face un analyste et un singe, qui choisissait ses actions à l'aide de fléchettes. C'est le singe qui a gagné.

21.

Terra incognita

Troisième excursion chez les Allemands, aux frontières et au-delà, avec un grand retour dans l'histoire.

Dès les années quatre-vingt-dix débuta cet étrange double mouvement qui constitue aujourd'hui la normalité en Europe : un effacement des frontières et, parallèlement, l'embrasement de nationalismes longtemps réprimés. Pendant des décennies, les élans nationaux avaient sommeillé sous le permafrost des deux blocs ; ils n'étaient pas morts pour autant. Désormais. après la révolution pacifique en Europe de l'Est, les peuples étaient de nouveau autorisés à être patriotes et donnaient de véritables leçons aux nations somnolentes de l'Ouest. Ils ressortirent leurs drapeaux, se rappelèrent leurs hymnes nationaux et se regroupèrent autour de la partie de leur héritage et de leur tradition qui n'avait pas encore été ensevelie.

Les limites des blocs se dissipèrent parce qu'il n'existait plus de blocs ; dans les Balkans, l'arrêt subit de la discipline des blocs ouvrit une période transitoire faite de bains de sang, d'instauration de nouvelles frontières et de génocides, dans un climat d'horreur qui montra les pires formes que pouvait prendre le nationalisme. Dans le reste de l'Europe, on en présentait les meilleures : des mouvements nationaux devenus des mouvements de la liberté, avec toutes les réminiscences romantiques et historiques du début du XIXe siècle.

Pour nous, les Allemands, ces années furent comme la sortie d'une anesthésie. Nous avions encore les membres flasques, on venait de nous recoudre, nous titubions un peu, mais nous étions curieux de voir ce qu'il y avait de l'autre côté des clôtures de la clinique.

Avec le recul, l'Allemagne fédérale et la République démocratique allemande apparaissaient comme les constructions artificielles qu'elles ont toujours été. Pour nous, les Allemands, écrivit Arnulf Baring, ces années avaient été « une pause dans l'histoire du monde ». Et voilà que nous annoncions nous aussi notre retour dans l'histoire; la Marine fédérale devint la « Marine allemande ». Nous prîmes l'habitude d'entendre le mot « Allemagne » sans adjectif à sa suite. On assista à de timides tentatives d'ouvrir un débat sur le patriotisme, et à des mouvements contraires, virulents et inévitables, sur le thème « plus jamais l'Allemagne ». Une polémique éclata entre historiens sur les péchés totalitaires des fascistes et ceux des staliniens[43]. La nation se demandait quel regard elle devait désormais porter sur son passé.

Mais surtout, les années quatre-vingt-dix furent la décennie où les deux moitiés de l'Allemagne firent connaissance, reculèrent d'un pas et se toisèrent après s'être pris dans les bras en 1989, à la porte de Brandebourg. La blessure qui partageait l'Allemagne en son milieu commença à cicatriser. La frontière s'était déplacée à l'est. Cette frontière-là se préparait à disparaître à son tour au sein d'une plus grande communauté européenne. Mais elle existait tout de même, notre nouvelle frontière orientale. Et c'est elle que je suis allé arpenter.

Ce fut le plus passionnant de tous mes voyages. J'avais pourtant fait quelques périples extravagants au cours de ma vie; le pèlerinage hippie traditionnel vers l'Inde, dans ma jeunesse, dans les années soixante-dix. Puis, comme reporter, aux États-Unis, sur l'Oregon Trail, traversant le Middle West à cheval et en roulotte. Plus tard j'ai voyagé dans le secteur de l'Amazone, en bateau, à bort d'un Cessna et même sur le dos d'un hippopo-

43. *Cf.* Collectif, *Devant l'histoire – Les documents de la controverse sur la singularité de l'extermination des Juifs par le régime nazi*, éditions du Cerf, 1988. [N.D.T.]

tame. Eh bien, mon voyage sur la frontière orientale de l'Allemagne n'eut rien à envier à ces aventures-là. Je me déplaçais dans un territoire que je ne connaissais absolument pas : pour moi, tout cela était *terra incognita.*

Après quatre années de séjour aux États-Unis, je redécouvrais l'Allemagne et ses irritations internes. Je la voyais dans le miroir de ses voisins, les Polonais et les Tchèques. Et j'appris ainsi à mieux me connaître, moi, un Allemand de l'après-guerre, plutôt anonyme, habitué au confort et désormais occupé à palper les cicatrices de l'histoire. Du nord au sud, des rives de la Baltique jusqu'à la forêt bavaroise, un voyage sur un sol parfois imbibé de sang.

Ahlbeck – frontière sans ombres

La bande qui marque la frontière mesure cinq mètres de large, elle est dallée et porte le nom de *Kurpromenade.* Elle court au milieu d'Ahlbeck, entre le luxueux hôtel *Ostende*, d'un côté, et le magasin d'alimentation miteux, de l'autre. Ici, le palace d'après la chute du Mur, pour client rupin, là-bas l'ex-baraque de la RDA pour touriste fauché. « Si celui-là était de l'Ouest, nous nous en serions débarrassés depuis longtemps », estime Brigitte Würzner, sur la terrasse de sa villa de luxe au bord de la plage. Mais le destin veut qu'ils viennent tous les deux de la RDA : le propriétaire de la baraque et la directrice de l'hôtel.

C'est cette frontière-là qui préoccupe la ville thermale d'Ahlbeck : la frontière qui sépare hier et aujourd'hui, le prolétarien et le mondain. Ahlbeck cherche une nouvelle identité. Au début du siècle, c'était une luxueuse ville thermale de l'empire ; au cours de la Seconde Guerre mondiale, elle fut une étape pour des millions de réfugiés de l'Est ; puis on la déclassa à coup de béton socialiste réel pour en faire une usine à loisirs du FGDB, le syndicat unique ; et la voilà qui revient peu à peu à son statut de villégiature pour riches bourgeois berlinois. Ahlbeck a tout pour devenir le Sylt de l'après-Mur, le bonheur des vacances paisibles dans la nouvelle Allemagne.

Quelques centaines de mètres plus à l'est court une autre frontière, plus discrète, celle qui sépare les draps de bain allemands et polonais. Le point le plus nordique de la frontière orientale allemande. Ici, la lumière sur la plage est blanche comme sur une photo surexposée, comme si la frontière voulait disparaître dans un scintillement anonyme, mais d'une présence absolue.

Si l'essayiste polonais Adam Krzeminski a raison d'affirmer que les « mille années de voisinage germano-polonais ont créé une sorte d'agrégat contaminé [qui dégage] autant de radiations psychologiques qu'un Tchernobyl de taille moyenne », on peut dire qu'au moins ici, au nord, ce réacteur a été dépollué. Une frontière sans ombre.

Napoléon avait affirmé que la géographie d'un État déterminait sa politique. Ici, ce principe a guidé l'histoire pendant près de deux cents ans, ensorcelant les stratèges et les comptoirs de bar. Systématisés par le mentor de Rudolf Hess, Karl Haushofer (« La dangereuse situation centrale de l'Allemagne »), les axiomes de la géopolitique n'assouvirent pas seulement la soif démentielle de Hitler : ils continuèrent à agir sur la pensée de la guerre froide, avec ses blocs, ses théories des dominos et les fantasmes de domination mondiale qu'entretenaient les grandes puissances. Cette idéologie du XIXe siècle a été mise à genoux avec la chute du Mur, et nulle part elle n'a été démentie d'une manière plus inoffensive qu'ici. Quelques gardes frontières éparpillés dans l'arrière-pays attrapent les trafiquants les plus hardis. Pour le reste, c'est le bonheur somnolent des thermes.

Mais la véritable frontière se situe à l'intérieur même d'Ahlbeck. Alors que Seifert, celui de la baraque à frites, laisse le maire gagner de temps en temps au tennis, Mme Würzner organise des activités culturelles pour gagner de la voix et de l'influence. Lors d'une conférence de presse, elle présente les tableaux du peintre Volker Köpp, d'Ahlbeck, des œuvres qui orneront désormais les murs blanc mat du restaurant. Un choix courageux. Les tableaux de Köpp ne débordent pas d'ambiance estivale. Ils montrent des impasses, des vues sur la promenade barrées par les haies d'arbres et de tuteurs comme par les barreaux d'une prison. Ils montrent des limitations, des amputations. Des images nées dans le calme de cimetière qui régnait en RDA dans les années quatre-vingt : la métaphysique de l'immobilité.

C'est la frontière occidentale qui intéressait les gens d'Ahlbeck, pas celle de l'Est. Les habitants des zones frontalières allemandes ne focalisaient pas leurs désirs vers la Pologne, mais au-delà des côtes soumises à une forte surveillance, au-delà de la mer, vers la liberté. La frontière d'à côté n'en était pas une : juste un joint de jonction entre peuples frères socialistes, dont le drame historique était passé à la trappe de l'internationalisme prolétarien. Une ligne entre des alliés contraints qui se tenaient du « bon côté » de l'histoire et, soumis au même joug, partageaient les mêmes manques.

Pour ceux qui viennent aujourd'hui passer leurs vacances à Ahlbeck, l'espace situé à l'est n'est que la possibilité de faire des affaires derrière les dunes – dans les marchés polonais, au bout de l'allée ombragée qui mène à Swinemünde, la ville voisine. L'ancienne ville portuaire prussienne, celle où Fontane passa son enfance, fut pendant la Seconde Guerre mondiale un point d'appui pour la flotte et un débarcadère pour les navires de réfugiés au cours des dernières journées de combat. Le 12 mars 1945, sept cents bombardiers américains la rayèrent pratiquement de la carte. Elle ressuscita sous la forme d'une cité polonaise sortie de l'alambic socialiste. Après la chute du Mur, c'est ici que s'installa l'un des plus grands marchés de produits à bon marché du pays.

Swinemünde – de la camelote pour les Allemands

Les marchands s'efforcent de se montrer prévenants avec leurs clients. « Ici, tu achètes vite et bon marché » : c'est ce que Krzysztof, qui a jadis étudié l'architecture, a écrit sur sa boutique, où l'on sert de l'anguille et des copies pirates de *Beverly Hills Cop II*. Nous, les Allemands, quand nous allons sur ce marché, nous nous regardons dans un miroir déformant. Nous aimons apparemment les roses en plastique et les maillots du

Borussia Dortmund, les Marlboro et les « chaussures pour elle et lui ». Nous voulons, comme on nous le promet sur les affiches, acheter « vite à bon marché », et si possible des nains de jardin produits à la chaîne. Ainsi, toute la frontière germano-polonaise, depuis laquelle on répondit jadis au feu à partir de 5 h 45[44], est aujourd'hui en bonne partie gardée par des nains de jardin, des gnomes en noir, rouge et or qui roupillent ou qui triment avec leurs barbes et leurs joues rouges. Peut-on imaginer pays plus pacifique que notre Allemagne au centre de l'Europe ?

L'Allemand qui veut être servi rapidement et à bon marché est lui aussi l'un des clients préférés d'Adam. Celui-ci dirige un bordel prospère dans un quartier tranquille de Swinemünde, où les ingénieurs et les fonctionnaires ont dirigé vers l'ouest les paraboles fixées sur leurs pavillons. Par un après-midi estival et brûlant, Adam est assis en shorts et en maillot de corps devant le grill de son jardinet ; à côté de lui, Nadja, de Biélorussie, portant bigoudis, peignoir piqué et lingerie de dentelle rouge.

Adam aime bien les Allemands. Les Suédois ou les Anglais qui passent ici en coup de vent sont ceux qui font le plus souvent du grabuge. Mais l'Allemand est tranquille. Il y a un habitué qui vient toutes les trois semaines, emmène dans sa chambre deux filles et une bouteille de champagne, et règle l'affaire en quinze minutes exactement. « Une fois, ça a duré dix-huit minutes. J'étais à deux doigts d'aller frapper à la porte, je me faisais du souci. »

Autrefois, Adam a servi dans la marine polonaise. L'histoire lui a-t-elle laissé de la rancœur vis-à-vis des Allemands ? Allons donc ! « L'histoire est enterrée, la seule chose qui compte aujourd'hui, c'est de vivre bien. » Jadis, sa maison était occupée par un Allemand, il a été expulsé après la guerre. « Ses petits-enfants sont passés récemment. Ils étaient contents que tout ait l'air si bien entretenu. » Nadja glousse.

Nadja, dix-neuf ans, fera ce métier pendant encore deux ans puis reviendra dans son pays natal. Catholique et dotée d'une conscience morale, elle ira se confesser et deviendra une hono-

44. Allusion au déclenchement de la Seconde Guerre mondiale. [N.D.T.]

rable femme d'affaires. Qu'a-t-elle l'intention de faire ? *Handel,* dit-elle : « Du commerce. » En Europe de l'Est, tout le monde connaît ce mot allemand.

Adam est partisan du rattachement de la Pologne à l'Union européenne, car la Pologne fait partie de l'Occident, elle a toujours été la tête de pont slave de l'Occident chrétien. À l'Est, en revanche, il faut redescendre le rideau : c'est là que commence l'Asie, l'absence de culture. « Si nous ouvrions totalement la frontière orientale (et c'est Adam, le proxénète, qui l'affirme), tous les criminels asiatiques la franchiraient, on n'en viendrait jamais à bout. » Mais lui aussi, l'habitant de l'Occident, le géopoliticien à la cannette de bière, le sait bien : à l'ère des groupes multinationaux, on ne mène pas les batailles avec des navires de guerre, mais en créant des entreprises. La mondialisation semble avoir fait table rase des nationalistes. Elle a écrabouillé les frontières. Dans ce Nouveau Monde, il n'est plus question de limites dessinées par des massifs montagneux et des mers – aujourd'hui, ce sont des spécialistes du marketing qui définissent avec leurs ordinateurs portables la découpe du globe. La nouvelle frontière court entre les pauvres et les riches. Et Adam est décidé à se trouver du bon côté.

Là où patrouillaient jadis des navires de l'armée est-allemande, les « bateaux de l'Aigle » relient aujourd'hui Ahlbeck et l'ancienne ville sœur allemande de Swinemünde. Ce matin-là, l'embarcation est pleine. Trois retraités doivent rester sur le quai.

« Les autres ont resquillé », proteste l'homme au képi à carreaux.

La femme à côté de lui, portant le même tissu d'été : « Nous voulions juste aller voir de l'autre côté, par curiosité. »

Leur amie : « Tout a changé de l'autre côté. Personne ne parle plus allemand. C'est que nous avons tous été expulsés.

— Eux aussi ont été expulsés. Par les Russes.

— Et par nous. Nous en avons chassé quinze millions. J'ai entendu ça récemment à la radio.

— La prochaine fois, il faudrait peut-être acheter un billet à l'avance à la maison des Thermes.

— C'est devenu cher.
— Autrefois on pouvait passer ses vacances ici pour six marks.
— On continue à verser de l'argent de l'autre côté. Il va bien falloir que ça s'arrête un jour.
— De l'autre côté, on n'a rien fait depuis quarante ans.
— Comme chez nous.
— Encore pire. »

Stettin – les enfants royaux dans le *no man's land*

Quelques kilomètres au nord-ouest de la ville hanséatique, élégante et affairée qu'est Szczecin (Stettin), dont la crypte du château abrite les grands princes de Poméranie qui rêvent dans leur cercueil en plomb d'un passé glorieux, se trouve le bourg de Dobieszczyn.

Ici, le blé recouvre tout, la frontière avec l'Allemagne est verte et aucune marque ne la signale. Pourtant, au milieu des champs de betteraves, on a installé un chemin de dalles qui, flanqué sur une vingtaine de mètres d'une rambarde de fer, débouche sur une porte grillagée. Elle se dresse dans le champ, avec ses cinq mètres de large, comme un accessoire de théâtre oublié. Une vache passe devant d'un pas ample.

Des poteaux blanc et rouge marquent la limite du côté polonais; côté allemand, ils sont noir, rouge, or. Les aigles, sur les deux blasons, lancent un regard majestueux sur les prairies et les champs vides de toute présence humaine. Peut-être discutent-ils en ces heures tranquilles de l'après-midi, car ils sont parfaitement seuls. La porte plantée dans ce *no man's land* vert porte un cadenas. La frontière est provisoirement fermée.

Telle est l'atmosphère idyllique autour de ce portail absurde. On se sent transposé dans d'autres mondes, peut-être dans *Léonce et Lena*, où les États ont la taille de jardins, et dans ces contes qui commencent par les mots: « Il y était une fois deux enfants de rois... »

Allemands et Polonais sont voisins depuis des millénaires, et ils partagent le terme qui désigne ce qui les sépare : la *grenitze*, l'équivalent polonais du mot allemand *Grenze* (la frontière), est un dérivé du slave provenant des secteurs que l'ordre teutonique occupait dans les territoires de la Baltique au milieu du XIIIe siècle. Ces chevaliers chrétiens avaient été rappelés de Terre Sainte pour aider à combattre une tribu balte indocile, les païens prussiens. Ils emportèrent la victoire, ils domptèrent les Prussiens, les chevaliers de l'ordre teutonique qui colonisèrent l'Est par le glaive et la prière devinrent pour les Polonais un puissant partenaire, bientôt trop puissant et menaçant pour le roi Wladislaw II. En 1410, près de Tannenberg, il extermina les chevaliers allemands.

La Prusse, qui fut longtemps une vassale de la Pologne, accéda au XVIIIe siècle au statut de grande puissance, tandis que le fier royaume de Pologne, épuisé par des guerres de succession, se trouvait presque entièrement pris sous l'influence russe. La Pologne devint la patrie des héros tragiques, des perdants romantiques. On trouvait entre autres dans cette liste Tadeusz Koscinszko, un ami de Jefferson et des jacobins, qui jura de défendre la liberté de la Pologne et, en 1794, près de Raclawice, mena une armée de paysans, munis de faux face aux canons russes.

Mais il ne put empêcher que les grandes puissances, un an plus tard, se répartissent définitivement la Pologne. « La Pologne, c'est-à-dire Nulle Part », affirma Alfred Jarry[45] en 1896. Pendant tout le XIXe siècle, le pays resta absent des cartes géographiques et ne survécut plus que dans les poèmes romantiques de Mickiewicz. C'est peut-être cette conception lyrique de la politique, la capacité romantique de partir « la pioche sur l'épaule » qui permit aux Polonais de mettre le Bloc de l'Est en mouvement. Coupés de l'Occident par ce billot stalinien qu'était la RDA, les Polonais ont été les premiers à faire chanceler le communisme.

45. Au cours du discours de présentation qu'il fit pour la première d'*Ubu Roi*. [N.D.T.]

Désormais, cette frontière de Dobieszczyn, avec son chemin de dalles et ses balustrades rouges dans les champs germano-polonais, ressemble au décor d'une pièce qu'on a fini de jouer. Juste un petit enclos. À droite et à gauche, des sentiers de promenade confortables mènent d'un côté et de l'autre. Vol de pollen, beaucoup d'air frais. Un voisinage stimulant. Une belle frontière.

L'Oderbruch
un cadre idyllique au sol imbibé de sang

Au cours des années qui suivirent la chute du Mur, plus d'une âme est-allemande se retrouva face à un dilemme. Elles ne pouvaient que souhaiter le succès du capitalisme si elles voulaient participer à la prospérité souhaitée. Mais dans le même temps, elles devaient espérer son échec si elles voulaient tout de même prouver que leur propre biographie, la biographie socialiste, avait été la bonne. Ainsi se fit entendre cette polyphonie qui mêlait les identités et joua son rôle dans les négociations qui suivirent l'unification : un chant qui rêvait de confort mais n'abandonnait jamais le discret espoir que l'Occident s'étouffe en tentant d'avaler ce morceau incommode qu'était la RDA.

Cela a produit des résultats surprenants et qui allaient dans le bon sens. Peu avant l'unification, par exemple, la SED, l'ancien parti unique est-allemand, découvrit les charmes de l'écologie. La dernière mesure – littéralement – prise par le gouvernement de la RDA, qui ne s'était jamais soucié d'environnement jusqu'à cette date, fut de faire preuve d'un acte de courage gratuit en mettant en sécurité un morceau de la RDA. S'il ne pouvait pas se déclarer lui-même zone protégée, le gouvernement le fit tout de même pour environ 10 % de la surface des nouveaux Länder allemands, le plus souvent des secteurs frontaliers, qui furent classés parcs nationaux protégés et réserves de biosphère.

Quand on a franchi les forêts de cure-dents sans aiguilles situées au nord de Schwedt, les gigantesques oléoducs et les cheminées à fumée jaune de la raffinerie PCK, on plonge dans le doux scintillement des polders de l'Oderbruch, dans les forêts humides et les marécages de la zone de déversement des eaux la plus riche en espèces de toute l'Europe centrale.

La partie la moins atteinte du parc se situe en Pologne qui, par manque d'argent, n'a pu remettre en état le système de polders détruit pendant la guerre.

« La frontière est un cadeau », estime Ralf Köhler, un jeune biologiste de Mayence qui travaille pour le Parc national de la vallée du Bas-Oder, un organisme germano-polonais. « C'est elle qui a empêché la destruction de la nature. » Ici, des milliers de grues font une halte sur leur route vers le sud. C'est là que des cigognes et des aigles marins, des phragmites aquatiques et des râles des genets couvent leurs œufs.

Tout en me guidant vers l'entrée par une allée ombragée de vieux marronniers, dans le village de Criewen, Köhler me parle de sa mission avec l'enthousiasme d'un sauveur de l'humanité. La rhétorique de la RDA et le lyrisme écologique se mêlent dans son discours d'une manière étonnante. Il parle de « sécurisation » et de « zones fermées » ; cette fois, cependant, il ne s'agit pas des frontières de l'État et de transfuges, mais de réserves naturelles et de butors.

Les prairies sèches, avec leurs stipes argentés, marquent pour Köhler une nouvelle frontière : celle d'un futur où il ne pourra plus être question des Polonais ou des Allemands, mais uniquement de la survie de la nature et donc de l'homme. Les frontières, dit Köhler, relèvent du passé.

Soudain il lève la tête et tend l'oreille. « Vous saviez que les oiseaux ont eux aussi des dialectes ? » Un grand rossignol polonais, dit-il, n'a pas le même son qu'un allemand. Même les oiseaux, ici, ont donc encore en tête le vieux monde et ses nations.

Seelow – l'histoire bétonnée

L'avenir vert de l'Oderbruch pousse sur un sol ensanglanté et criblé d'obus. Ce bout de terrain n'attire pas seulement les oiseaux migrateurs, mais aussi les vétérans nostalgiques des frontières ; à l'extrémité sud-ouest de cette bande, sur les hauteurs de Seelow, a eu lieu la percée décisive vers Berlin. Dans un appel lancé au groupe d'armées Vistule, le 15 avril 1945, Hitler a une fois encore invoqué « l'ennemi mortel judéo-bolcheviste » et le destin qui attendait les soldats en cas de défaite : « Femmes et jeunes filles deviendront des putains de caserne, le reste partira au pas pour la Sibérie. »

Les Alliés avaient acquis la maîtrise absolue de l'espace aérien et leurs bombardements avaient pratiquement stoppé la production d'armes allemande. Sur la rive occidentale de l'Oder, les dernières divisions de la Wehrmacht et du *Volksturm*, mal équipées, en bonne partie dépourvues de formation, faisaient face à une force de deux millions et demi d'hommes au total que les maréchaux Rokossovki, Joukov et Koniev menaient vers Berlin en se livrant une compétition bizarre : Staline voulait atteindre et prendre la capitale du Reich avant les Américains.

Grâce à un changement de position nocturne opéré par le général Heinrici, la première frappe de l'artillerie russe – plus de 16 000 obus –, le 16 avril à trois heures du matin, tomba dans le vide. Vers midi, l'attaque russe cessa presque totalement – non seulement en raison de la résistance acharnée des Allemands, mais à cause des erreurs d'évaluation du maréchal Joukov, qui se trompa totalement sur la situation géographique autour de Seelow.

L'après-midi, Staline lui apprit par téléphone que l'attaque lancée au sud par son rival, le maréchal Koniev, avait eu des résultats nettement plus positifs. La pression exercée par Staline coûta cher. Joukov, pris d'un accès de frénésie, lança une attaque en passant outre le corps d'artillerie du général Tchoukov. Il s'ensuivit un indescriptible chaos, que seul le manque de munitions, côté allemand, empêcha de tourner à une débâcle de l'armée Rouge. Tchoukov nota : « Les blindés de la Ire armée de la Garde enfoncèrent littéralement les camions de notre artillerie, bloquant ainsi la manœuvre des deuxièmes escadrons de nos divisions et corps. »

Au prix de lourdes pertes, Joukov poussa ses troupes vers l'avant ; elles parvinrent finalement, le 17 avril, à encercler Seelow. Une fois encore, la résistance allemande empêcha la percée. Il fallut attendre le 19 avril pour que la défense allemande soit ouverte sur trente kilomètres de large, de part et d'autre de la Route du Reich n° 1. Deux jours plus tard, les troupes de Joukov furent les premières à atteindre Berlin.

Un pavillon de béton, qui ressemble à une baraque à sandwichs, rappelle les trente mille soldats russes, les cinq mille soldats polonais et les six mille soldats allemands qui ont versé ici leur sang. Les engins de guerre russes se dressent sur le parvis désert, dans un étrange triomphalisme perdu. Pour le reste, on ne voit qu'un passé bétonné, négligé, assimilé jusqu'au dernier reste, sur le bord asphalté d'une voie rapide.

Küstrin – la Pompéi de l'Est

À Kostrzyn (Küstrin), en revanche, à quelques kilomètres à l'est, côté polonais, le sol s'ouvre de nouveau : juste derrière la ligne frontière, à l'ombre des halls d'usine, on met au jour des restes de murs et des chemins, on fait de l'archéologie entre le pavot sauvage et les cabanes pour touristes. On fait sortir une ville du sol. Küstrin – une Pompéi de l'Est.

Aucun lieu sans doute n'illustre de manière plus impressionnante l'histoire germano-polonaise : Küstrin fut une colonie slave sous Boleslav le Téméraire, une ville résidence sous le comte Johann, un *Hohenzollern*, une cité où la majorité slave vivait en bonne entente avec la minorité germanophone. Par la suite, Suédois, Russes et Français allaient ravager la ville.

C'est dans la forteresse de Küstrin que le roi-soldat prussien mit aux arrêts son fils indocile, le futur Frédéric le Grand, et fit exécuter son ami Katte. Küstrin fut une ville commerçante prospère à partir du milieu du XIXe siècle et jusqu'à ce que les Russes la rasent pratiquement, peu avant la fin de la Seconde Guerre mondiale. Au cours des années qui suivirent, on utilisa les gravats et les briques de Küstrin pour reconstruire les châteaux de Varsovie et de Stettin. Le directeur de travaux Adam Szaffruga a désormais pour mission de créer avec ces fouilles un nouveau site pour les touristes allemands.

Cet homme de 56 ans, dont la famille a été chassée de la partie orientale de la Pologne avant de s'installer ici, secoue la tête en évoquant ce projet. Pour lui, les ordres de sa hiérarchie, et d'ailleurs la totalité de cette entreprise, sont plus que douteux. « Que voulez-vous qu'on trouve ici ? demande-t-il. Quelques vieilles munitions et des ossements. Les Allemands n'ont qu'à s'en occuper. » Si ça ne tenait qu'à lui, on vendrait toute la zone à un particulier qui en ferait ce dont il aurait envie.

La contestation de Szaffruga ne concerne pas un point historique, mais une vision commerciale. Le scandale à ses yeux, ça n'est pas que l'on déterre ce que les bombes leur ont enlevé – et à fort juste titre, selon lui –, mais le manque de perspective de bénéfices financiers. Les Allemands vont de l'autre côté, vers les baraques. C'est là qu'on fait du chiffre et qu'on joue de la musique. Mais il accomplira son travail tout de même. Après tout, ceux d'en haut n'ont peut-être pour seul souci que de donner du boulot à quelques chômeurs et, pour le reste, d'impressionner le gouvernement allemand.

Les flots de visiteurs ne sont pas là. À part ce vieux couple de Hambourg qui revient voir régulièrement depuis trois ans si l'on a déjà dégagé l'église. C'est ici en effet que la femme a été baptisée, dans ce même édifice, il y a soixante-dix ans. Un jour ou l'autre, le bâtiment redeviendra visible : des ruines, des fondations, des croix ; Szaffruga peut-il me montrer des objets de cette époque ? « Bien sûr », dit-il. Il pousse la porte fragile d'une cabane. On y entrepose dans des cartons de Marlboro les reliques non pas de l'empire romain, mais du Reich « millénaire » : des tasses, un réveil sans aiguilles, une mine rouillée. Puis il sort un crâne. Il le tient dans sa main et le regarde d'en haut, méditatif.

Un Polonais, un Allemand ? « Qui sait ? » Il le repose dans le carton. « Ça n'a aucune importance », dit-il d'une voix lasse, en soupirant.

Bad Muskau – le mauvais rivage

Comme beaucoup de villages frontaliers est-allemands, Bad Muskau rêve de devenir un lieu de cure. Pour les habitants de Muskau et leur mairesse, cela représente beaucoup d'argent, du bon air, un chiffre d'affaires sain. Mais tant que le capitalisme thermal ne tourne pas encore, il faut se contenter du tourisme des chasseurs de soldes en autocar, même si les gaz d'échappement pèsent lourd sur les poumons. Dès le matin, des colonnes entières tournent dans les rues sinueuses pour aller acheter la camelote habituelle de l'autre côté de la frontière. Presque personne ne prend le temps d'aller visiter le plus beau parc paysager d'Europe, le jardin du prince von Pückler.

Il est possible qu'ils ne le voient même pas. Comme une déclaration de guerre à l'espace vert du prince, un bloc de béton barre la vue sur l'entrée du parking, un bunker à lamelles qui marque la frontière entre le monde de l'utilité et celui de la beauté. Sur sa peau grise, on a barbouillé une colombe, comme si ce billot ignoble devait excuser son crime esthétique en se référant à un idéal supérieur.

Le parc continue pourtant à saisir ses visiteurs par ce « calme impressionnant » qu'avait déjà noté une noble amie du comte. On plonge de tout son cœur dans cette tranquillité, on franchit la prairie du château, le pré des larmes, la gloriette, vide de toute présence humaine mais lourde de ses chants d'oiseaux, une symphonie botanique faite de hêtres, de tilleuls et de groupes de chênes, avec des perspectives fermées et raffinées qui offrent à la vision des profondeurs infinies, loin dans la partie polonaise du parc.

En concevant son jardin, le prince Pückler-Muskau a peint au début du XIXe siècle un idéal de la nature, le paysage intensifié par l'art, une gigantesque aquarelle réelle faite d'arbres et de buissons. Pressentant l'ère des machines, le temps des utilités hideuses, il nota : « Vous avez l'argent et le pouvoir, laissez à la pauvre noblesse qui a fait son temps sa poésie, la seule chose qui lui reste. »

Le château rose en ruine, avec ses mâchicoulis à la mode de la néo-renaissance, entouré de douves où les moustiques dorés dansent à la surface de l'eau, est encerclé par les échafaudages des entreprises de bâtiment ouest-allemandes. « Quand sera-t-il enfin réparé ? marmonne un retraité, client du centre thermal voisin. Qu'il ressemble enfin à quelque chose ! » Comme beaucoup des gens qui vivent ici, c'est un ancien habitant de la Silésie, expulsé juste après la guerre. Quand il était jeune, il aidait son père à ferrer les chevaux des propriétés qui entouraient Löwenberg. En 1945, il a été fait prisonnier et s'est retrouvé en camp de travail russe ; ensuite, pendant trente ans, il s'est « bousillé les épaules à force de donner du marteau » aux usines de rails de Görlitz.

Aujourd'hui, il a quatre-vingt-quatre ans, il est usé, courbé et fragile comme les ruines du château, battu par une biographie qui a franchi deux guerres et une vie dans les dictatures. Il se tient là, sur le chemin de gravier, mules en tissu éponge rose aux pieds ; sur ses pantoufles, on a brodé le mot *Viktor* : le « vainqueur ».

« Le château a résisté à la guerre, dit-il. Mais pas aux Polonais, ils ont logé là-dedans comme des vandales. » En tout cas, c'est ce qu'on lui a raconté, dit-il avec un regard de côté, presque effrayé, comme s'il s'excusait : c'est ici que le front a été percé, le 16 avril. Le 20 avril, le château était en flammes. Ce ne sont pas les Allemands qui l'ont détruit, ce sont les autres. Une protestation murmurée à voix basse à l'attention des ombres du passé, contre la névrose allemande des criminels, la névrose polonaise des victimes. Les Polonais ne se sont-ils pas déchaînés, eux aussi, n'ont-ils pas déclenché des pogromes contre les Juifs ? N'y avait-il pas aussi parmi eux des criminels, des pilleurs, des voleurs ? Et lui, Viktor, n'a-t-il pas assez expié par sa biographie personnelle ?

Ici, ils ont tout détruit, explique le directeur du parc, Ekkehard Brucksch, qui se bat depuis trente ans, désormais en collaboration avec les Polonais, pour défendre l'idée de la nature qu'avait Pückler. Il montre les cicatrices laissées par des balles dans le tronc d'un puissant chêne. « Les bâtiments, ça se reconstruit ; mais ces dégâts-là sont irréparables. » Il parle avec amour et respect du jardin et de son créateur génial. « S'il n'y avait pas des fous comme Pückler, ce genre d'œuvres d'art n'existerait pas. » Le sobre hommage à l'individualisme des nobles prononcé par un ancien membre du parti qui a longtemps et fidèlement servi. Un éloge accompagné d'un hochement de tête pour souligner l'incompréhensible: « Cet homme s'est ruiné. »

Quelques centaines de mètres plus loin, sur la rive inférieure de la Neisse, on voit une borne frontière aux couleurs noir rouge or. « Autrefois, ces poteaux étaient toujours entretenus, dit Brucksch. Je n'ai pas la moindre idée de qui en est responsable aujourd'hui. »

Seule une négligence cartographique a fait passer la frontière actuelle au milieu du parc. À Yalta, Roosevelt et Churchill ont oublié de préciser que la Neisse de Klodzko (orientale) serait la frontière de la Pologne. Or Staline avait depuis très longtemps commencé ici, sur la Neisse de Lusace (occidentale) à imposer sa volonté sans la moindre concertation et à chasser d'autres millions d'Allemands. Ensuite, à Potsdam, les puissances occidentales, fatiguées de négocier et, au fond, pas très intéressées par la question, ne tardèrent pas à céder.

L'héritage de Pückler est donc désormais un rêve transfrontalier. Sa vision harmonieuse de la nature reposait sur les percées du regard, les trouées, les perspectives profondes. Depuis le mont de chênes, par exemple, la vision s'ouvre comme un éventail, articulée par des groupes d'arbres, sur la prairie aux tilleuls et la prairie aux moutons, vers la Neisse et les hauteurs polonaises.

Là-bas, de l'autre côté, sur la rive polonaise de la Neisse, les herbes folles ont repris possession du parc. Rétablir l'ancienne trouée n'allait pas sans problèmes. « On voyait tout d'un coup les épouvantables barres d'habitation grises de la RDA », dit Brucksch, opérant un surprenant changement de perspective. C'est la dialectique de l'ouverture de la frontière, de la chute du rideau, du regard libre: désormais, on le jette aussi, de l'extérieur, sur des vérités hideuses. Certaines de ces vérités ne sont supportables que sous couvert du « on » collectif. « Si l'on avait su à l'époque ce qu'on sait aujourd'hui », dit Brucksch. Il laisse sa phrase inachevée et remonte silencieusement la Neisse, en direction du mont aux chênes. « On était des citoyens honorables, soupire-t-il à un moment. On a cru à tout. »

Ici, où la police des frontières allemande patrouille pendant la nuit, débute la partie enchantée du parc. La Neisse y coule plus fort, les talus y sont plus raides. Certains des quelque vingt mille immigrés clandestins qui tombent chaque année entre les mailles de la police des frontières choisissent cet endroit-là par ignorance. Les noyés sont parfois repoussés vers l'aval par les habitants des communes voisines, par peur de devoir payer les frais d'enterrement.

De tout temps, on a donné à cet endroit le nom de « mauvaise rive ». Avant même cela, les désespérés venaient s'y jeter à l'eau. À cette partie de son parc qui se situait à l'horizon de la vue féodale qu'on avait depuis le château, le prince donna le nom de « fin du monde ».

Görlitz – la renaissance silésienne

De la même manière que Venise a été encerclée et préservée par ses lagunes et ses canaux, Görlitz a été lavée et protégée par les vagues de l'oubli. Cette petite ville de Basse-Silésie, un joyau architectural de la Renaissance, du baroque et du *jugendstil,* a survécu sans dommage à la Seconde Guerre mondiale. Au cours des quarante années suivantes, le point le plus oriental de l'Allemagne a été livré à lui-même et à la ruine. Lorsque plusieurs milliers de logements se sont trouvés vides, le SED a prévu de raser tout le centre-ville historique et de le remplacer par des barres de béton. Le plan n'a pas été mis en œuvre faute d'argent. « La pauvreté est la meilleure protection des monuments historiques », dit-on depuis à Görlitz.

Cet hymne à la pauvreté est entonné par un patient qui vient à peine de sortir d'un séjour très coûteux en soins intensifs : depuis la chute du Mur, on a dépensé des millions pour lustrer les trésors de Görlitz – 3 500 monuments historiques recensés. 1 700 logements sont certes toujours vides au centre-ville, mais tout de même : les bâtiments existent encore, et on les restaure.

Cet après-midi-là, où l'Allemagne affronte la Russie au championnat d'Europe 1996, seuls quelques touristes venus acheter des cigarettes se dirigent vers le côté polonais, franchissant le pont sur la Neisse vers Zgorzelec, l'ancienne banlieue de Görlitz qui ressemble à peu près à la ville elle-même avant la chute du régime. Comme les affaires ne marchent guère, le chauffeur de taxi Wojciech Rokowski décide lui aussi de quitter son stand derrière la guérite du poste frontière et d'aller regarder le match à la télévision.

« L'Allemagne contre la Russie, dit-il, ça s'est déjà vu. Mais cette fois, la Pologne est dans son fauteuil et compte les points. Comme c'est bien ! » Son père, combattant clandestin de l'Armia Krajowa pendant la Seconde Guerre mondiale, a été prisonnier des uns comme des autres : les Allemands l'ont déporté au camp de concentration de Flossenbürg ; après la fin de la guerre, ses activités de guérilla en faveur du gouvernement polonais « bourgeois » en exil à Londres lui ont valu un séjour dans un camp russe. « Qui est le plus coupable ? demande Rokowski. Le premier bourreau ou le second ? »

Les bourreaux travaillent main dans la main pendant l'insurrection de Varsovie, au cours de laquelle Rokowski a aussi perdu des membres de sa famille : en août 1944, les Allemands ont tranquillement massacré les Polonais insurgés. Staline avait arrêté ses troupes devant la ville et refusé aux Alliés, qui voulaient envoyer du renfort par avion, le droit de procéder à des atterrissages intermédiaires sur l'autre rive de la Vistule. C'est seulement après que les Allemands eurent fait, littéralement, sauter les maisons les unes après les autres, que l'armée Rouge entra dans la ville pour libérer une immense morgue.

« Qui est le plus coupable ? », demande Wojciech Rokowski.

Dans le sombre séjour, avec sa chaîne hi-fi japonaise installée devant les tapisseries usées, occupés que nous sommes à déguster des cakes sucrés et de la bière de Görlitz, les sympathies sont clairement réparties. Tomasz, le fils de Rokowski, âgé de treize ans, soutient l'Allemagne parce qu'il aime Klinsmann, le buteur du Bayern de Munich. Rokowski est pour l'Allemagne aussi, parce qu'il est contre les Russes.

Il a toujours refusé d'apprendre le russe. L'allemand, en revanche, lui était familier par le biais de ses parents, même si cette langue a toujours eu pour lui un petit quelque chose d'hostile. « Quand ils se disputaient, ils parlaient l'allemand, pour que nous, les enfants, ne les comprenions pas. » Lorsque le premier but allemand atterrit dans les filets russes, Tomasz pousse des cris de joie et Rokowski affiche un sourire de reconnaissance. À 2/0, le jeune garçon dans la pièce et Rokowski serrent le poing. Mais lorsque Bierhoff tient le troisième but au bout du pied, il fronce les sourcils. Bierhoff rate son coup, et Rokowski paraît soulagé. « 2 à 0, ça suffit, estime-t-il après la fin du match. Quand les Allemands gagnent, il ne faut pas que ce soit de trop, sans ça ils deviennent arrogants. »

La réussite économique, de l'autre côté de la frontière, a changé la clientèle, explique-t-il pendant la promenade qu'il me fait faire ensuite. « Depuis que ceux de l'autre côté ont plus d'argent que nous, ils nous prennent de haut. »

Il existe certainement, ajoute-t-il, des motifs à certaines animosités. « Nous autres, Polonais, dit-il, nous ne manquons pas d'idées lorsqu'il s'agit de faire de l'argent sans s'épuiser. » Beaucoup ici vont chercher de la bière à bon marché dans les supermarchés de Görlitz, se font rembourser la TVA à la douane et revendent la bière aux Allemands à un prix encore plus avantageux, sur le marché aux baraques de Zgorzelec. Le système fonctionne tout aussi bien avec des vélos et des tee-shirts. Ça n'est pas précisément le grand luxe, mais Wojciech s'y achemine. « Nous pourrions vendre du sable à des Arabes », dit-il fièrement.

Les chauffeurs de taxi de Zgorzelec profitent surtout de la crainte que les voleurs à la roulotte inspirent aux touristes de Görlitz, de l'autre côté. Tout le monde les met en garde contre ce phénomène. Les sociétés de location interdisent explicitement à leurs clients de franchir la frontière avec leurs voitures. On la passe donc à pied avant de se faire conduire par Wojciech et ses collègues. L'option la plus sûre est sans doute de laisser la voiture côté allemand, sur le parking de l'hôtel, notamment s'il s'agit de la cour clôturée du luxueux hôtel *Sorat* de Görlitz, juste derrière Karstadt, l'unique grand magasin *jugendstil* d'Allemagne à ne pas avoir été démoli.

Le client est d'autant plus étonné en constatant, le lendemain matin, que la vitre de sa voiture a volé en éclats et que son autoradio a disparu.

Lorsqu'il demande si ce genre de choses arrive fréquemment, police et directrice de l'hôtel répondent à l'unisson: « Oh, vous savez, la frontière n'est pas loin », et le client en reste bouche bée. Qu'est-ce qui leur fait penser que les auteurs de ces délits viennent du côté polonais ?

Les statistiques présentées peu après par la direction de la police à Görlitz n'autorisent pas à tirer automatiquement cette conclusion. Le rapport annuel officiel pour 1995 précise, à propos du profil des délinquants: « La proportion de non-Allemands parmi les suspects a baissé de 29,4 à 28,4 %. »

Bilan: il est beaucoup plus vraisemblable que ces vols à la roulotte soient le fait de gens du cru. Mais que l'on soupçonne spontanément l'autre côté de la rivière en dit long sur la réalité de la frontière et son importante fonction symbolique. Comme une poupée vaudou, elle permet de projeter le mal sur l'autre côté et donc de s'en débarrasser.

La directrice de l'hôtel console le client, au moment des adieux, avec un magnifique livre illustré intitulé *Görlitz – la porte de l'Orient*. Échantillon: « Les gens de Görlitz ont un caractère tranquille; ici, on discute encore calmement. Le Görlitzois sacrifie aussi volontiers au rituel de l'observation par la fenêtre. Même si rien ne se passe, tout est quand même intéressant. »

Le visiteur partage au moins ce trait-là avec les gens de Görlitz lorsqu'il est assis dans sa voiture. Il aime le rituel de l'observation par la fenêtre. Et c'est ainsi seulement que le visiteur de Görlitz remarque l'écriteau noir rouge or accroché sur un vieil édifice en ruines, à une fenêtre, sur la route de Bautzen: *Schlesischer Verein* (Association silésienne).

Chaque nouveau visage que l'on voit ici est le bienvenu; car ici, il ne se passe plus grand-chose. Les membres de l'association meurent, les fonds diminuent. Jadis, en 1990, lorsque l'association a été créée, l'euphorie était considérable. À l'époque, Karl Hofmann, qui venait juste d'avoir la cinquantaine, s'était jeté à corps perdu dans la défense des anciens rapatriés. « En RDA, c'était considéré comme du revanchisme. » Pendant quarante ans, dit-il, le problème des expulsés avait été passé sous silence. Désormais, enfin, on pouvait réclamer publiquement « le droit à la terre natale ». Hoffmann avoue qu'autrefois il s'intéressait assez peu « à tout ce bazar ». Mais il porte désormais fièrement le drapeau silésien car, soyons honnêtes pour une fois, « sans les Silésiens, le Reich de la Grande Allemagne n'aurait sans doute pas existé ». On peut aussi, à présent, traiter « de manière franche et loyale », notamment, le problème de l'indemnisation.

Pour ce qui concerne le « bazar », les bulletins de l'association l'exposent en détail effroyables : fac-similés des proclamations par lesquelles les Allemands des territoires de l'Est ont été convoqués sur des points de regroupement, menaces d'exécutions, images des marches de la faim, récits de pillages, d'attaques et de meurtres, misère de l'expulsion. Faut-il s'excuser d'une injustice, même si elle ne fut que vengeance après une autre injustice, plus grande encore ?

À l'inverse, les crimes de guerre allemands n'avaient-ils pas mené à ce déchaînement de haine primitive que chanta par exemple l'écrivain Ilja Ehrenburg dans ses rhapsodies sanguinaires ? « Tuez ! Tuez ! », criait-il aux soldats de l'armée Rouge. « Aucun Allemand n'est innocent – ni les vivants, ni ceux qui vont naître. La violence brise la fierté raciale des femmes allemandes. Prenez-les en juste revanche. » Lors de la fuite, de l'expulsion et de la déportation, 1,7 million d'Allemands ont perdu la vie.

Ebersbach – l'obscurité sortie des forêts

C'était un pays de brigands, disent les gens d'Ebersbach, en Saxe. Jadis, ils franchissaient la frontière toute proche, le capitaine des brigands, Karaseck et consorts, attaquaient les jolies maisons à colombages et piliers de bois des habitants d'Oberlausitz et disparaissaient avec leurs rapines dans les forêts de Bohême, d'où ils venaient.

Aujourd'hui, Ebersbach est un village bien propre et moderne, aux rues soigneusement tracées. À l'agence de voyages, un présentoir vante les plaisirs estivaux dans des lointains pittoresques, tandis que la directrice de la boutique regarde avec mauvaise humeur de l'autre côté de la rue, où les *Fidjis*, les Vietnamiens, jouent aux cartes près des stands où ils vendent leurs tee-shirts. On aime les lointains, à Ebersbach, mais si possible là où ils sont : au loin, pittoresques et au forfait.

Nous sommes donc dans les temps modernes. Mais les vieilles légendes survivent. Une fois de plus, Ebersbach est hanté par de sombres silhouettes sorties des forêts. Notamment en haut, près du massif montagneux, là où le gérant de vidéothèque Karl-Heinz Schöbel occupe une maison profondément enfoncée en territoire ennemi. Seule une clôture barbelée sépare son jardin du sous-bois tchèque d'où l'on s'attend toujours à voir surgir des non-Allemands, le plus souvent après la tombée de la nuit. Qui pourrait avoir démoli la Volkswagen Passat de sa belle-fille, sinon ceux de l'autre côté ? Mais Schöbel se venge. Il s'est équipé, il a aménagé un bunker avec ses rêves de violence, dans les caves où il loue ses vidéos, des titres comme *Men of War*, *Les Tueurs* ou *Die Hard*. Sur le comptoir, il vend des glaces et des cacahuètes. Par-dessous, des journaux pornos.

Son petit-fils n'a pas encore le droit d'y toucher. Mais aux armes, si. « Va les chercher, bonhomme. » Et voilà tout le fatras étalé sur le comptoir : un petit pistolet laser, un pistolet à air comprimé, un nerf de bœuf, une fronde. Contre l'ennemi sorti des forêts de Bohême, il a en outre installé un projecteur et des détecteurs de mouvement. Sans doute poussé par une sorte de douleur fantôme, il s'est bricolé sa propre bande de la mort à la clôture de son jardin. « Autrefois, dit-il, la frontière était encore sûre. »

Autrefois, Schöbel était au parti. Cheminot, il a démissionné en 1975 et s'est retrouvé sur le carreau parce qu'il n'était « pas d'accord avec la ligne ». Les gens d'Ebersbach n'ont pas la même version. Schöbel, dit-on, a été foutu dehors pour avoir ouvert et détourné des colis. C'est pour ça qu'on l'a viré. Non, ce Schöbel n'est pas précisément un dissident. Plutôt un type qui a essayé de faire son trou comme il a pu. Parce qu'on ne pouvait pas beaucoup, en RDA, et il est bien placé pour le savoir.

Mais les temps ont changé. « La frontière de la prospérité s'est simplement déplacée de trois cents kilomètres vers l'est », dit-il. Et il se retrouve désormais en première ligne. Aujourd'hui, il s'agit de protéger la prospérité toute neuve contre les anciens frères socialistes de la République tchèque.

Lui-même vient pourtant de l'autre côté. Lui et sa femme sont des expulsés. Revenir là-bas ? « Hors de question », répond Mme Schöbel, qui porte des chaussettes de laine et des caleçons de cycliste sur ses jambes blanches et maigres de grand-mère. « On ne va pas aller nettoyer leur fumier. » Mais ils ne comptent pas se laisser prendre leur « droit à la patrie », quoi que cela puisse signifier. Comme si l'on pouvait aussi monnayer cela un jour ou l'autre.

Schöbel connaît pourtant le monde. Il sait faire la distinction entre les ethnies. « Les Tziganes volent; le Tchèque, lui, il se contente de démolir. » C'est la raison pour laquelle il suppose que ce sont des Tchèques qui ont la Passat de sa belle-fille sur la conscience. Schöbel, que le chef de la circonscription de police de Löbau, le commissaire Hase, décrit comme un « bon concitoyen » et un « Allemand correct », ne défend pas seulement sa propriété. Il passe aussi à l'action. Comme au mois de février précédent, lorsqu'une Toyota s'était garée sur le chemin forestier, non loin de chez lui. Il a alors conseillé à ses clients d'ouvrir l'œil. « Il y en a sûrement qui vont essayer de passer. »

Et c'était vrai. « Huit heures plus tard, à peine », une famille sortait du sous-bois et montait dans la voiture. Schöbel et ses hommes se sont avancés. Ils ont arraché l'homme de son fauteuil, derrière le volant. « Malheureusement, les autres nous ont filé entre les pattes. » Les autres: une femme, un enfant de trois ans.

Pendant une heure, en revanche, ils ont retenu dans la cave leur prisonnier, un Albanais du Kosovo. Jusqu'à ce que la police des frontières arrive. « C'était un pauvre gars, dit Schöbel. Il avait payé trois mille marks par tête à un passeur. Il a raconté qu'il avait vendu sa ferme pour ça. Maintenant, tout était à l'eau. »

L'homme avait-il pleuré, imploré sa libération ? « Mais bien sûr. » Et lui, n'avait-il pas eu pitié de cet homme ? « Bien sûr que oui », répond Schöbel. Mais on ne peut quand même pas laisser rentrer n'importe qui chez nous.

Karlsbad – la troisième invasion allemande

Au grand hôtel *Pupp*, qui fut construit en 1701 par un confiseur impérial et qui en a exactement l'aspect, réside depuis quelques mois un homme qui a réussi : le directeur d'hôtel Petr Veselý, un homme à la trentaine bien avancée, arborant une veste à grands carreaux et de bonnes manières.

Depuis ses années de formation dans des hôtels de luxe à Munich et à Londres, Veselý a deux certitudes. Premièrement : aucune boisson ne vaut le Martini dry. Deuxièmement : il n'y a pas de nationalités, uniquement de bons ou de mauvais clients. Et les Allemands font partie des bons. Ils sont en quelque sorte les habitués de Karlsbad depuis trois cents ans. Qu'ils soient parfois arrivés en blindés, plutôt qu'en calèche ou en automobile relève des péripéties de l'histoire. Veselý n'a strictement aucun préjugé tant que les cartes de crédit sont valides.

Karlsbad, ville thermale impériale et futur piège d'amour pour cet invité permanent qu'était Goethe, une ville mondiale de la Bohême, tchèque depuis l'effondrement de la monarchie du Danube, annexée par Hitler, libérée et occupée par les libérateurs russes, bref : Karlsbad, ou Karlovy Vary, est toujours restée internationale. Cette ville a aussi résisté à peu près sans dommage à la rage de modernisation du socialisme réel. Peut-être les nouveaux thermes, plantés dans la vallée comme un coin de béton brutal, dérangent-ils aussi la fontaine jaillissante « Gagarine[46] » des années soixante-dix. Karlsbad s'est ébrouée, a affiché un sourire las et a repris son rêve, refusant résolument d'être sérieuse.

« Karlsbad a toujours été une ville européenne et n'a jamais connu qu'un seul nationalisme, celui de Karlsbad », dit le direc-

46. Un jet d'eau gazeuse qui s'élève entre huit et dix mètres au-dessus du sol. [N.D.T.]

teur du musée, le Dr Stanislav Burachovic, qui a une mère allemande et un père tchèque. La mère de Burachovic a vécu le rattachement des Sudètes au Reich allemand en 1938 ; elle avait quatorze ans. Elle a survécu à l'effondrement, à la terreur sanglante contre les Allemands, à l'expulsion de trois millions de ses compatriotes. Le fait que Burachovic parle de « l'expulsion » des Allemands après la fin de la guerre ne lui « vaut pas d'amis », comme elle le dit.

Les tabous s'effritent, mais le fait d'énoncer des vérités simples pose toujours des problèmes. Du côté tchèque, par exemple, on ne comprend guère que l'*Anschluss* de 1938 ait été pour les Allemands des Sudètes l'application de ce droit à l'autodétermination qu'on leur avait refusé en 1918. Un petit quart de cet État tchécoslovaque assemblé au gros fil après la Première Guerre mondiale était peuplé par des Allemands qui, Burachovic le sait aussi par sa mère, étaient souvent traités comme des citoyens de deuxième classe.

De l'autre côté, les associations d'Allemands des Sudètes continuent à jouer la carte de la victime, bien que leur participation à la propagande nazie, avant la Seconde Guerre mondiale, ait contribué à préparer la catastrophe tchécoslovaque. Reste que l'expulsion des Allemands, après l'effondrement du pouvoir nazi, est un autre et funeste chapitre de l'histoire de l'inhumanité, de la revanche sur les revanches, de cette chaîne infinie que forme la violence au XXe siècle. Mon beau-père est un expulsé des Sudètes, et ce qu'il raconte sur ces journées est bouleversant.

Les ombres de ce passé fait d'ivresses de pouvoir géopolitique et de beuveries nationalistes continuent à donner du fil à retordre aux gouvernements des deux États. Une réconciliation définitive serait pourtant si simple : les Allemands des Sudètes renonceraient définitivement à toute demande d'indemnisation, ouvrant ainsi la porte à des excuses tchèques pour les crimes commis pendant l'éviction des Allemands.

Comme autrefois, estime Burachovic, Tchèques et Allemands doivent apprendre les uns des autres. La précision allemande ferait du bien aux Tchèques, et les Allemands pourraient bénéficier du talent tchèque pour l'improvisation.

Lorsque les Allemands ont fait irruption dans le pays, jadis, dans les années trente, il n'était pas encore né. Mais Burachovic a vécu personnellement la deuxième invasion germanique. C'était lorsque les blindés de la RDA ont encerclé la ville en même temps que les Russes, en août 1968. Ils ont franchi le col à Gottesgab. Autrefois, on appelait ce col « route de la banane », parce que c'est ici que les touristes de RDA se ravitaillaient en fruits du sud. « Et ensuite ils sont arrivés avec des chars. »

Oberwiesenthal
l'ascenseur vers les temps modernes

Gottesgab, qui s'appelle aujourd'hui Bozi Dar, est composée de quelques pensions pour skieurs jetées au hasard sur la crête d'une montagne, sous de lourds nuages noirs, de deux églises et d'un cimetière où l'on vend des concessions avec frénésie depuis le changement de régime – les acheteurs sont d'anciens expulsés qui veulent être enterrés dans leur ancienne patrie.

C'est un nid endormi. L'unique client de la dernière gargote sur la colline est l'ingénieur à la retraite Alois Vondrak. Autrefois il travaillait dans les mines de charbon, près de Chomutov. À présent il s'est retiré dans un ermitage en pleine forêt. Dans la cuisine de l'auberge, on lui remplit deux seaux de plastique avec des déchets triés pour ses oies.

Il y a encore quelques années, Gottesgab était apprécié par les Allemands de l'Est. Mais depuis le changement de régime, c'est avec les remontées mécaniques situées de l'autre côté de la crête, à Oberwiesenthal, que l'on fait des affaires. Les invités sont devenus plus exigeants. « Dans les hôtels de l'autre côté, le sauna est devenu la norme, dit la patronne. Nous sommes hors course. »

Vondrak hoche la tête. « On ne parle plus que d'argent, dit-il. Les temps sont devenus fous. »

Il se rappelle très bien cette journée d'août 1968 où les blindés ont fait leur apparition au-dessus de l'arête, en colonnes infinies. « Pendant un moment, j'ai cru que les Allemands nous attaquaient de nouveau. » Aujourd'hui, il n'en veut pas aux Allemands de s'être ralliés à cette opération de police. Non, aujourd'hui il n'a pas peur des Allemands, certainement pas ces jours-ci. Il a beaucoup plus peur des Tchèques, de cette nouvelle génération qui « ne pense qu'à gagner de l'argent ».

De tous les hommes politiques, il ne reconnaît que la valeur de Tomás Masaryk : « Un homme cultivé, un écrivain, beaucoup trop bien pour la politique. »

C'est un incident bizarre qui avait fait trébucher Masaryk sur la scène politique, à la fin du siècle dernier. Il prouva que deux manuscrits tchèques datés d'une époque précédant le chant des Nibelungen, censés prouver la supériorité de la culture tchèque sur la culture allemande, étaient des faux grossiers. « Notre fierté et notre éducation ne peuvent pas être fondées sur les mensonges », lança-t-il aux nationalistes tchèques qui, écumant, le dénoncèrent comme un « traître répugnant corrompu par Vienne ». Le chauvinisme agressif de cette époque n'était certainement pas une invention allemande : c'était l'air du temps.

Le nationalisme tchèque, qui construisit un État spécifique à partir de l'héritage de la monarchie du Danube, à la fin de la Première Guerre mondiale, et confisqua sans détours la totalité des territoires des Sudètes allemandes, lui fit quitter son exil pour l'installer sur le trône. Masaryk, marié à une Américaine et rêvant d'une constitution à l'américaine, voyait en la démocratie « la réalisation politique de l'altruisme ».

Masaryk, un intempestif irréaliste dans le four de l'histoire européenne de l'entre-deux-guerres. « Sans Masaryk, il n'y aurait eu ni Dubek, ni Havel », dit Vondrak.

Vondrak ne va plus guère parmi les hommes. Il a bien un ami, du côté allemand. Dans son agenda de poche taché, il cherche une adresse. « Tiens, ici, Haeckl. Saluez-le si vous le rencontrez. Dites-lui qu'Alois est parti dans les forêts. Que les temps modernes, il en a plein le dos. » Puis il attrape son baquet plein de restes et se dirige vers la porte.

Juste derrière l'arête où passe la frontière et l'inévitable boutique à cigarettes et nains de jardin se situe la plus haute ville d'Allemagne, la cité thermale d'Oberwiesenthal.

De tous les villages de cure dispersés sur la ceinture est-allemande, Oberwiesenthal est l'un des plus actif. Raison pour laquelle le carnet d'adresse de Vondrak n'est pas parfaitement à jour: la maison dans laquelle logeait son ami a laissé la place à une nouvelle Caisse d'épargne qui a poussé ici, au bord du marché, lequel ne se distingue en rien d'un autre village de cure alpin en vogue, avec ses magasins, ses cafés et ses boutiques de souvenirs. Oberwiesenthal, c'est ce qu'écrit le maire dans la page d'accueil d'une brochure publicitaire, est fier « que l'on puisse aujourd'hui bien rouler sur des routes qui ont été remises à neuf à un rythme incroyable ». Les voisins de l'ami de Vondrak, Haeckl, ne savent pas trop bien où il a déménagé. Mais pour ce qui concerne le rythme de la reconstruction, ils sont tous au courant et ne partagent pas du tout l'avis du maire. « Tout va beaucoup trop lentement, ici », dit Mme Stengel.

Se rappellent-ils 1968 ? Le jour où les blindés ont franchi la crête ? « Ça, aucun de nous ne le savait. — Mais moi, je me le rappelle très bien ! s'exclame le fils. — Espèce de vantard, le rabroue sa mère. Tu étais beaucoup trop petit. Tu avais juste quatre ans. — Mais je l'ai vu tout de même », insiste ce trentenaire musclé avec l'opiniâtreté d'un gamin.

Sur ce, le maître des lieux nous invite à emprunter l'escalier obscur pour aller discuter dans son bureau. « Bien sûr, dit-il à voix basse. Évidemment, nos gars en étaient. » Il se rendait justement à son travail, à l'usine de motos de Zschopau, lorsqu'il les a vus venir.

« Personne n'en a parlé à l'époque. On n'en avait pas le droit. » Cela non plus, on ne se le rappelle pas volontiers, aujourd'hui, à Oberwiesenthal.

Haeckl, lui, en parlerait certainement. Mais il n'y a pas moyen de lui mettre la main dessus. Il a disparu sans laisser de traces.

Cela dit, toutes ces histoires n'ont plus d'importance, estime M. Stengel dans son bureau. En cela, il est réaliste: le McWorld ne connaît pas d'animosités historiques, juste des rivalités économiques. Il n'y a plus d'affrontement entre les systèmes, Dieu merci. Désormais la seule option est le capitalisme à pleine vapeur. La pure consommation est en train d'effacer l'histoire. La pure consommation est pure actualité. Cela vaut pour les deux côtés de la frontière germano-tchèque.

22.

Les derniers témoins

À propos des émigrés judéo-allemands à New York, d'un dîner avec Arthur Miller et d'une pièce de théâtre qui attend d'être créée.

En cet après-midi du printemps 1992, nous remontions le Broadway, mon épouse et moi, en direction du *Zabars*, le traiteur juif de Manhattan, là où l'on trouve la meilleure qualité de pain noir, de *pastrami* et de concombre aigre, et tout ce dont on a besoin pour faire un bon dîner. Nous étions enthousiastes : nous venions tout juste d'emménager dans cette ville merveilleuse, nous discutions de tout et de rien avec allégresse jusqu'à ce qu'une dame s'arrête tout d'un coup à notre hauteur, se retourne et nous lance : « À votre place, ici, je ne parlerais pas allemand aussi fort. »

Ce fut comme une gifle : dans un premier temps, je ne compris rien d'autre que son ton furieux. Et puis je compris tout.

Le soleil s'assombrit. Nous souffrions de cette manifestation inamicale, nous souffrions de notre embarras, et nous souffrions avec cette dame de tout ce qu'on lui avait vraisemblablement fait, à elle et à sa famille.

Un sentiment de tristesse et de honte infinies s'empara de moi.

En dessous, toutes les questions informulées auxquelles on ne peut jamais répondre complètement commencèrent à s'agiter. Nous continuâmes à marcher à pas feutrés, comme si nous venions de prendre des coups. Et lorsque nous parlions, c'était à voix basse.

Deux ans après la réunification, j'avais accepté avec plaisir un poste de correspondant permanent à New York. Mon épouse y avait elle aussi été favorable. Nous voulions prendre pendant un certain temps nos distances avec l'Allemagne réunifiée et vivre notre propre unification. Nous venions de nous marier. Ma femme était de l'Est, moi de l'Ouest, et nous avions à présent l'occasion de nous retirer un peu du tintamarre Est-Ouest.

Et voilà que soudain nous étions des Allemands, plus clairement que jamais. Au beau milieu de Broadway. La partie de l'Allemagne dont nous venions ne jouait strictement aucun rôle, nous étions Allemands et unis par le fait que nous appartenions tous les deux au peuple des bourreaux.

Le fait remarquable est que ce fut la seule marque d'hostilité à laquelle nous nous heurtâmes de la part des habitants juifs au cours de ces quatre années. Le reste du temps, on nous traita avec une amabilité dont nous avions parfois honte, on manifesta un intérêt incroyable pour l'Allemagne de l'après-guerre, pour nos expériences culturelles communes, pour nos parents et ce qu'ils avaient vécu pendant la guerre.

Être Allemand à New York n'avait rien d'un passage sous les fourches caudines.

F. Sander, qui m'inspira plus tard un recueil de nouvelles, devint notre meilleur ami : un *beat-poète* plein d'esprit, un érudit souffrant d'une légère faiblesse auditive, mais qui savait tout ce que l'on pouvait savoir sur la *blitzkrieg*, la campagne de Russie et la bataille aérienne au-dessus de l'Angleterre.

Il a tout récemment écrit l'histoire de sa mère, une femme cordiale et énergique qui organisait souvent avec nous des après-midi café à l'allemande. Son livre s'appelle *The Frank-Family that Survived*[47] : sa mère s'appelait Frank, elle aussi, et comme Anne Frank, elle s'était cachée à La Haye pour échapper aux nazis. Contrairement à la jeune fille, elle avait survécu.

C'est sur l'Upper West Side que nous avons ressenti, plus clairement que jamais, notre qualité d'Allemands ; mais con-

47. Hutchinson, 2004. [N.D.T.]

trairement à ce qui se passait dans les milieux de l'intelligentsia critique allemande, notre germanité, ici, mis à part l'épisode que je viens de décrire, n'a jamais été un handicap. C'est chez nous, en Allemagne, que siégeaient ceux qui lançaient les signaux d'alerte sur l'Allemagne. Cette réunification dont ils ne voulaient pas, on la trouvait magnifique à New York. Et comment aurait-il pu en être autrement, face à un peuple qui se réunissait par une révolution pacifique après quarante ans de séparation ?

Ma femme, notamment, se sentait mieux dans cette ville. Elle avait l'impression qu'on prenait sa biographie plus au sérieux, ici, à New York, que chez nous, à Hambourg.

Et lorsque nous fîmes la connaissance d'Arthur Miller, il voulut tout savoir sur *son* Allemagne à elle, sur la vie à l'Est avant la chute du Mur ; même s'il ne fermait pas les yeux devant l'horreur objective d'une société mise au pas, il éprouvait une sympathie tout à fait manifeste pour ce lointain éclat utopique dont brilla jadis l'idée socialiste, notamment par contraste avec le « système de l'avidité » qu'il voyait en œuvre aux États-Unis.

Nous étions justement en train de préparer le repas avec nos amis lorsqu'il fit irruption avec son épouse, Inge Morath. Une coupe de cheveux courte et grise, militaire, un crâne marquant, des lunettes. Massif, grand et en sueur comme s'il venait de couper des arbres. Une chemise en flanelle, une cage thoracique puissante, de grosses pattes. Il avait à l'époque soixante-quinze ans. Et il venait effectivement de couper des arbres.

Il faisait de la menuiserie. Écrire, pour lui, c'était un artisanat. « Écrire des pièces, nous dit-il ce soir-là, c'est comme construire des meubles. »

Il nous parla de sa nouvelle pièce, de ses rencontres avec Fidel Castro, de la manière dont il avait jadis répété dans la Chine communiste la *Mort d'un commis voyageur* – « Ça a duré jusqu'à ce qu'ils devinent ce qu'est un commis voyageur. » Et il nous raconta librement son mariage avec Marilyn Monroe. Sa meilleure époque, dit Miller. Il parla de son amour pour l'Allemagne. Il nous raconta qu'il avait joué avec le casque d'acier de son oncle, qu'il se l'était mis sur la tête et qu'il s'était « senti fier d'être Allemand ». Son grand-père, se rappelait-il, parlait l'allemand de Vienne.

« Chez nous, l'esprit allemand était dans l'air. La première fois que je suis venu à Vienne, j'ai eu le sentiment de déjà connaître la ville. Avant la guerre, l'Allemagne était le sommet de la culture. Les antisémites, c'étaient les Français. Pas les Allemands. Ils étaient trop intelligents, trop cultivés. C'était le peuple le plus civilisé d'Europe. »

Comme John Le Carré, Arthur Miller était un contemporain aimable et modeste. Manifestement, les grands hommes sont comme ça. Le secret de Miller était aussi de savoir à quel point nous sommes tous des perdants. De petites gens, tous mêlés. Son père fit faillite pendant la grande dépression; lui-même survécut en conduisant des camions et en se faisant embaucher comme ouvrier dans les usines. Il a connu tôt le secret de l'échec. C'était un philanthrope.

Il y avait beaucoup d'émigrés allemands à New York, notamment là où nous logions, ainsi que de l'autre côté, sur l'East Side, dans la 84e rue, ce qu'on appelait Germantown. C'est là, à proximité, que j'ai fait la connaissance de Gaby Lustiger. Elle m'invita à sa table d'habitués, et l'après-midi que j'y ai vécue est l'un de mes souvenirs les plus précieux. J'ai écrit à son sujet ce petit texte que j'ai intitulé :

« Les derniers témoins »

« Avez-vous lu le *New York Times* d'aujourd'hui ? », demande Hofberger, aux aguets.

Oui, bien sûr. Mais quoi en particulier ?

« Vous devriez lire le *New York Times* d'aujourd'hui, dit-il avec dédain en hochant la tête. Tout est dedans. Commentaire superflu. »

Il est court sur pattes et trapu. *Look* estival décontracté, genre retraité chic. Hofberger aime l'allusion, le silence éloquent, et de temps en temps la thèse outrancière et bougonne. Hofberger, tout le monde le sait ici, apprécie parfois une bonne discussion musclée.

Au buffet, on sert du rôti froid, du pâté allemand et de la salade de pommes de terre. Les anciens sont assis à la grande table ronde ou sur le canapé du séjour et mangent dans des assiettes en carton. Ils se connaissent depuis des décennies, échangent distraitement des propos sans intérêt, nerveusement, dans des phrases saccadées, riant de béatitude jusqu'à ce que leurs conversations finissent par se croiser, comme les rails d'un poste d'aiguillage compliqué.

« Nous n'avons pas besoin de monuments de la Shoah », dit l'un d'eux. Une dame à collier d'ambre hoche la tête. « Nous, nous savons ce qui s'est passé. Et *les autres*, ça leur est égal. »

« Ils veulent juste se donner bonne conscience, dit Hofberger. Comme s'il n'y avait pas d'antisémitisme en Amérique. Lisez donc le *New York Times* d'aujourd'hui. »

L'appartement de Gaby Glückselig sur l'Upper East Side à Manhattan n'est pas aménagé : il semble avoir poussé au fil des décennies. Des photos encadrées des années trente, le blason d'une association de chant, quelque part un châle de prière hébraïque. Meubles, tableaux et tapis racontent les hasards de la vie, des fuites, des séparations et des passions.

La plupart d'entre eux ont franchi le cap des quatre-vingts ans. On y voit la veuve du compositeur Busoni, digne, noire et muette au-dessus de son assiette de gâteaux. Les Olsen : lui avec son rire magnifique qui sort de sa large poitrine comme pour saluer la vie. A perdu son œil pendant une bagarre de rue contre les nazis et a l'air d'un ancien baroudeur avec le verre blanc de ses lunettes. Il a travaillé au programme de la IVe Internationale pour le compte de Trotski, au Mexique. Elle, une rescapée d'Auschwitz, une grande femme à l'air déterminé, a dactylographié la liste d'Oskar Schindler parce qu'elle était l'une des rares à parler l'allemand. « Personne ne s'intéresse plus aujourd'hui à tous ces monuments sur l'Holocauste, dit-elle.

— Lisez donc le *New York Times* », répond Hofberger d'une voix sombre.

Harry Asher, dont le cou maigre et curieux dépasse d'un col de chemise aux rebords pointus et amidonné, hoche la tête.

« De toute façon les Américains n'y ont aucun droit, dit-il. Après tout ce qu'ils ont fait aux Indiens !

— Et ils n'ont pas beaucoup aidé les Juifs allemands », complète Hilde Olsen.

Asher médite un bref instant, comme seuls savent le faire les personnes âgées, descend dans les profondeurs de son passé et en remonte avec une trouvaille, une somme : « Autrefois, dans une pièce de théâtre, on disait "L'homme est bon". Quelle foutaise ! L'homme n'est pas bon. L'homme est un égoïste. »

Depuis plus d'un demi-siècle, ici, sur l'East Side de Manhattan, Harry Asher partage avec les autres ses souvenirs d'une vie qui fut une longue survie soigneusement agencée. Un passeport spécial lui a permis de s'évader de Prague en 1941. Il partagea sa cabine avec l'écrivain Hans Sahl pendant la traversée de Lisbonne à New York. Il y fut reçu par Oskar Maria Graf, qui s'était porté garant de lui.

« Du café dans un gobelet en carton, dit Asher en secouant la tête avec ravissement. J'ai descendu la passerelle et il m'a demandé si je voulais un café. Et puis il m'a tendu un café dans un gobelet en carton. »

Les années quarante n'étaient pas encore terminées lorsque les deux hommes ont créé cette table d'habitués dans le Nouveau monde, une île bien ancrée dans une vie où tout n'était que transit. C'était entre autres pour parler et penser en allemand, ou bien en bavarois, ce qui faisait une grande différence, au moins pour Oskar Maria Graf.

La nouvelle langue se mélange alors à l'ancienne. Quelqu'un dit : « C'était la période pré-hitlérienne. » Un autre se rappelle qu'il avait « affaire à beaucoup de *wealthy people* ». Mais leur patrie, qui réside dans leur langue, les ramène constamment à cette table d'habitués, et ils s'en servent pour composer leur propre existence à la manière d'un poème.

De temps en temps un grand titre tonne encore, un scandale du quotidien passe.

« Vous recevez les ondes courtes ? demande Hofberger. Vous devriez écouter les émissions antisémites des milices dans le Montana. »

Mais les regards des autres lui passent dessus, souriants et tranquilles.

Tous ces survivants, ces êtres en transit, ces admirables passagers avec leur réserve irrécupérable d'Histoire et d'histoires. Les monuments d'une vie réussie.

Peu à peu se dessine la fin de leur passage. Ils ont l'Allemagne auprès d'eux. Et de temps en temps, l'un d'eux ne répond plus présent le mercredi soir.

J'ai écrit ce texte en 1995. Une année plus tard – nous étions revenus en Allemagne – mon ami le metteur en scène de théâtre Ari Zinger me parla d'un livre qu'il venait de lire et qui lui avait beaucoup plu. Il s'appelait « Le prince de la Westend-Avenue[48] » et son auteur s'appelait Alan Isler. Le roman se déroule dans un foyer de personnes âgées sur l'Upper West Side, parmi un groupe de vieux Juifs, des émigrés d'Europe de l'Est, marchands, écrivains, veuves, survivants de l'Holocauste, qui veulent donner une représentation de *Hamlet*.

Leur problème, c'est qu'à chaque fois la personne qui doit jouer Hamlet meurt et les force à en trouver une autre pour tenir le rôle. Le personnage principal est un certain Kohler, de Berlin, qui a attendu trop longtemps pour prendre la fuite et a perdu toute sa famille dans les chambres à gaz. Comme beaucoup de Juifs dans les années trente, Kohler estime que le spectre de Hitler ne tardera pas à disparaître. Ensuite, il est trop tard. Mais Kohler en réchappe. Et il se déteste d'avoir survécu.

Zinger me demanda si l'idée de tirer une pièce de théâtre de ce roman m'intéressait. Après l'avoir lue, je n'hésitai pas un seul instant. Je ne pus m'empêcher de songer à notre table d'émigrés à New York, à Gaby Lustiger, à Asher et à Hofberger. Nous nous assîmes autour d'une table avec Alan Isler, nous lui parlâmes de l'adaptation, et Isler donna son feu vert.

Je passai un long été dans l'admirable maison hantée de Peter Schneider en Ombrie, à Sperlonga, et j'écrivis la pièce. Ari Zinger me rejoignit, nous discutâmes, nous corrigeâmes, et

48. *The Prince of West End Avenue*, Penguin, 1995. [N.D.T.]

le texte finit par être prêt – c'était en réalité une œuvre hors norme, à la fois poignante et spirituelle, sur les souvenirs d'un Juif allemand qui a survécu à la Shoah.

La pièce plut à Isler. Mais les théâtres hésitaient et hésitent encore aujourd'hui.

Il y a sur nos scènes d'interminables litanies sur l'expérience de soi-même, des lamentations sans fin sur le rude destin de ceux qui subissent les coupes sociales en Allemagne, et les interprétations les plus risquées de classiques modernes – Ibsen au balcon. Mais manifestement, on ne trouve pas en Allemagne un seul directeur de salle qui s'intéresse à une histoire tragi-comique sur les derniers témoins juifs.

23.

La nuit de l'unité allemande

Combat de civilisations à Neukölln,
réconciliation avec l'Angleterre, et pourquoi
mon épouse a raison, même dans le nouveau Palasthotel.

Cette soirée de mars 2005 à Berlin, nous n'allions pas seulement au cinéma : nous nous déplacions sur une ligne de feu invisible. Nous nous rendions sur la zone de combat. Nous allions de Berlin-Charlotenburg à Berlin-Neukölln, dans un quartier turc, pour aller voir *Nacht der Wölfe* (La nuit des loups), un film turc à la Rambo où les Américains ont le mauvais rôle. À en croire la rumeur, la guerre des civilisations faisait rage ici, et nous étions en mission en tant que journalistes, ou plutôt comme reporters de guerre.

Le cinéma se trouvait au dernier étage d'un centre commercial de la Karl-Marx-Strasse, une galerie qui aurait eu exactement le même aspect à Birmingham, à Rio ou à Dubayy, avec exactement le même mélange de boutiques de jeans, de marchands de savons et de débits de *junkfood*. Cette galerie, c'était le McWorld.

Un quart de siècle plus tôt, dans les temps pré-djihadistes, lorsque les deux Allemagne n'étaient que des États provisoires censés incarner la déchirure du monde – le monde ne s'en sort pas sans déchirure –, j'avais habité quelques rues plus loin une chambre d'étudiant, non loin du Mur : une pièce et demie avec poêle en faïence et toilettes sur le palier, au quatrième étage, dans le pire quartier de forçats du travail et d'alcooliques de

Berlin. Je souhaitais à l'époque, de tout mon cœur, devenir Américain, un bon Américain, un Américain anti-Nixon, c'est-à-dire un Américain antiaméricain, comme Jerry Garcia, de Grateful Dead, ou Allen Ginsberg.

À présent, tout juste trois décennies plus tard, je trouvais beaucoup plus intéressant d'être Allemand. Mais même alors, la tentative de comprendre ce que c'était ne passait que par les négations. Je n'étais donc ni un Américain, ni un Turc. Telle était la situation de départ.

Nous étions quatre : Franz Josef Wagner, le chroniqueur satirique du *Bild*, qui n'avait encore jamais mis les pieds en Turquie ; Roger Köppel, rédacteur en chef du *Welt*, cosmopolite et aussi souple sur les principes qu'un couteau d'officier suisse ; Jan Fleischhauer, du bureau berlinois du *Spiegel*, qui paraissait comme toujours parfaitement inexpressif mais surpassait les deux autres dans le refus des compromis ; et moi-même, qui n'étais pas disposé à jeter par-dessus bord sans autre forme de procès mes convictions chrétiennes et occidentales et à me laisser intimider par quelques centaines de combattants de Dieu fanatisés de Neukölln, qui, disait-on, avaient l'intention de transformer le cinéma en un enfer, *allahu akbar.*

S'il y avait une nouvelle ligne de front à inspecter, elle passait ici, au plus tard depuis la polémique sur les caricatures, depuis que quelques dessins publiés sur Mahomet au Danemark avaient provoqué au Moyen-Orient des manifestations de masse, des morts et des incendies d'ambassades. Nous vivions dans nos villes avec des minorités musulmanes, mais nous n'étions plus seuls avec elles – cinq cents millions de musulmans nous regardaient de près.

Ici, donc, quinze années après la chute du Mur, il ne s'agissait plus de Berlin-Est ou Ouest, mais de l'Orient et de l'Occident, deux blocs entièrement nouveaux et inattendus qui recommençaient à s'armer puissamment, avec groupes de guérilla, armes nucléaires, Bible et Coran. Dans un premier temps. Pour le moment, c'était une guerre des civilisations, des religions et des valeurs. Les uns acclament ce que les autres méprisent. Les autres, c'était nous.

En Bavière, on avait déjà débattu de la possibilité d'interdire ce film turc; ici, on le projetait à guichets fermés.

Voici l'histoire: la star du film, un héros de séries télévisées bien connu en Turquie, met un terme aux activités diaboliques d'un lieutenant sadique de l'armée américaine, répondant au nom de « Sam ». Sam approvisionne un médecin devenu fou de la prison d'Abou Ghraib, celle où ont été photographiées les scènes de tortures, en organes d'Irakiens fraîchement exécutés, qui sont envoyés à des clients juifs de Tel Aviv et de Boston.

Un film de confection. Pas mauvais, d'ailleurs. Avec moins de vrombissements et de feux d'artifices que les *Rambo* originaux, mais grouillant comme ceux-ci de militaires américains cyniques et méprisants auxquels on souhaite la pire des morts. Ici, un cheikh paisible fait en outre régulièrement son apparition dans le champ; il empêche la décapitation d'un reporter étranger et condamne les attentats suicides en se référant au Coran, qui désapprouve explicitement l'assassinat.

Un film d'agitation politiquement correct, donc. Tout se passa tranquillement, et l'on se dispersa ensuite dans le calme. Nous nous sentions un peu floués. Ne nous avait-on pas promis des émeutes ? Le film ne produisit strictement aucun choc, parce que nous n'avions à défendre aucune valeur occidentale qui n'ait déjà été prônée par le Rambo turc sur l'écran – lui aussi était opposé au trafic d'organes et au mitraillage des repas de noces.

Quant aux femmes qui apparaissaient dans ce film, ce n'étaient pas des créatures humiliées, mais des beautés aux yeux brûlants armées de poignards recourbées. Après la projection, je m'adressai à une jeune fille qui portait le foulard. Elle avait accompagné son vieux père jusqu'au cinéma et on l'avait sans doute directement importée d'Anatolie pour laver tous les soirs les pieds de je ne sais quel malotru conjugal.

« Toi bien aimer cinéma ? » demandai-je, ou quelque chose du même ordre. Cela me valut d'apprendre qu'elle étudiait l'informatique à l'université Humboldt et qu'elle parlait un allemand pétillant. Que pensait-elle des tonalités antisémites du film ? De la manière absurde dont on présentait les Kurdes comme des canailles ? Et des Américains ? Elle me répondit avec une certaine lassitude qu'il fallait toujours tenir compte des points de vue des deux parties.

En réalité, elle était tellement d'accord avec le film qu'elle n'avait aucun besoin de sombrer dans le fanatisme. Les Américains étaient ainsi. Des tueurs. Ordinaires. Elle n'avait pas besoin d'une grande tirade : elle parlait de toute la hauteur de sa certitude.

Pour le chargé de mission à l'Intégration, c'était beaucoup plus consternant que l'écume aux lèvres. Le foulard de la jeune fille lui donnait l'air digne. Elle était belle et plaidait pour le voile. Disons les choses ainsi : le club d'échangistes « sans contrainte » se trouvait pour elle sur une tout autre planète, et elle ne voyait aucune raison d'y demander sa naturalisation.

Était-ce cela, notre supériorité culturelle ? Les galeries commerciales et les clubs échangistes ? Était-ce ce qui nous était particulier, ce que nous devions défendre ? Bien entendu, ça n'était pas ça : nous devions défendre cette Allemagne du futur, ouverte au monde, tolérante, belle, qui n'avait rien de gratuit et à laquelle cette jeune Turque appartenait bien évidemment. L'Allemagne est depuis très longtemps une terre d'immigration, un mélange pluriethnique de Turcs, de Russes, de Polonais ou de Vietnamiens.

Nous n'avançâmes donc pas plus loin, ce soir-là, sur la question allemande. Il nous fallait nous recentrer, et nous le fîmes en nous rendant en Orient, au *Shiro i Shiro*, un restaurant qui n'est pas non plus précisément allemand et sert de la nouvelle cuisine chinoise sur une table d'une longueur incroyable, en laque blanche incrustée d'oiseaux de nacre. L'établissement venait d'ouvrir et rappelait de manière invraisemblable South-Beach Miami – un navire blanc aveuglant au milieu d'un alignement de baraques encore très décrépies et d'un gris sinistre, dans la rue Rosa-Luxemburg.

Berlin est la seule ville au monde à obtenir de tels effets.

Une chose était certaine : ce soir-là, il fallait définir l'Allemagne d'une autre manière que par ce qu'elle n'était pas. La guerre des civilisations ne fonctionnait pas.

Il fallait donc chercher le positif: qu'est-ce qui est allemand, Messieurs?

« La forteresse du Wartburg, dit Köppel, notre docteur en histoire. Mais elle pose un problème, car elle a été le début de l'arrogance allemande. »

Nous avions tous commandé du *pork & lobster*, une création sensationnelle, notamment à cause de la part de rôti de porc, qui était bien entendu profondément allemande. Köppel affirma qu'il s'était gâté l'estomac en courant. Avait-il quelque chose contre le rôti de porc allemand?

« Caspar David Friedrich, *Falaises de craie à Rügen*, sans aucune discussion possible », dit Wagner.

« Il existe un tissu spécial en feutre, qu'on produit près de Stuttgart. Quand on le tend sous la table, la salle ne résonne pas autant, dit Fleischhauer.

— C'est une contribution au thème de l'Allemagne?

— Non, à l'acoustique locale.

— Mais on le fabrique en Allemagne, ce feutre?

— Dans le sud de l'Allemagne. Ceux qui triment sont toujours vers le bas. »

Pourquoi peut-on aimer l'Allemagne?

« Pourquoi pas? », dit Fleischhauer.

« À cause des femmes », dit Wagner.

La plus belle femme allemande?

« Néfertiti. »

« Mon ex », dit Ulf Poschardt, qui venait de nous rejoindre. Plus tard, il ajouta: « Nous sommes le Cambodge de l'Europe. »

Quelques jours plus tard, je demandai à Ulrich Mühe ce qu'il avait d'allemand. Il avait été une star adulée dans le théâtre de la RDA, avait tenu des discours insurrectionnels à la fin du régime, et avait joué Hamlet dans une mise en scène de Heiner Müller. Nous étions devenus amis et jouions assez souvent au tennis. Il était endurant et montait sur les balles, mais avait quelques faiblesses nerveuses au filet.

Mühe était devenu un chouchou du public des deux Allemagne. Sa biographie est très « Est », celle de son épouse, la comédienne Suse Lothar, est très « Ouest ». Tous deux ont une flopée d'enfants qui collectionnent les prix du cinéma allemand et s'il y existe un homme capable de s'exprimer sur l'Allemagne avec compétence, c'est bien lui.

On le voyait justement dans un film où il jouait le rôle de Wiesler, un capitaine de la Stasi qui espionne des gens comme lui, des artistes, tous ces beaux et intelligents critiques du système, avec leurs belles femmes et leurs *partys* frivoles auxquelles on ne l'invitait jamais. *La Vie des autres*[49] était un film oppressant sur la face oppressante de la RDA, soudain revenue à l'ordre du jour.

Elle n'y resta pas longtemps. Peut-être trois jours et demi. Puis on recommença à parler, en Allemagne, de la réforme des retraites, de l'extinction des Allemands et du test d'intégration que l'on fait passer aux Turcs.

« Qu'est-ce qui est allemand ? »

Il était assis face à moi dans cette suite du *Four Seasons* où se déroulaient les interviews de promotion, et me regardait avec des grands yeux. « Si je le savais... » Il cherchait ses mots. Il bredouillait.

Je dis, aussi distinctement que possible : « Nous pouvons aussi faire autrement, Monsieur Mühe ! » Mais rien n'y fit. Je repris donc, compréhensif et bienveillant, en lui demandant s'il lui était difficile d'employer le mot « Allemagne » sans y ajouter « de l'Est » ou « de l'Ouest ». « C'est l'habitude, dit-il. Je continue à dire “Allemagne de l'Ouest”.

— Nous avons tout de même une chancelière est-allemande.

— Et un Allemand de l'Est à la présidence du SPD ! répondit-il, triomphal.

— Ce qui signifie que l'Est a atteint son objectif et nous a mis le grappin dessus ?

— Nous préparions ça depuis longtemps », dit Mühe, et sa voix eut soudain un autre son. Il eut un sourire de compassion, et, pendant une fraction de seconde il ressembla à Wiesler, l'homme de la Stasi. « Dès les années soixante-dix et

49. Livre publié aux éditions Saint-Simon, octobre 2007

quatre-vingt, nous vous avons envoyé une foule d'acteurs et de réalisateurs. »

Ses yeux avaient quelque chose d'hypnotique. Ils nageaient, gigantesques, derrière les verres de ses lunettes en corne. Gris, grisâtres. Ce que Wiesler disait là avait du sens. J'eus l'impression que le monde se révélait d'un seul coup à moi. Ruth Berghaus ! B.K. Trägelehn ! Heiner Müller ! Toutes ces mises en scène cryptées de cadres communistes sur lesquelles les syndicats du déchiffrage, la critique théâtrale occidentale, s'étaient cassé les dents : c'étaient des messages aux agents dormants ! En novembre 1989, l'affaire était réglée. Des masses humaines déferlèrent sur les postes frontière, de l'Est vers l'Ouest, elles escaladèrent le Mur, submergèrent le Kurfürstendamm. L'Est était désormais vide de toute présence humaine, l'Ouest était presque rongé jusqu'à l'os, les sauterelles avaient...

Je me réveillai en sursaut. J'avais été emporté par l'un de ces rêves confus que je fais tout éveillé. Ulrich Mühe continua à sourire. Nous nous promîmes de recommencer à jouer au tennis l'été venu, et je partis.

Le soir, mon épouse et moi-même allâmes assister à une lecture de Moritz von Uslar dans le Salon rouge de la Freie Volksbühne. Il lisait des extraits de son roman « Waldstein ou la mort de Walter Gieseking l'après-midi du 6 juin 2005[50] ». Un texte admirable, un chef-d'œuvre. Uslar, le champion du monde incontesté de l'interview, m'avait offert quelques questions pour mes entretiens sur l'Allemagne. Par exemple : quelle ville située hors d'Allemagne ferait-elle du bien à l'Allemagne ? Dites-moi les derniers mots que vous prononceriez sur Adolf Hitler. Citez-moi une phrase décontractée sur l'Allemagne. Des questions ou des invitations merveilleuses. Moi-même, j'aurais été totalement désemparé s'il avait fallu y répondre. C'est l'avantage du journalisme : on peut s'en prendre à d'autres en leur posant les questions les plus impertinentes sans en avoir forcément honte.

50. *Waldstein oder Der Tod des Walter Gieseking am 6. Juni 2005*, Kiepenheuer und Witsch, 2006. [N.D.T.]

« Au nom de l'engagement pour la culture, on réussit à lui arracher des choses qu'il ne livrerait jamais de son propre chef. » C'est ainsi que s'est exprimé Robert Musil, qui interviewa jadis Alfred Polgar. L'interview, disait-il aussi, est « la forme d'art de notre époque ; car la beauté de l'interview, celle qui relève du grand capitalisme, c'est le fait que l'interviewé produit tout le travail intellectuel sans qu'on lui verse quoi que ce soit, alors que l'interviewer ne fait rien, en réalité, mais perçoit des honoraires pour le faire ».

On ne saurait mieux dire. Je profite de l'occasion pour remercier Hagen Schulze, Peter Sloterdijk, Harald Schmidt, Klaus von Dohnanyi, Heidi Klum, Sarah Kuttner, qui m'ont aidé à mieux comprendre mon pays. Et puis, bien sûr, les Anglais qui m'ont aidé à l'aimer.

Tiens, puisque nous parlons des Anglais : c'est naturellement un peuple au grand cœur, tout compte fait. J'ai lu récemment dans le *Times* un article intitulé : « Les Allemands sont les plus intelligents des Européens. » L'université d'Ulster avait apparemment enquêté sur une hiérarchie des QI européens. Les Allemands arrivent premiers devant la Pologne et les Pays-Bas. Les Britanniques eux-mêmes sont loin derrière le groupe de tête, mais c'est tout de même une liste britannique, ils arrivent donc devant les Français.

Ai-je déjà mentionné le fait que j'ai toujours beaucoup apprécié nos frères germaniques insulaires, et notamment leurs universités, et tout particulièrement celle de l'Ulster ? Le temps de la réconciliation est venu, et comme toujours c'est le plus intelligent qui fait le premier pas. Alors, Anglais, si ça ne tient qu'à moi, absorbez le Schleswig-Holstein. Mais dorénavant, plus de tirades sur Hitler, d'accord ?

Après la lecture d'Uslar, qui se déroula dans une salle tapissée de velours rouge sous un portrait de Lénine encadré d'or, qui jouait très ironiquement le rôle de la tête de cerf au-dessus du canapé de la RDA, mon épouse et moi rentrâmes à l'hôtel. Nous parcourûmes toutes les rues qu'elle avait arpentées dans son enfance, car c'est ici qu'elle allait à l'école. À proximité de l'appartement de ses parents, nous passâmes devant une porte de fer laquée de noir et entrouverte. Un filet de lumière rouge balayait le trottoir. Un portier libanais nous invita d'un geste et désigna la cave, en bas. Théâtre magique, contrées du loup des steppes.

Quelques pas plus loin, on trouvait une boutique coopérative branchée encore ouverte à cette heure-là – on était aux environs de minuit. On pouvait boire du café au lait devant un long comptoir. Deux jeunes filles, piercing aux narines, regardaient à la ronde d'un air ennuyé. On pouvait acheter toutes sortes de fatras. Des faux dollars frappés des mentions « 9/11 » et « *deception money* ». J'offris à ma femme un étrange mélange d'Inde et de tango. Et elle m'acheta un *pin's* de la Jeunesse allemande libre.

Dix minutes plus tard, nous étions au *Palasthotel*. Si ce n'est qu'il ne s'appelait plus *Palasthotel*, comme du temps de la RDA, mais *Radisson*, et que le bâtiment était entièrement neuf : léger, vitré, pourvu en son centre d'un gigantesque aquarium, le plus grand du monde, avec deux mille cinq cents poissons exotiques. Une architecture spectacle, aérienne, fluide, accueillante.

L'ancien *Palasthotel* était plutôt verrouillé contre l'extérieur, il formait une sorte de citadelle cernée par la tristesse de la RDA. Je m'étais incrusté ici pendant neuf mois, l'année de la fin du régime ; j'avais parlé aux bourreaux et aux victimes, j'avais étudié les gagnants du changement au *Sinus-Bar*. Quel zoo de l'Allemagne ! Quel aquarium, quelle mêlée, quel grouillement !

C'est ici que Thomas Brussig[51], le portier d'étage, m'avait déposé dans ma chambre des télécopies frénétiques. Aujourd'hui, nous sommes les meilleurs amis du monde. À l'époque, c'était un brillant romancier inédit ; moi, j'étais le reporter occidental arrogant qu'il observait avec amusement et précision, et dont il a fait la caricature dans son roman *Wie es leuchtet*.

Pour ce reporter, il invente un reportage, l'un des meilleurs sujets que ce métier ait à offrir : l'histoire d'une aveugle de l'Est à laquelle une audacieuse opération des yeux a permis

51. Auteur notamment du *Complexe de Klaus* (traduit de l'allemand par Olivier Mannoni, Albin Michel, 1998) et de *Wie es leuchtet* (Fischer, 2004). [N.D.T.]

de retrouver la vue, et que les couleurs vives du monde nouveau conduisent presque à la catastrophe. Que ce soit Brussig et pas moi qui ait écrit ce reportage, mon rédacteur en chef ne me l'a pas pardonné, et d'ailleurs je ne me le suis pas pardonné non plus. Bien sûr, il m'a donné la leçon : regarde donc, je peux encore mieux inventer la réalité que tu ne peux la décrire. Vieux crâneur !

Le *Palasthotel* ! J'avais passé ici l'essentiel de mon temps, sous les regards des serveurs méfiants de la RDA, avec mon épouse qui, à l'époque, n'était bien sûr pas encore ma femme, mais une étudiante en slavistique, âgée de vingt et un ans et tout juste revenue de Moscou. Je tentais de la convaincre de mes bonnes intentions, et plus je faisais d'efforts, plus elle se méfiait de moi.

Pour l'essentiel, le Mur était encore debout.

Sur le plan privé comme sur le plan professionnel, ce fut la période la plus passionnante de ma vie. On peut la lire dans mon livre *Palasthotel*[52]. Elle travaillait auprès de l'adjoint au maire de Berlin, à l'hôtel de ville rouge. Les types de l'Est, avec leurs longues barbes et leurs pull-overs feutrés, étaient trop ennuyeux pour elle. Les types de l'Ouest, comme moi, étions cependant trop écervelés à ses yeux. Elle était entre le tronc et l'écorce. Peu après, elle céda et m'épousa, vraisemblablement parce qu'elle ne trouvait plus de prétextes pour ne pas le faire. Nous partîmes pour New York et quittâmes l'Allemagne pour un certain temps, ce qui était une bonne chose.

Et voilà que nous étions de retour, quinze ans plus tard, et nous remontions l'aquarium à bord d'un ascenseur, pour rejoindre notre chambre. Elle nous plaisait. Le lit n'était pas rond, c'était un gigantesque rectangle, comme il se doit, et l'on n'avait pas installé de miroir au-dessus, mais un tableau zen avec des troncs de bouleaux noirs et blancs. Les troncs de bouleaux noirs et blancs étaient très à la mode dans les chambres d'hôtel.

Nous discutions de cette soirée, de ce que cela signifiait d'être revenu en Allemagne après toutes ces années. Quinze ans après

52. S. Fischer Verlag, réédition 2006.

l'unité et le mariage. Allongés sur notre lit, nous jouâmes au jeu de l'alphabet. J'avais exclusivement le droit de prononcer des mots de l'Ouest, elle uniquement celui de choisir des termes employés à l'Est. Nous nous retrouvions à peu près au milieu.

« Assurance chômage », dis-je. Elle répondit « avancées sociales ».

« Baiser » « Ça ne vaut pas : ça marche dans les deux Allemagne. Bach », répondit-elle tout de même pour compenser.

« Caspar David Friedrich. » « Chauvinisme. » Le sien sonnait plus « Est » que le mien « Ouest ». Mais c'était là aussi une affaire d'interprétation.

« Dürer. » « Dürer. »

« *Einheit* » (unité). « *Eiche* » (le chêne). Allons, allons.

« *Fahnenflucht* » (désertion). Ce concept ne me mit pas à l'aise, mais c'est le premier qui me passa par la tête. Moi, je n'avais même pas été dans la Bundeswehr. « Fidélité au plan quinquennal », me dit-elle.

« Grand avec quatre » – un joli coup au *skat*, notre jeu de cartes national. « Gaby Seifert. »

« Hitler. » « Heine »

« Indien. » « Ingénieur. »

« Jean-Baptiste. » C'est ce que j'étais lorsque j'avais cinq ans et mon petit frère, quatre. Nous allions chercher un bocal de miel dans le garde-manger et nous nous installions dans le jardin, sous un buisson, pour vivre de sauterelles et de miel sauvage.

« Iéna », dit-elle – le nom commence par un J en allemand, et puis elle avait grandi à Erfurt, la ville voisine.

« Katmandou. » « *Kapitalisme.* »

« Loreley. » « Luther. »

« Mercedes. » « Marx. » Ça commençait à chauffer.

« Nassau. » « Non. »

« Pourquoi donc ? », m'enquis-je. Elle répondit : « C'est le mot que les Allemands utilisent le plus souvent pour éduquer leurs enfants. »

« Ça n'est plus le cas depuis longtemps… Opel. » « *Ostsee* » (la Baltique).

« Psychanalyse. » « *Patenbrigade.* »

« Qu'est-ce que c'était que ça ? » « Un groupe de travailleurs assumant le parrainage d'une classe d'écoliers ou de pionniers. »

« Romantisme. » « Russie. »

« Sports collectifs. » « J'allais le dire... *Staatsbürgerkunde* » (éducation civique).

« Tübingen. » « Thuringe. »

« *Urlaub* » (les vacances). « Ufa. Chez nous, elle s'appelait la Defa. »

« Volkswagen. » « *Volk.* »

« Weimar. » « *Wiedervereinigung* » (réunification).

« XXL. » « *Xmas...* Dieu soit loué, nous avons été aux États-Unis. À moins que tu ne connaisses un mot en X, toi ? »

« Yacht. » « Yvonne. »

« *Zeitgeist* » (l'esprit du temps). « *ZV-Lager.* »

« Qu'est-ce que c'est, un *ZV-Lager ?* »

« *Zivilverteidigungslager*, camp de défense civil. Toutes les étudiantes de RDA devaient y passer six semaines pendant leur première année d'études. » Exact. Je connaissais les photos. Elle se tenait devant une tente avec un lance-grenades, en pantalon de l'armée et en bottes. On aurait dit une garde du corps de Kadhafi. Ça semblait l'avoir amusée.

Nous comparâmes encore une fois nos deux listes. C'était un mélange assez calme et sans haine : des souvenirs, de grands Allemands, l'inévitable Hitler, un terme militaire, pour le reste de grands mots qui rassemblaient le monde plutôt qu'ils ne le divisaient, et nous en conclûmes que Helmut Kohl avait vraisemblablement eu raison, jadis, de dire que les points communs entre les deux Allemagne étaient sans doute plus nombreux que les points de divergence.

Nous avons ri des brigades de parrainage, de la défense civile et de la désertion. Ma femme sabra une bouteille de champagne. Comme tout était léger et lourd à la fois, en ce temps-là. Et nous avons dû nous habituer, tous les deux, à utiliser le mot « Allemagne » sans tout ce qui l'accompagne. C'est désormais devenu tout naturel.

« Tout vient à point », disait-elle toujours. Elle était beaucoup plus stoïque que moi. Et c'est elle qui a eu raison. De toute façon, elle a raison dans la plupart des cas. Nous avons trinqué, à l'Allemagne, évidemment, et à notre propre réunification.

Beaucoup plus tard, je lui ai demandé de me dire une phrase décontractée sur l'Allemagne. Mais elle était déjà endormie. Elle était très belle. C'était elle, la phrase.

Table

Chez le même éditeur

Les Crimes de monsieur Kissinger – Christopher HITCHENS (2001).
La Vie rêvée des maths – David BERLINSKI (2001).
Ces comédiens qui nous gouvernent – Arthur MILLER (2002).
Lettres à un jeune rebelle – Christopher HITCHENS (2002).
Le Djihad américain – Lewis LAPHAM (2002).
Lettres de France, après le 11 septembre – Jean DANIEL (2002).
Dans l'œil du compas – Leonard MLODINOW (2002).
Le Vrai Saddam Hussein – Saïd K. ABURISH (2003).
Notre route commence à Bagdad, par les faucons de la Maison-Blanche – Lawrence F. KAPLAN et William KRISTOL (2003).
Les Anglais, portrait d'un peuple – Jeremy PAXMAN (2003).
Yasser Arafat – Saïd K. ABURISH (2003).
Jean Daniel, observateur du siècle – collectif (2003).
30 Jours au cœur du système Blair, Downing Street en guerre – Peter STOTHARD (2003).
L'Europe en otage ? Histoire secrète de la Convention – Alain DAUVERGNE (2004).
Que sont les grands hommes devenus ? – Jacques JULLIARD (2004).
L'Amérique bâillonnée – Lewis LAPHAM (2004).
Le Roman noir de la Maison-Blanche. Les révélations de Paul O'Neill, ex-secrétaire au Trésor – Ron SUSKIND (2004).
Le Clan Aburish, une saga palestinienne – Saïd K. ABURISH (2004).
Comment l'Europe va sauver l'Amérique – Charles A. KUPCHAN (2004).
Comment peut-on être américain ? – Henry Louis MENCKEN (2004).
L'Autre islam. Au cœur de l'univers chiite – Lilli GRUBER (2005).
Le Vice au pouvoir. La biographie de Dick Cheney – John NICHOLS (2005).
Maudits Français ! Trois siècles de relations tumultueuses entre la France et l'Amérique – John J. MILLER et Mark MOLESKY (2005).
La Dynamique du Japon. Histoire de la première modernité d'Asie – collectif dirigé par Jean-François SABOURET (2005).
Ils racontent la mondialisation. De Sénèque à Lévi-Strauss – anthologie par Laurent FERRI (2005).
Mr China. Comment perdre 450 millions de dollars après avoir fait fortune à Wall Street – Tim CLISSOLD (2006).
Psychanalyse de l'antilibéralisme. Les Français ont-ils raison d'avoir peur ? – dirigé par Christian STOFFAËS (2006).
À la Maison de verre. L'Onu et ses secrétaires généraux – dirigé par Romuald SCIORA, préface de Jacques CHIRAC (2006).
Le Monde est plat. Une brève histoire du XXIe siècle – Thomas FRIEDMAN (2006).
Le Grand Désastre mondial – George SOROS (2006).
Une brève histoire des maths – David BERLINSKI (2007).
L'Europe tragique et magnifique. Les grands enjeux européens – Jacques DELORS et Notre Europe (2007).
Kidnappés par la CIA. Les charters de la torture – Trevor PAGLEN et A. C. THOMPSON (2007).

Cet ouvrage a été imprimé par la
Société nouvelle Firmin-Didot
27650 Mesnil-sur-l'Estrée
pour le compte des
éditions Saint-Simon
en juillet 2007

Imprimé en France
N° d'impression : 86205
Dépôt légal : juillet 2007
ISBN 978-2-915134-30-8
957424.9